내가 찾던
여행지 100

이번에는 여기로 국내여행 가자!

글·사진 유정열

상상출판

Prologue

나를 사랑한다면

직장생활을 할 때이다. 산더미처럼 쌓인 보고서와 제안서 등을 작성하느라 하루가 짧은 시절이었다. 옷을 갈아입기 위해 집에 가는 것 외에 모든 일은 회사에서 이루어졌다. 어깨에 달라붙어 있는 책임감 때문에 휴가도 휴일도 없었다. 일상은 기계처럼 돌아갔고 마음은 무너져갔다.

사표를 던지고 떠난 첫 여행지는 고창의 선운사였다. 구름이 심상치 않던 오후, 만세루에 홀로 앉아 있었다. 아무도 없는 공간이 주는 두려움이 온몸을 휘감았다. 하늘은 어두워지고 몰아치는 빗줄기 덕분에 사찰의 풍경은 희미한 흔적으로 보였다. 비와 함께 토해낸 것은 나 자신이었다. 스스로가 어쩌지 못해 선운사까지 기어 왔지만 이제 내 맘대로 보고, 걷고, 먹으며 하루하루를 보내겠다고 마음먹었다. 그날 이후 수중에 가진 모든 돈을 아낌없이 쓰며 발길 닿는 대로 돌아다녔다.

여행이 주는 가장 큰 힘은 위로다. 길가에 돋아난 잡풀에게서, 줄에 묶인 채 살아가는 똥개에게서도 위로 받을 수 있다. 길에서 만난 어느 할머니와 이야기를 나누며 작은 위안을 드릴 때도 있지만 할머니를 통해 나 역시도 위로를 받았다. 대단한 것이 아니더라도 작은 것 하나에 '나 아직은 살 만하구나'를 느꼈던 것이다.

길 위에 나서는 순간 우리 모두는 공평하다. 어차피 우주에서 지구별을 바라보면 잘 살건 못 살건 사람이라는 존재는 똑같은 점에 불과하니까. 어렵고 힘들었던 시절에도 난 나에게 모든 것을 걸었다. 그리고 지금 삶이 여행이고 여행이 삶인 삶을 살고 있다.

지쳐 있는 친구에게 위로 대신 들려준 말이 있다. 스스로 빛을 내야만 한다고. 나를 봐줄 수 있는 것은 결국 나 자신밖에는 없을 테니까.

'나를 사랑한다면
그리하여 나를 가장 빛내줄 무엇인가를 찾는다면
그것은 여행이 될 것이다'

―별을 헤는 밤을 기대하며,
홍대에서

목차

Prologue　2

계절별 추천여행지 BEST 5　8

강원도

001 구룡령 옛길 | 홍천군 내면　12
가을 냄새가 물씬 피어난다

002 설악산 흘림골 | 양양군 서면　16
기암 위에 깊어가는 가을

003 상고대 | 춘천시 동면　20
엄동설한에 피는 서리꽃

004 자작나무 숲 | 인제군 인제읍　24
노란 단풍이 전하는 가을 속삭임

005 운탄고도 | 정선군 사북읍　28
광부의 애환 서린 길

006 준경묘 | 삼척시 미로면　32
세상에서 가장 아름다운 소나무 숲

007 청령포 | 영월군 남면　36
천혜의 절경 속에 둘러싸인 외로운 감옥

008 공현진해변 옵바위 | 고성군 죽왕면　40
슬퍼도 기뻐도 한결같은 바다

009 산천어축제 | 화천군 화천읍　44
겨울아! 물러 섰거라

010 추암해변 | 동해시 추암동　48
한명회의 능파대, 사람들의 추암

011 풍수원 성당 | 횡성군 서원면　52
찬찬히 마음을 들여다보는 곳

012 양떼목장 | 평창군 횡계리　56
몽글몽글 양떼들의 오물오물 합창

013 한탄강 얼음트레킹 | 철원군 갈말읍　60
추워야 제맛이다

전라도

014 사도 | 여수시 화정면　66
안내네 민박집은 사도에 있다

015 세량지 | 화순군 화순읍　70
마음속에 쏟아지는 봄 햇살

016 곡성 기차마을 | 곡성군 오곡면　74
추억을 나르는 기찻길

017 전주 한옥마을 | 전주시 완산구　78
명랑한 문화와 전통이 숨 쉬는 곳

018 명옥헌 원림 | 담양군 고서면　82
백일 동안의 붉은 연정

019 금성산성 | 담양군 금성면　86
남도에서 가장 아름다운 성

020 화엄사 흑매 | 구례군 마산면　90
붉게 달아오른 홍매화

021 덕유산 | 무주군 설천면　94
곱디고운 능선이 펼쳐진다

022 미륵사지 | 익산시 금마면　98
상상하는 재미가 있다

023 옥정호 | 임실군 운암면　102
그곳에 가면 붕어가 산다

024 선운사 꽃무릇 | 고창군 아산면　106
애틋한 그리움 선홍빛으로 물들다

025 대한다원 | 보성군 보성읍　110
차밭의 아름다움은 패턴이다

| 026 | 위도 띠뱃놀이 | 부안군 위도면 | 114 |
| 어기여차 칠산 바다로 돈 실으러 가자 |

| 027 | 정도리 구계등 | 완도군 완도읍 | 118 |
| 골목을 벗어난 아이들처럼 |

| 028 | 순천만 | 순천시 대대동 | 122 |
| S자 물길이 참 섹시하구나 |

| 029 | 가거도 | 신안군 흑산면 | 126 |
| 가히 살 만한 섬 |

| 030 | 비금도 | 신안군 비금면 | 130 |
| 거시기 달짝지근한 섬이어라 |

| 031 | 홍도 | 신안군 흑산면 | 134 |
| 뒤돌아보며 눈물 흘리는 섬 |

| 032 | 조도군도 | 진도군 조도면 | 138 |
| 새들처럼 훨훨 날아보자꾸나 |

| 033 | 관매도 | 진도군 관매도리 | 142 |
| 사랑한다면 관매도처럼 |

| 034 | 산포수목원 | 나주시 산포면 | 146 |
| 잘빠진 메타세쿼이아 길 |

| 035 | 소등섬 일출 | 장흥군 용산면 | 150 |
| 활짝 웃어보자구요 장흥 |

경상도

| 036 | 창녕 우포늪지 | 창녕군 유어면 | 156 |
| 우포늪에서 들려오는 생명의 노래 |

| 037 | 불영사 | 울진군 서면 | 160 |
| 아름다운 사찰에서 마음을 씻는다 |

| 038 | 주산지 | 청송군 부동면 | 164 |
| 깊고 그윽한 사색의 공간 |

| 039 | 근대문화유산 골목 | 대구시 중구 | 168 |
| 다 같이 돌자 골목 한 바퀴 |

| 040 | 회룡포 | 예천군 용궁면 | 172 |
| 커다란 항아리처럼 강물 돌아가는 곳 |

| 041 | 주상절리 | 경주시 양남면 | 176 |
| 붉은 바다 위에 핀 재돌 |

| 042 | 경주 남산 | 경주시 배동 | 180 |
| 늠비봉 석탑 앞에서 잠든다 |

| 043 | 진남교반 | 문경시 마성면 | 184 |
| 길도 아름다울 수 있다 |

| 044 | 통영 미륵산 | 통영시 도남동 | 188 |
| 이곳에 오르면 통영이 보인다 |

| 045 | 위양지 | 밀양시 부북면 | 192 |
| 하얀 쌀밥 수북이 쌓였네 |

| 046 | 주남저수지 | 창원시 의창구 | 196 |
| 깃털만의 세상 |

| 047 | 악양 평사리 | 하동군 악양면 | 200 |
| 섬진강과 무덤이들이 낳은 풍요 |

| 048 | 물건 방조어부림 | 남해군 삼동면 | 204 |
| 나무와 바다와 사람이 어우러지는 곳 |

| 049 | 지품면 복사꽃 | 영덕군 지품면 | 208 |
| 봄날 마음을 달뜨게 하는 복사꽃 |

| 050 | 슬도 등대 | 울산시 동구 | 212 |
| 이제 더 이상 외롭지 않은 등대 |

| 051 | 하회별신굿탈놀이 | 안동시 하회마을 | 216 |
| 걸지게 한판 놀아보세 |

| 052 | 함양 상림 | 함양군 함양읍 | 220 |
| 함양사람들이 부럽다 |

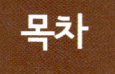
목차

충청도

- 053 **화양구곡** | 괴산군 청천면 … 226
  속세를 떠난 이상향
- 054 **온달산성** | 단양군 영춘면 … 230
  바보 온달의 거대한 배
- 055 **삼년산성** | 보은군 보은읍 … 234
  천만 개의 돌로 쌓은 삼년산성
- 056 **마애삼존불** | 서산시 운산면 … 238
  1,400년 전의 살인미소
- 057 **외연도** | 보령시 오천면 … 242
  망망대해 위 안개에 가려진 섬
- 058 **꽃지해변** | 태안군 안면읍 … 246
  나를 붙들어 준 바다
- 059 **한산 모시** | 서천군 한산면 … 250
  인고의 세월 속에서 핀 단아함
- 060 **예당지** | 예산군 응봉면 … 254
  겨울의 울림이 맴도는 호수
- 061 **신두리 해안사구** | 태안군 원북면 … 258
  아파하지 마라
- 062 **궁남지** | 부여군 부여읍 … 262
  선화를 위한 서동의 꿈꾸는 정원

부산

- 063 **이기대와 오륙도** | 남구 용호동 … 268
  부산의 상징 이기대 해안산책로와 오륙도
- 064 **영선동** | 영도구 영선동 … 272
  하늘과 바다 사이의 벼랑 끝에 걸려 있는 꿈
- 065 **오랑대** | 기장군 기장읍 … 276
  격렬한 파도의 유희
- 066 **다대포** | 사하구 다대동 … 280
  모래와 황금빛 일몰이 그리운 곳
- 067 **보수동 책방골목** | 중구 보수동 … 284
  헌책방에 관한 달콤한 추억
- 068 **해운대** | 해운대구 … 288
  뜨거운 태양 아래 사랑이 익어간다

제주도

- 069 **광치기해변** | 서귀포시 성산읍 … 294
  그날의 기억을 보듬어 주는 바다
- 070 **금능으뜸원해변** | 제주시 한림읍 … 298
  누구에게나 파라다이스
- 071 **한라산 백록담** | 제주시 조천읍 … 302
  은하수를 만질 만큼 높고 눈부시다
- 072 **외돌개** | 서귀포시 서홍동 … 306
  파도에 닳아 더욱 처연한 바위
- 073 **용눈이오름** | 북제주군 구좌읍 … 310
  억새와 빛이 만들어 낸 축제
- 074 **가파도** | 서귀포시 대정읍 … 314
  바람이 넘실대고 청보리가 춤추는 가파도의 봄
- 075 **군산오름** | 서귀포시 안덕면 … 318
  세상을 다 가진 것처럼
- 076 **거문오름** | 제주시 조천읍 … 322
  신령스러운 세계자연유산
- 077 **방주교회** | 서귀포시 안덕면 … 326
  물과 빛으로 빚어진 제주의 방주
- 078 **이호테우해변** | 제주시 이호동 … 330
  바다를 지키는 트로이 목마
- 079 **우도** | 제주시 우도면 … 334
  소는 사실 사람이었다
- 080 **따라비오름** | 서귀포시 표선면 … 338
  제주 오름의 여왕

서울

081 달빛무지개분수 | 서초구 반포동 344	086 서촌 | 종로구 364
오색커튼 같은 분수의 장관	길을 잃어도 좋은 골목
082 선유도공원 | 영등포구 양화동 348	087 북촌한옥마을 | 종로구 368
마음도 가볍게 마실 간다	한옥 사이로 느려지는 발걸음
083 N서울타워 | 용산구 용산동 352	088 안산 | 서대문구 봉원동 372
서울 구경 1번지	500년 도읍지 서울의 야경
084 창덕궁 후원 | 종로구 와룡동 356	089 낙산마을 | 종로구 동숭동 376
조선의 왕이 되어보자	정감 어린 골목과 벽화가 있는 마을
085 하늘공원 | 마포구 상암동 360	090 백사동천 | 종로구 부암동 380
함께 산책하기 좋은 공원	서울이 품은 비밀의 정원

경기·인천

091 남한산성 | 경기도 광주시 386	096 풍도 | 경기도 안산시 406
땅 위에 내려앉은 별	영원한 행복을 기다립니다
092 원당 종마목장 | 경기도 고양시 390	097 옥죽동 해안사구 | 인천시 옹진군 410
목가적 풍경 속으로	푸른 바다 위의 하얀 사막
093 수원 화성 | 경기도 수원시 394	098 동막해변 | 인천시 강화군 414
정조가 남긴 위대한 유산	먹고 마시고 쉬어라
094 조무락골 | 경기도 가평군 398	099 교동도 | 인천시 강화군 418
조물조물 새소리 가득한 곳	어릴 적 상쾌한 줄달음의 추억
095 두물머리와 세미원 | 경기도 양평군 402	100 홍예문 | 인천시 중구 422
여름, 느긋한 연꽃 산책	무지개꿈이 스며 있는 문

Index 426

계절별
추천여행지
BEST 5

봄

구례 화엄사 | p.90
화엄사 홍매화는 각황전 옆에 있다. 너무 붉어 흑매라고도 부른다. 붉게 달아오른 홍매화의 꽃향기에 몽롱해지고 마음이 말랑해진다.

화순 세량지 | p.70
광주대학교에서 칠구재를 지나면 있는 세량지는 4월 중순경 모락모락 피어난 물안개와 산벚꽃이 피는 봄철이 가장 아름답다. 눈부신 햇살이 빛나는 아침에 방문하는 것이 좋다.

제주 가파도 | p.314
가파도는 이른 봄에서 늦은 봄까지 온통 청보리밭으로 가득한 곳이다. 바람이 불면 사람도 청보리도 푸른 바다도 넘실댄다. 가파도의 봄은 무척 싱그럽다.

전주 한옥마을 | p.78
전주 한옥마을은 전통과 역사, 다양한 문화적 체험을 할 수 있는 곳이다. 콩나물국밥과 비빔밥, 모주 같은 음식들은 전주에서 즐길 수 있는 특별한 음식들이다.

밀양 위양지 | p.192
위양지의 아름다움은 왕버드나무와 하얗게 피어난 이팝나무가 어우러진 풍경에 있다. 위양지는 빛으로 가득한 봄날의 산책지로 제격이다.

여름

태안 신두리 해안사구 | p.258
신두리 해안사구에는 바다에서 운반된 모래가 가늠할 수 없는 세월 동안 켜켜이 쌓여 있다. 이곳의 파란 하늘과 바다는 모래와 함께 어울리며 진한 아름다움을 만들어 낸다.

신안 비금도 | p.130
목포에서 54km 떨어진 비금도는 등록문화재 제362호인 대동염전이 있다. 명사십리라 불리는 원평해변은 해수욕하기 좋은 곳이며 장엄한 일몰을 만날 수 있다.

담양 명옥헌 원림 | p.82
조선시대 오희도의 정원이었던 명옥헌 원림은 사람의 마음을 달뜨게 하는 분홍색 꽃 공간이다. 한여름 활짝 핀 백일홍은 무더위를 잊을 만큼 아름답다.

진도 관매도 | p.142
관매도는 조도군도에 속해 있으면서 가장 빼어난 자연 풍경을 간직한 섬이다. 단단한 모래사장과 깊지 않은 해변은 물놀이하기 좋고 무엇보다 일몰이 아름답다.

창녕 우포늪지 | p.156
우포는 국내 유일의 늪으로, 이곳에서 다양한 수생식물과 그에 기대어 사는 생물들이 톱니바퀴처럼 서로 연결되어 살고 있다. 수많은 생명체와 늪의 눈부신 풍경을 생생하게 볼 수 있는 곳이다.

가을

인제 원대리 자작나무 숲 | p.24
산자락을 가득 메운 자작나무가 세찬 바람에 춤을 춘다. 자작나무의 새하얀 수피를 오후의 빛이 붉게 뒤덮는 광경도 볼 수 있다. 탐방로도 있어 조붓하고 걷는 즐거움이 크다.

양양 구룡령 옛길 | p.12
마치 용이 몸을 휘저으며 오르는 것 같다 하여 구룡령이 되었다. 산길의 호젓함과 아늑한 자연의 운치가 있다. 숲의 향기가 코를 찌르고 길에 쌓인 낙엽 밟는 소리가 귀를 즐겁게 한다.

대구 근대문화유산 골목 | p.168
대구에는 오랜 역사가 묻어 있는 골목과 옛 건축물이 즐비하다. 쓰러지고 묻히는 근대의 이야기가 느껴져 즐겁다. 예술과 접목한 김광석 벽화거리 등 다양한 문화활동이 펼쳐지고 있으니 찾아가 보자.

함양 상림 | p.220
함양 상림은 사시사철 풍경이 멋진 곳이다. 봄이면 벚꽃들이 피어나고 여름이면 연꽃들이 만발한다. 가을의 길목 9월이면 붉은 꽃무릇이, 이어 단풍이 상림을 채운다.

제주 따라비오름 | p.338
볕 좋은 가을날 억새와 함께하는 것은 기분 좋은 일이다. 바람에 따라 부드럽게 때론 격렬하게 흔들리는 억새와 햇살에 반짝이는 억새 잎에 마음을 빼앗긴다. 표선면 가시리에 있다.

겨울

제주 한라산 백록담 | p.302
제주의 푸른 밤을 수놓는 별처럼 반짝이는 설경의 한라산과 백록담의 잔잔함이 멋이 있다. 우리나라에서 제일 높은 곳에서 바람을 마주하고, 눈의 서걱대는 소리를 즐겁게 들으며 올라보자.

철원 한탄강 얼음트레킹 | p.60
걸을 때마다 얼음이 쩍쩍 갈라지는 소리는 두려움과 묘한 흥분을 느끼게 해준다. 꽁꽁 언 얼음판은 강변의 흙길을 걸을 때와는 전혀 다른 감흥을 불러일으킨다.

화천 산천어축제 | p.44
매년 1월이면 산천어축제를 연다. 축제 현장은 추위도 물러설 만큼 뜨겁다. 산천어를 맨손으로 잡는 사람과 얼음 낚시터에서 하얀 빙판 위에 뚫어놓은 구멍으로 견지 낚싯대를 열심히 흔드는 사람들로 가득하다.

정선 백운산 운탄고도 | p.28
백운산 일대에는 석탄을 실어 나르던 트럭들이 다닌 길들이 거미줄처럼 연결되어 있다. 그 길은 운탄고도가 되었다. 흰 눈이 뒤덮인 길을 걸으며, 오후의 빛이 만들어낸 황홀경을 바라본다.

여수 사도 | p.66
'바다 한가운데 모래로 쌓은 섬'이라는 뜻의 사도(沙島)는 사람이 사는 사도와 추도를 비롯해 나끝섬, 시루섬, 증도, 중도, 장사도가 한데 어우러진 곳이다. 겨울에 사도와 추도 사이에서 벌어지는 바다 갈라짐 현상이 장관이다.

강원도

- **001** 홍천 구룡령 옛길
- **002** 양양 설악산 흘림골
- **003** 춘천 상고대
- **004** 인제 자작나무 숲
- **005** 정선 운탄고도
- **006** 삼척 준경묘
- **007** 영월 청령포
- **008** 고성 공현진해변 옵바위
- **009** 화천 산천어축제
- **010** 동해 추암해변
- **011** 횡성 풍수원 성당
- **012** 평창 양떼목장
- **013** 철원 한탄강 얼음트레킹

001
강원도 홍천군 내면
구룡령 옛길

가을 냄새가 물씬 피어난다
구룡령 옛길은 단비와 같다. 메마른 땅을 적시는 해갈보다 도시의 빠름과 퍽퍽함을 기억하는 몸과 마음을 적시는 것 말이다. 아홉 굽어 길 에둘러 걷는 것은 몸과 마음에 주는 선물이다.

선조들이 봇짐지고 굽이굽이 걸었던 옛길이 있다. 문경새재와 문경의 토끼비리길, 죽령 옛길과 함께 명승으로 지정된 구룡령 옛길(명승 제29호)이다. 양양군 갈천리와 홍천군 명개리를 잇는 이 길은 관서와 관동을 이어주는 대표적인 길로 바닷가의 양양사람들과 산간의 홍천사람들이 서로 물품을 교환했던 길이다.

옛길은 약 3.8km의 길지 않은 길로 56번 국도 구룡령 표지석에서 출발한다. 가쁜 숨을 몰아쉬는 1.2km 정도 오르막 구간을 벗어나면 내리막길이다. 선조들의 걸음이 다져놓은 길은 평탄하게 굽이친다. 마치 용이 몸을 휘저으며 오르는 것 같다. 그래서 이름도 구룡령이다.

용틀임의 옛길에도 아픔이 있었다. 1900년대 일제가 임산물과 광물을 수탈하기 위해 산을 깎고 길을 냈다. 지금도 그 철광석을 날랐던 삭도(索道)와 콘크리트 잔해, 녹슨 강철케이블이 남아 있다. 당시 철광석을 캐느라 양양과 홍천의 젊은이들이 많이 다치거나 죽었다. 소통의 길이 고난의 길이 되어버린 후 이 옛길은 잊혔다가 갈천리 사람들에 의해 다시 복원되었다.

구룡령 옛길에는 3개의 반쟁이가 있다. 반쟁이란 강원도 사투리로 '거리의 반'을 뜻한다. 관을 묻을 때 사용했던 횟돌을 캐던 횟돌반쟁이가 처음 나타난다. 이어서 구룡령 정상과 갈천마을의 중간 지점에 위치한 솔반쟁이가 있다. 1989년 경복궁 복원에 사용되었던 금강송의 잘려나간 그루터기들이 남아 있다. 그 주변에 어른 둘이 껴안아도 모자랄 우람한 금강송이 우뚝하다. 금강송 군락지를 지나면 묘반쟁이가 나온다. 전해져 내려온 이야기에 따르면 홍천수령과 양양수령이 두 지역의 경계를 짓기 위해 내기를 했는데 양양수령의 노비가 수령을 등에 업고 죽을힘을 다해 뛴 덕분에 홍천보다 더 많은 땅을 얻었다. 그러나 노비가 사력을 다한 나머지 돌아오는 길에 죽었고 양양수령은 그 자리에 노비의 묘를 썼는데 이것이 묘반쟁이라고 한다.

구룡령 옛길은 걷는 재미가 있는 길이다. 산길의 호젓함이 있고 아늑한 자연의 운치가 있다. 숲의 향기가 코를 찌르고 길에 쌓인 낙엽 밟는 소리가 귀를 즐겁게 해준다. 구룡령 옛길은 퍽퍽한 마음을 두드리는 길이다.

∧ 아홉 굽이를 이루는 구룡령 옛길
> 가을 안개로 신비감이 더해진 구룡령 옛길

강원도

추천여행지

선림원지

선림원지는 설악산 남쪽 미천골에 위치한 신라시대의 절터다. 신라 법흥왕 때 창건했다가 10세기를 전후한 시기에 대홍수로 인해 폐사된 것으로 전해진다. 선림원지에는 선림원지 홍각선사탑비(보물 제446호)와 석등(보물 제445호), 삼층석탑(보물 제444호), 부도(보물 제447호) 등의 보물급 문화재가 남아 있다. 선림원지는 미천골휴양림매표소에서 입장료를 지불해야 한다.
미천골자연휴양림관리사무소 033-673-1806

1박2일 추천코스

1일 양양 – 낙산사 – 오산리선사유적박물관 – 하조대 – 남애항

2일 구룡령 – 미천골선림원지

> 구룡령 옛길에 있는 묘반쟁이

★여행정보
구룡령백두대간방문자센터 강원도 홍천군 내면 구룡령로 7846(명개리 산 1-35)
홍천국유림관리소 033-439-5511
양양군문화관광 tour.yangyang.go.kr

★이것만은 꼭!
구룡령 옛길은 여름을 갓 지난 초가을과 단풍이 완연한 가을에 가는 것이 트레킹의 운치를 더해주고 걷기에도 좋다.

★친절한 여행 팁
❶ 구룡령 옛길은 56번 국도가 지나는 구룡령 정상(1,013m)에서 시작해 갈촌산촌체험학교로 하산하는 약 2시간 코스다. 초반의 가파른 오르막길을 10여 분에 걸쳐 통과한 뒤로는 완만한 내리막길을 걷게 된다.
❷ 대중교통을 이용한다면 양양에서 홍천행 버스(1일 1회, 08:10)를 타고 구룡령 정상에서 하차하면 된다. 대중교통이 불편하므로 여행사 상품을 이용하는 것도 좋은 방법이다.
❸ 여행길의 이야기를 만드는 중요한 포인트는 길에 담긴 스토리를 담는 것이다. 반정, 금강송, 삭도, 굽이치는 길 등을 다양한 각도로 카메라에 담아보자.

★주변 맛집
옛뜰 : 직접 채취한 자연산 섭을 이용한 해장국인 섭국 전문 식당이다. 섭이란 홍합의 사투리다. 매콤한 맛의 섭국과 함께 전통방식으로 만드는 두부요리도 있다.
강원도 양양군 손양면 동명로 289(송전리 81-1), 033-672-7009
송이골 : 송이돌솥밥, 강원도 양양군 손양면 동명로 4 원룸민박(송현리 234-1), 033-672-8040
입암메밀타운 : 막국수·수육, 강원도 양양군 현남면 화상천로 155(입암리 120), 033-671-7447

섭국

송이돌솥밥

002
강원도 양양군 서면
설악산 흘림골

기암 위에 깊어가는 가을
단풍은 나무가 겨울을 나기 위한 준비 과정이다.
혹독한 겨울을 이겨내기 위한 지혜가 단풍에 있다.
귀를 기울여 오색 단풍의 속삭임을 들어보라.
당신의 굳센 겨울나기를 위해!

'금강산은 수려하나 웅장하지 못하고, 지리산은 웅장하나 수려하지 못하지만 설악산은 수려하고 웅장하다'

『관동별곡』으로 유명한 고려 말기 문신인 안축은 설악산을 두고 이런 시를 지었다. 절세가경 설악산의 적절한 표현이 아닐까 싶다.

흘림골은 한계령 서쪽에 위치한 점봉산의 깊은 계곡을 말한다. 흘림골이란 이름도 '숲과 계곡이 깊어 그곳에 들면 안개가 끊이지 않는다' 해서 붙여졌다. 1985년 자연휴식년제가 시작된 이후 20년 만인 2004년에 문을 연 흘림골은 인산인해를 이루었다. 그러나 2006년 수마로 인해 큰 피해를 입고 재개장한 것은 2008년이었다. 지금도 그 피해의 흔적이 남아 있지만, 단풍의 아름다움까지 가리지는 못한다.

흘림골트레킹은 한계령휴게소에서 양양 방향으로 약 2km 지점의 탐방지원센터에서 출발한다. 계단으로 시작되는 오르막길은 등선대까지 향하는데 제법 가파르게 이어진다. 등선대 가는 길에 흘림골 명소인 여심폭포가 나온다. 여심폭포는 여성의 은밀한 부분과 흡사하다. 그래서일까? 갓 결혼한 부부가 이 폭포의 물을 마시면 아들을 낳는다는 조금은 뻔해 보이는 전설도 내려온다. 지나가는 등산객들은 여심폭포를 보며 낯을 붉히다가도 서로 짓궂은 농을 건네고 웃음을 지으면서 발걸음을 옮긴다. 여심폭포에서 등선대까지는 경사가 심한 오르막 구간이다. 가쁜 숨을 몰아쉬며 등선대에 오르면 남설악의 서북능선 줄기가 그림처럼 이어진다. 전망대에 서면 만물상과 점봉산이 보이고, 반대편으로는 칠형제봉과 서북능선, 그 너머엔 대청봉, 귀때기청봉, 한계령이 웅장하게 펼쳐진다. 그야말로 숨이 깔딱거릴 정도의 힘겨움 뒤에 오는 짜릿한 쾌감이다. 등선대부터 오색까지는 내리막길이다. 십이폭포, 용소폭포의 청명한 물소리를 벗 삼아 천천히 설악의 단풍을 즐기며 하산하면 그만이다.

주전골은 명불허전 가을의 미모를 갖춘 곳이다. 주전골은 용소폭포에서 오색약수터까지 구간으로 남녀노소 누구나 쉽게 걸을 수 있다. 주전골의 주전은 쇠 부어 만들 '주(鑄)'에 돈 '전(錢)' 자를 쓴다. 옛날 승려를 가장한 도둑무리들이 주전골 계곡에서 위조 엽전을 만들었다 해서 주전골이라는 이름을 얻게 됐다. 흘림골은 걷는 재미가 쏠쏠하다. 아기자기하면서 다이내믹한 요소들도 갖추었다. 게다가 마음을 달궈주는 풍경도 있으니 이른 가을이 행복하기만 하다.

< 주전골에서 등선대로 향하는 계단
∨ 등선대에서 바라본 한계령

강원도

추천여행지

남애항

남애항은 삼척의 초곡항, 강릉의 심곡항과 함께 강원도 3대 미항으로 꼽힌다. 추억의 영화 <고래사냥>을 기억하는 이라면 영화의 백미인 마지막 장면이 떠오를 것이다. 영화 속 남애항은 춘자의 고향이자 병태와 왕초의 이상향을 그려낸 곳이다. 남애항에는 울창한 송림 위에 고고한 소나무 한 그루 삐죽 튀어나온 양아도가 있다. 원래 섬이었으나 방파제가 만들어지면서 육지가 됐다.

1박2일 추천코스

1일 양양 — 낙산사 — 오산리선사유적박물관 — 하조대

2일 흘림골 — 주전골

가을빛으로 붉게 물든 주전골

★ 여행정보
설악산국립공원오색분소 강원도 양양군 서면 대청봉길 95(오색리 산 1-1)
국립공원관리공단 설악산관리사무소오색분소 033-672-2883
설악산국립공원 seorak.knps.or.kr

★ 친절한 여행 팁
❶ 대중교통을 이용한다면 오색에서 내린 후 택시를 이용해 흘림골로 향하는 것을 추천한다. 차를 가져간다면 오색지구에 차를 세워둔 뒤 택시를 이용한다.
❷ 흘림골트레킹은 신록이 우거지는 5월과 6월, 단풍이 붉게 물드는 9월과 10월이 좋다. 계절의 변화에 따라 단풍이 지는 시기는 다를 수 있으므로 기상청에서 제공하는 단풍 시기를 참고해 가도록 하자.
❸ 등선대에서 보는 만물상과 서북능선의 풍경은 빛이 스며들 때가 좋다. 기암과 나무가 입체감이 느껴지기 때문이다. 오전 11시경이나 오후 3시경이 적당하다.

★ 이것만은 꼭!
동해 하면 일출이다. 낙산사의 의상대, 하조대의 기암절벽과 백년송, 남애항 등대 등을 배경으로 웅장하게 떠오르는 해를 감상하기에 좋다.

★ 주변 맛집
송이골 : 양양 송이버섯요리 전문점이다. 오색약수로 밥을 지은 영양돌솥밥과 송이전골 등 송이를 넣은 음식이 다양하다. 강원도 양양군 손양면 동명로 6 원룸민박(송현리 234-1), 033-672-8040
옛뜰 : 섭국, 강원도 양양군 손양면 동명로 289(송전리 81-1), 033-672-7009
입암메밀타운 : 막국수·수육, 강원도 양양군 현남면 화상천로 155(입암리 120), 033-671-7447
대포횟집 : 생선회·어죽, 강원도 양양군 현남면 매바위길 113(남애리 2-53), 033-671-0244

어죽

영양돌솥밥

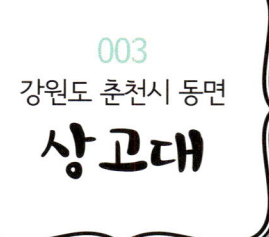

003
강원도 춘천시 동면
상고대

엄동설한에 피는 서리꽃
꽃은 봄에만 피는 것이 아니다. 춘천 소양강에는
겨울에도 꽃이 핀다. 추위가 매서울수록 꽃은
더 화려하게 핀다. 바로 순백의 서리꽃들이다.
서리꽃은 치열한 생존이 아닌 자연의
순리에 의해 만들어지고 사라지는 꽃이다.
그래서 더 아름다운지도 모르겠다.

∧ 소양강로에서 본 소양강 상고대
> 가지에 철썩 달라붙은 상고대, 소양강에 피어난 상고대와 사진가

춘천 소양강의 자연이 만든 풍경 하나가 사람들의 마음을 유혹한다. 덕유산이나 태백산 정상에 서나 볼 수 있는 상고대가 그 주인공이다. 상고대는 기온이 영하로 급격하게 떨어졌을 때 물안개가 나뭇가지에 붙어 얼면서 생성되는 흰색의 눈덩이를 말한다. 그래서 서리꽃이라고 부른다. 나뭇가지에 눈이 달라붙는 눈꽃과는 다르며 수빙(樹氷)이라고도 한다.

소양강에서 상고대와 함께 일출을 보려면 소양5교로 가야 한다. 차로 춘천 시내를 관통해 46번 국도를 타고 청평사로 향하면 소양5교에 닿는다. 소양5교에 도착하면 먼저 강을 건너 강가에 있는 제방으로 향한다. 제방에 도착하면, 추위와 상관없이 많은 사진가들이 도열해 촬영하느라 여념이 없는 모습을 볼 수 있다.

소양강 수면 위로 피어나는 엄청난 양의 물안개가 만들어낸 그림은 추위도 잊게 만든다. 태양이 떠오르면 처음 노랗던 물안개가 점점 붉어지고 상고대 사이로 이리저리 춤을 춘다. 그 어느 곳에서도 볼 수 없었던 풍경이다. 흰색의 상고대도 덩달아 붉게 달아오른다. 태양과 물안개가 만들어 내는 격렬한 춤사위는 가슴을 벅차오르게 한다. 이런 소양강 상고대의 독특한 풍경은 물안개 덕분이다. 겨울의 추위마저 녹여주는 소양강 상고대는 전국적인 명소가 됐다. 소양5교 제방에서 보는 풍경이 일출과 상고대의 조화라면 소양3교에서는 온통 하얀색의 아름다운 상고대를 만날 수 있다. 소양3교 다리 위와 강원도재활병원 앞 철새전망대, 소양강로 대로변이 조망 포인트다.

춘천시 봉의산과 우두평야에 세워진 아파트들을 배경으로 강 중심에 하얗게 핀 상고대는 눈부시다. 온천의 뜨끈한 노천탕 수증기처럼 옅은 물안개가 수면 위에 남아 있고 그 사이로 물오리떼가 헤엄쳐 간다. 길지 않은 시간 동안 벌어지는 이 서정적인 장면은 마치 무언극과 같다. 굳이 설명을 듣거나 말을 하지 않아도 느낄 수 있는 아름다운 자연의 무언극이다.

자연이 만들어준 소양강 상고대는 넋을 잃을 만큼 아름답다. 하지만 곧 사라지는 풍경이 가슴 아프기도 하다. 파란 하늘 아래 더욱 반짝이는 상고대는 그리움을 던져준다. 사람들은 혹독한 겨울만큼 힘들고 괴로울 때면 가슴속에 서리꽃을 피울 것이다.

추천여행지

산천리 소나무길

소양5교에서 춘천 운전면허시험장을 지나 춘천 월드온천24 앞에 위치한 작은 소나무길이다. 드라마 <아이엠 샘>, <두 번째 프러포즈>, <러브홀릭>, <장미빛 인생> 등 다양한 드라마 촬영지로 이용된 곳이다. 소나무길은 망원렌즈로 촬영해 압축효과를 주는 것이 좋다. 망원의 특성상 멀리 떨어진 나무와 가까이 있는 나무의 간격을 줄여주기 때문이다.

1박2일 추천코스

1일: 청평사 → 애니메이션박물관 → 인형박물관 → 구봉산카페거리

2일: 소양강 → 풍물시장 → 김유정문학관 → 강촌레일바이크

애니메이션 박물관

★여행정보
강원경찰박물관 강원도 춘천시 신북읍 신샘밭로 361(율문리 315-3)
춘천시청관광안내소 033-250-3089
춘천관광포털 tour.chuncheon.go.kr

★친절한 여행 팁
① 소양강 상고대는 기온이 영하 10도 이하로 떨어지고 습도가 높은 날씨, 특히 바람이 세찰 때 발생한다. 여기에 소양댐의 방류가 더해지면 최적의 조건이 만들어진다. 기상청의 날씨예보를 미리 체크해 두자.
② 남춘천IC에서 나와 춘천 김유정역 방향으로 우회전, 온의사거리에서 화천, 공지천 방향으로 좌회전 후 호반사거리에서 양구, 화천 방면으로 좌회전하면 소양2교다. 강원경찰박물관을 지나면 소양5교에 닿는다. 대중교통으로는 춘천역 1번 출구로 나와 건너편 버스정류장에서 12번, 11번 버스를 타고 춘천 한샘고등학교에서 하차 후 소양5교로 도보 10분.

★이것만은 꼭!
① 소양5교를 건너면 우회전하자마자 강가로 들어가는 샛길이 있다. 샛길 주변에는 음식점이 있는데 음식점 주변에 차를 세워 두거나 강가로 들어가 차를 세워 두고 도보로 이동한다.
② 대중교통을 이용해 여행한다면 오전에 소양강을 둘러보고 춘천시에서 운영하는 시티투어를 이용하면 편하다. 요일별로 코스가 다양하게 마련되어 있다.
춘천시티투어 033-250-3089, www.haniltour.co.kr

★주변 맛집
원조숯불닭불고기집 : 52년 역사를 자랑하는 닭갈비집이다. 매콤한 양념과 숯불 직화구이가 조화를 이루며 문전성시를 이루는 곳이다. 강원도 춘천시 중앙로 78(중앙로 27가 70), 033-257-5326
유포리막국수 : 막국수, 강원도 춘천시 신북읍 맥국2길 123(유포리 62-2), 033-242-5168
왕짱구 : 만두·김밥, 강원도 춘천시 효자3동 641-3, 033-254-4862

숯불 닭갈비

004
강원도 인제군 인제읍
자작나무 숲

노란 단풍이 전하는 가을 속삭임.
새들의 노래 소리가 숲을 가르고 숲의 여왕인
자작나무가 눈을 뜨면 달빛 아래서,
물방울 닮은 노란 잎들이 흥에 겨워 춤을 춘다.

남자 둘이 강원도로 여행을 떠났었다. 목적은 눈에 보이는 멋진 풍경을 담는 것. 우리는 '남자의 로망 여행'이라 불렀다. 여행에서 가장 기억에 남는 것은 태백의 어느 자작나무 군락지였다. 31번 국도 어느 지점인지 정확한 기억은 나지 않지만 산자락을 가득 메운 자작나무가 세찬 바람에 춤을 추고 있던 기억은 강렬하다. 오후의 빛이 자작나무의 하얀 수피를 붉게 덮었었다.

자작나무의 매력은 하얀 수피다. 또한 군락을 이룰 때 가장 돋보인다. 정말이지 자작나무만큼 매력적인 피사체는 드물다. 지인과 함께 여행을 다녀온 후로 오랜만에 다시 자작나무를 찾아 나섰다. 이번에 향한 곳은 인제군 원대리에 있는 '속삭이는 자작나무 숲'이다.

원대리 자작나무 숲으로 가려면 꽤 발품을 팔아야 한다. 임도를 따라 3.2km 정도 걸어가야 한다. 모든 멋진 풍경은 쉽게 보여주지 않는 법이다. 숲으로 가는 임도를 따라가면 곳곳이 자작나무다. 얼마나 걸었는지도 기억나지 않을 만큼 사진 찍느라 바쁘다. 자작나무 숲 입구에는 '속삭이는 자작나무 숲'이라 쓰인 안내판이 보인다. '어쩜 이렇게 이름도 예쁘게 지었지?'라고 생각할 만큼 꽤 괜찮은 작명이다. 아이들이 숲체험을 한다. 자작나무 의자에 앉아 있는 모습이 귀여워 웃음이 난다. 불에 타는 소리가 자작자작 거린다고 해서 자작나무라는데 아이들의 웃음소리도 자작자작 하는 소리처럼 들린다.

자작나무 숲에는 3개의 탐방로가 있다. 자작나무 코스(0.9km), 치유 코스(1.5km), 탐험 코스(1.1km)다. 조붓하니 자작나무와 함께 걷는 즐거움이 크다. 숲에는 작은 쉼터와 광장이 마련돼 있다. 사방이 모두 자작나무다. 찾는 이 모두 자작나무와 함께 동화된다. 어쩌면 자작나무가 부리는 마술일지도 모른다.

하얀 수피가 이국적인 자작나무, 안개를 비집고 자작나무 숲을 채운 햇살
물방울 모양의 자작나무 잎, 자작나무 숲은 유치원 아이들의 자연 학교다

강원도

추천여행지

방태산자연휴양림

사람이 숨어 살기 좋은 계곡가라는 의미의 3둔4가리가 있다. 그중 아침가리, 연기리, 적가리, 명지가리 4가리가 있는데 적가리가 바로 방태산 등산로로 올라가는 계곡이다. 방태산계곡은 여름 가뭄에도 마르지 않는 풍부한 수량의 계곡이다. 여름의 녹음과 가을의 단풍, 겨울 설경이 아름다운 곳이다. 사진 찍기 좋은 곳으로 마당바위와 2단 폭포가 있는데 2단 폭포는 방태산계곡 최고의 절경이다. 033-463-8590

1박2일 추천코스

1일 원대리자작나무숲 → 내린천래프팅 → 짚트랙

2일 방태산자연휴양림 → 아침가리트레킹

> 하얀 수피가 특징인 자작나무

★여행정보

아이올라펜션 강원도 인제군 인제읍 원대리 761

인제국유림관리소 산림경영팀
033-460-8036

인제군문화관광 tour.inje.go.kr

★친절한 여행 팁

❶ 일교차가 큰 시기에는 자작나무 숲에 운무가 깃들 확률이 높다. 이맘때 오전의 햇살이 운무와 자작나무를 관통하는 장면을 만날 수 있다. 숲은 오전과 오후의 빛이 측면이나 역광으로 들어올 때 촬영하면 강렬한 사진이 된다. 사진에 사람을 함께 담으면 규모도 알 수 있고 포인트 역할도 한다.

❷ 춘천동홍천고속도로 동홍천IC에서 44번 국도를 타고 인제 방면으로 가다가 남전교를 지나기 직전에 우회전한다. 인제종합장묘센터(하늘내린 도리안)를 지나 10분 정도 더 가면 오른편에 원대리마을 안내판이 있고 조금 더 가면 원대리 속삭이는 자작나무 숲 초입의 원대산림감시초소에 이른다. 여기서 차를 주차하고 임도를 따라 3.5km 걸어가야 한다.

★이것만은 꼭!

❶ 속삭이는 자작나무 숲은 인제군 유치원생들의 숲 유치원이다. 누구나 아이들이 되어 새처럼 지저귈 수 있는 숲이다. 잠시 걸음을 멈추고 심호흡하며 눈을 감고 바람소리를 들어보자.

❷ 자작나무 숲에는 3개의 탐방로가 있다. 자작나무 코스(0.9km), 치유 코스(1.5km), 탐험 코스(1.1km)다. 각각의 길은 잘 연결되어 있다. 조붓하니 자작나무와 함께 걷는 즐거움이 크다.

★주변 맛집

원대막국수 : 부드럽고 시원한 맛의 물막국수 전문점이다. 곰취장아찌에 싸먹는 돼지고기 수육도 인기 있는 메뉴다. 강원도 인제군 인제읍 원남로 1113(원대리 650-3), 033-462-1515

고향집 : 두부전골, 강원도 인제군 기린면 초침령로 115(현리 196), 033-461-7391

진동산채가 : 산채비빔밥, 강원도 인제군 기린면 조침령로 1073(진동리 657-13), 033-463-8484

005
강원도 정선군 사북읍
운탄고도

광부의 애환 서린 길
검푸른 폐탄 길과 고운 능선이 여행자를 반긴다.
강하지도 약하지도 않은 빛이 백두대간 능선을
비추면 한 마리의 나비처럼 천천히 오랫동안
금빛으로 물들어 가는 풍경 속에 빠져들고 싶다.

∧ 도롱이 못 주변 숲의 상고대와 아침
< 만항재 낙엽송 군락과 불 밝힌 텐트

정선에는 명산이 즐비하다. 가리왕산, 두위봉, 민둥산, 백운산, 함백산 등이 대표적이다. 그중에 백운산(1,426m)은 하이원리조트를 품은 명산이다. 백운산은 광부들의 눈물 어린 애환이 담겨 있다. 백운산이 위치한 사북과 고한일대는 석탄이 산업성장의 중요한 동력이었던 시대에 주요 석탄 생산지였다. 1960년대 초반 동원탄좌와 삼척탄좌가 경쟁적으로 석탄을 캐기 시작했다. 그중 동원탄좌는 동양 최대 규모를 자랑할 정도였다. 백운산 일대에는 석탄을 실어 나르던 트럭들이 다닌 길들이 거미줄처럼 연결되어 있다. 그 길을 운탄길이라 불렀다. 운탄길은 운탄고도가 되었다. 인류의 오랜 교역로인 차마고도에서 따왔다. 운탄고도는 새비재에서 만항재까지 총 35km의 임도길이다. 하이원리조트가 만든 하늘길과 연결되어 있어 자신에게 맞는 길을 선택해 걸을 수 있다.

하늘길은 운탄고도와 리조트 등산로를 연결한 트레킹 코스다. 하늘길은 하늘과 맞닿은 길이란 뜻을 지녔다. 광부들의 고단함을 품은 길 위에 말랑말랑한 이름을 얹었다. 운탄고도 트레킹의 추천 코스는 리조트에 있는 마운틴 탑까지 곤돌라를 이용해 오른 뒤 산죽길을 따라 도롱이 못 삼거리까지 간 다음 만항재까지다. 마운틴 탑은 겨울에는 흰 눈으로 뒤덮이지만 봄과 여름, 가을에는 각종 야생화가 눈을 즐겁게 해준다. 산죽길을 내려오면 운탄고도의 평탄한 길을 만난다. 화절령 방향으로 100m 정도 내려오면 도롱이 못이다. 도롱이 못은 화절령 인근에 살던 광부들의 아내들이 갱도에 들어간 남편의 무사고를 빌었던 곳이다. 탄광 갱도가 지반 침하로 무너지면서 생겨난 도롱이연못은 1970년대 탄광 매몰사고가 빈발했던 때에 광부의 아내들이 도롱뇽의 생사여부를 확인한 곳이다. 광부의 아내들은 살아 있는 도롱뇽을 보며 남편의 무사함을 믿었다. 도롱이 연못에서 만항재까지는 평안한 임도길이다. 낙엽송길을 따라 걸으면 왼쪽으로 백운산이, 오른쪽으로 백두대간의 능선들이 포개어져 있다. 앞의 능선은 진하고 뒤의 능선으로 갈수록 밝아지는 풍경을 바라본다. 오후의 빛이 만들어내는 황홀경이다. 쭉 뻗어나간 백운산자락 아래로 영월 상동이 보인다.

한때 산업역군으로 한국의 경제를 지탱했던 광부들도 걸었을 그 길이다. 하늘길이 눈부신 이유는 어쩌면 광부와 그의 가족들의 뜨거운 삶의 애착으로 닦였기 때문일지도 모른다.

강원도

추천여행지

사북석탄유물보존관

1980년 독재정권과 어용노조에 대항해 광부들이 일으킨 노동항쟁이 있었던 동원탄좌가 있던 곳이다. 우리나라 대표적인 탄좌였으며 2004년 10월 폐광된 것을 석탄박물관으로 바꿨다. 내부에는 주민들과 사북석탄유물보존회가 모은 1,600여 종 2만여 점의 유물이 전시되어 있다. 광부들의 피눈물 서린 유물이 마치 실제처럼 전시되어 있는 것이 인상적이다.
033-592-4333

1박2일 추천코스

1일 ○ 고한 — ○ 정암사 — ○ 함백산 — ○ 하이원리조트 — ○ 야영 또는 리조트 숙박

2일 ○ 운탄고도 — ○ 만항재 — ○ 태백석탄박물관

눈 쌓인 운탄고도를 걷는 백패커

★ **여행정보**
하이원리조트 강원도 정선군 사북읍 하이원길 265(사북리 424), 1588-7789
하늘길트레킹페스티벌
www.high1trekking.co.kr

★ **친절한 여행 팁**
❶ 하늘길과 연결된 운탄길은 만항재까지 연결되어 있다. 만항재에서 운탄길로 접어드는 구간은 평탄하고 걷기에도 편하다.
❷ 영동고속도로 만종JC에서 중앙고속도로로 갈아탄 후 제천IC로 나와 38번 국도를 타고 영월과 사북을 지나면 하이원리조트다.
❸ 운탄고도는 오후에 걷는 것이 좋겠다. 오후의 빛은 능선과 능선을 면처럼 단순하게 만들어 주기 때문에 담백한 수묵화처럼 보인다.
❹ 운탄고도는 무거운 배낭을 지고 걷는 백패커들이 즐겨 찾는 곳이다. 운탄고도에서 야영을 한다면 백운산 헬기장이나 정상 전망대, 도롱이 못 정자에서 머무는 것이 좋겠다.

★ **이것만은 꼭!**
겨울철 백패킹은 추위를 견디는 것이 관건이다. 동계형 텐트와 매트, 필파워 1500 정도 되는 침낭, 오리털바지와 보온양말을 준비해야 한다. 자기 전에 침낭에 핫팩을 여러 개 넣어두고 데운 물을 물병에 넣은 다음 침낭에 두면 확실한 보온 효과를 얻을 수 있다. 음식은 고열량으로 준비해두고 스틱, 스패츠, 아이젠, 모자, 워머나 버프도 필수다.

★ **주변 맛집**
부길한식당 : 민둥산역 민둥산5일장 입구에 있는 부길한식당은 곤드레밥이 괜찮은 집이다. 반찬도 맛깔스럽고 곤드레밥은 고소하다. 강원도 정선군 남면 도원길 1-1(무릉리 611-7), 033-591-8333
구공탄구이 : 매운갈비찜, 강원도 정선군 고한읍 고한2길 71(고한리 96-28), 033-592-9092
밥상머리 : 곤드레나물밥, 강원도 정선군 고한읍 함백산로 1104(고한리 산 214), 033-591-2030

곤드레나물밥

006
강원도 삼척시 미로면
준경묘

세상에서 가장 아름다운 소나무 숲
백우금관의 전설은 사실이 되었다. 이후로
500년 동안 파란만장한 조선의 역사가 이어졌다.
이 사실을 아는지 모르는지 준경묘에 빼곡히 들어찬
금강송의 솔향기가 물씬 마음을 채운다.

준경묘를 좋아하는 선배는 준경묘로 향하며 이렇게 말했다.
"세상에서 가장 아름다운 소나무를 만나게 될 거야."
경사진 임도를 따라 오르고 한참을 걸어가 나지막한 언덕을 넘으면 높이 치솟은 금강송이 빽빽하게 도열해 있다. 그 안쪽으로 여느 왕릉 못지않은 능이 자리 잡고 있다. 조선을 건국한 태조 이성계의 5대조인 이양무의 능 준경묘다. 고종 때 묘역을 정비하고 제각과 비각을 세웠다. 그리고 '준경'이라는 묘호를 내리고 묘지기와 산지기를 두어 숲을 보호, 관리했다. 묘역 입구에 서면 늘씬하게 솟구친 금강송들이 있다. 쭉쭉 뻗은 금강송을 보느라 목이 아플 지경이다. 경주 남산 삼릉의 소나무들이 유려한 곡선으로 시선을 붙든다면 준경묘의 소나무는 곧게 뻗은 높이에 압도당한다. 조선 말기의 경복궁 중수와 불의의 화재로 불타버린 숭례문 복원에도 준경묘의 소나무를 사용했다. 입구에는 속리산 정이품 소나무와 혼례를 한 100살의 미인송이 있다. 우리나라를 대표하는 소나무의 혈통 보존을 위해서다.

준경묘에는 '백우금관(100마리의 소와 금관)'의 이야기가 전해진다. 이양무 장군의 아들 목조 이안사는 아버지의 묫자리를 찾던 중 '백우금관을 써서 장사 지내면 5대손 안에 왕이 날 것'이란 예언을 듣는다. 목조는 가난해서 소 100마리와 금을 구할 수가 없었다. 그래서 그는 소 100마리 대신 흰 소(백우)와 황금빛 나는 귀릿짚으로 엮은 관과 술 100동이를 준비해 성대하게 장사 지냈다고 한다. 태조 이성계가 왕으로 등극하기 162년 전에 있었던 일로 이양무로부터 5대 만에 왕이 탄생했다.

준경묘는 풍수지리가들 사이에서 최고의 명당자리로 꼽힌다. 형세는 여인이 누워 무릎을 세우고 있는 모습이고 무릎 사이 언덕에 묘를 썼다. 준경묘 제각 옆엔 소원 하나를 들어준다는 샘이 있는데 특히 아들을 바라는 이들의 소원을 잘 들어준다고 한다.

준경묘역 입구에 늘어선 금강송들

강원도

추천여행지

영경묘

준경묘에서 4km쯤 떨어진 미로면 하사전리에 영경묘가 있다. 이양무 장군 부인의 묘소다. 이씨 부인은 부군과 함께 전라도 전주에 거주하였으나, 삼척시 미로면 활기리로 이주하여 생활하다가 이곳에 묻혔다. 하사전리마을 회관 앞에 주차를 하고 산길로 200m쯤 오르면 묘가 나온다. 묘로 향하는 길에 우람한 금강송림이 펼쳐지고 묘의 맨 위에서 내려다보면 백두대간이 보인다.

1박2일 추천코스

1일 ○ 삼척레일바이크 ○ 공양왕릉 ○ 맹방해변 ○ 죽서루

2일 ○ 대금굴 ○ 환선굴 ○ 영경묘 ○ 준경묘

준경묘역에서 가장 아름다운 미인송

★ 여행정보

준경묘 강원도 삼척시 미로면 준경길 333-360(활기리 산 149)
삼척시문화공보실 033-570-3224
삼척시미로면사무소 033-572-0012
삼척문화관광 tour.samcheok.go.kr

★ 친절한 여행 팁

❶ 2001년 5월 8일 준경묘역에서 세계 최초의 '소나무 전통혼례식'을 치렀다. 당시 신순우 산림청장이 주례를 맡고 보은군수가 신랑 혼주로, 삼척시장이 신부 혼주로 참석했다. 이 행사는 우리나라 기네스북에 올랐으며 이로 인해 삼척시와 보은군이 사돈 관계를 맺었다.
❷ 삼척 시내에서 활기리까지 3회(06:50, 13:20, 17:50) 운행하는 시내버스(31-1)를 이용해 준경묘 입구에서 내린다.
❸ 동해고속도로를 이용해 동해나들목에서 7번 국도를 타고 삼척 방면으로 향한다. 단봉삼거리에서 우회전한 후 38번 국도를 타고 태백 방면으로 향한다. 미로면에 들어서 영경묘를 지나면 준경묘에 닿는다.

★ 이것만은 꼭!

준경묘는 국가지정문화재(사적 제524호)로 지정된 곳이자 전주이씨 실묘로는 우리나라에서 가장 오래된 시조묘이다. 해마다 4월 20일이면 전주이씨 문중 주관으로 제를 지낸다. 따라서 음식을 해먹는다든지, 쓰레기를 버리는 등의 행위는 하지 말아야 한다.

★ 주변 맛집

부일막국수 : 막국수 전문점이지만 수육이 더 유명한 식당이다. 얇은 수육을 백김치에 싸먹으면 맛이 부드럽고 고소하다. 강원도 삼척시 평등길 7(등봉동 1-1), 033-572-1277

덕산바다횟집 : 물회, 강원도 삼척시 근덕면 덕산해안로 94(덕산리 79-2), 033-572-8208

바다횟집 : 곰치국, 강원도 삼척시 새천년도로 89-1(정하동 41), 033-574-3543

수육

막국수

007
강원도 영월군 남면
청령포

천혜의 절경 속에 둘러싸인 외로운 감옥
단종이 관풍헌 자규루에 올라 지은 '자규시'가 있다.

'원통한 새 한 마리가 궁궐에서 나오니
외로운 몸 그림자마저 짝 잃고 푸른 산을 헤매누나'

자규란 피를 토하며 구슬피 운다는
소쩍새를 가리킨다.
17세의 어린 나이임에도 자신의 처지를
한탄한 단종의 마음이 담겨 있는데 그의 생애
마지막 노래였다.

눈이 온다는 소식을 듣고 부리나케 달려간 곳은 청령포였다. 서강이 물돌이동을 이루며 흘러가는 울창한 송림으로 뒤덮인 모습도 아름답지만 흰 눈이 소복이 쌓인 설경도 멋지기 때문이다. 청령포는 한 폭의 수묵화 같은 풍경 속에 처연함이 감도는 곳이다.

청령포는 단종의 유배지다. 숙부인 수양대군에게 왕위를 빼앗기고 17세 되던 해(1457년) 사약을 받기 전까지 청령포에서 지냈다. 앞으로는 서강이 유유히 흐르고 뒤로는 수직 절벽인 이곳에서 단종은 죽음의 공포와 외로움을 느끼며 처절하게 싸워야 했다. 청령포는 단종을 철저하게 고립시켰다. 그는 조선의 외톨이였다.

맑고 투명한 서강을 건너면 자갈밭이다. 고운 모래가 아닌 자갈밭은 걷기 힘들다. 단종은 여기서 두려움에 떨었을 것이다. 힘든 발걸음을 옮기면 울창한 송림이다. 단종의 처량한 신세와는 상관없이 숲은 푸르름 가득하다. 먼저 송림 안에 난간으로 둘러쳐진 관음송이 있다. 높이 30m, 수령 600년에 달하는 소나무로 거대함 속에 비장함이 감돈다. 단종은 이 소나무의 갈라진 곳에 앉아 멀리 한양을 바라보며 시름을 달랬다고 하는데, 소년의 유일한 놀이터처럼 보인다. 1762년에 단종의 유배지를 보호하기 위해 일반인의 출입을 금했던 금표비가 강변 쪽에 남아 있고, 1763년 영조가 친필로 단종이 살던 집터에 '단묘재본부시유지'라고 쓴 비문의 비와 비각이 있다. 지금 남아 있는 단종어가는 2000년 단종문화제 때 복원한 것이다. 계단을 따라 오르면 단종이 한양을 바라보며 시름에 잠겼던 곳인 노산대와 정순왕후를 그리며 하나씩 쌓았다는 돌탑인 망향탑이 있다. 단종이 청령포에 머문 시간은 두 달로 짧다. 홍수로 물이 범람하면서 영월 동헌의 객사인 관풍헌으로 처소를 옮겼다.

1457년 10월 20일 단종은 명예에 눈이 먼 복득이에 의해 교살되고 한 많은 17살의 꽃은 역사 속으로 사라졌다. 단종의 시신은 영월 지방의 호장이었던 엄흥도가 수습했다. '시신을 거두는 자는 삼족을 멸한다'는 세조의 엄명에도 불구하고 지금의 장릉에 몰래 암장했다. 죽어서 한을 풀지 못했던 단종은 숙종에 의해 241년 만에 복위됐다. 청령포는 대단히 아름다운 풍경을 자랑한다. 오후의 햇살을 잔뜩 머금은 소나무는 단종의 유일한 벗이었고 숲은 그의 놀이터였을 것이다. 송림 숲을 거닐면 어린 단종의 노래 소리가 들리는 듯하다.

단종의 망향탑에서 본 서강, 우리나라 소나무 중 가장 큰 청령포 관음송

강원도

추천여행지

소나기재 선돌

장릉에서 31번 국도를 따라가면 소나기재가 있다. 단종이 청령포로 유배를 가면서 이 고개를 넘을 때 하늘도 서러워 소낙비를 뿌렸다는 소나기재다. 소나기재에서 100m 정도 떨어진 곳에 선돌전망대가 있다. 전망대에 서면 서강변에 두 갈래로 우뚝 솟은 선돌이 있다. 서강의 굽이치는 푸른 물과 깎아지른 듯한 절벽이 어우러진 풍경은 많은 사람들의 발걸음을 유혹한다.

1박2일 추천코스

1일: 선암마을 한반도지형 → 세계민속악기박물관 → 선돌 → 요리골목 → 별마로천문대

2일: 청령포 → 장릉 → 동강사진박물관

★ **여행정보**
청령포 강원도 영월군 영월읍 청령포로 133(방절리 242-4)
청령포매표소 033-370-2657
영월종합관광안내소 033-374-4215
영월관광 www.ywtour.go.kr

★ **친절한 여행 팁**
① 관음송은 우리나라에서 자라는 소나무 중 가장 키가 크다. 관음송은 단종의 유배생활을 지켜본 증인이다. 그래서 단종의 비참한 모습을 보고 오열하는 소리를 들었다 하여 볼 '관(觀)', 소리 '음(音)'자를 써서 관음송이라 이름 붙였다.
② 단종어각 담장에는 단종어각을 향해 절을 하듯 굽은 소나무가 있다. 사람들은 이 나무를 두고 단종의 시신을 수습해 지금의 장릉에 묻은 영월 호장 엄흥도의 충절을 기려 '엄흥도 소나무'라 부른다.
③ 중앙고속도로 제천나들목을 빠져 나와 38번 국도를 타고 서영월교차로에서 청령포 방향으로 진입, 청령포교차로에서 빠져 나오면 청령포다.

★ **이것만은 꼭!**
청령포 전체를 담을 수 있는 포인트는 왕방연 시비가 있는 곳과, 영월강변 저류지 홍보관전망대에서 촬영하면 된다.

★ **주변 맛집**
청산회관 : 곤드레나물밥에 간장 양념을 쳐서 먹는 곤드레밥이 대표 메뉴인 한식당이다. 강원도 영월군 영월읍 중앙로 46(영흥리 945-10), 033-374-2141
장릉보리밥집 : 보리밥, 강원도 영월군 영월읍 단종로 178-10(영흥리 1101), 033-374-3986
덕포식당 : 쇠고기등심, 강원도 영월군 영월읍 덕포시장길 69(덕포리 502), 033-374-2420

청령포 금표비

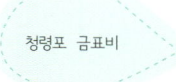

곤드레밥

008
강원도 고성군 죽왕면
공현진해변 옵바위

슬퍼도 기뻐도 한결같은 바다
바다로 향한 바위는 묵묵히 파도를 상대해 준다.
밤새도록 하얀 포말을 뿌려 놓았다.
갈매기의 발자국이 하얀 모래사장을 간질인다.
슬퍼도 기뻐도 한결같은 바다다.
공현진해변은 그런 바다다.

한겨울 공현진해변의 파도는 역동적이다. 옆바위를 깨우는 아침 여명
공현진해변은 한적한 겨울바다를 느낄 수 있다. 거센 파도를 피하는 갈매기들

공현진해변을 자주 찾는 이유는 3가지다. 첫 번째는 해변 앞에 있는 모텔, 두 번째는 모텔 주변에 있는 횟집, 세 번째는 억센 파도를 잠재우는 일출 때문이다. 모텔 이름은 옆바위모텔이다. 모텔의 특징은 일출을 보려고 굳이 바다로 나갈 필요가 없다는 것이다. 베란다 문만 열면 아침을 밝히는 태양을 만날 수 있다. 혹 무척 게으른 사람이라면 굳이 베란다에 나가지 않고 침대 위에서도 일출을 볼 수가 있다. 함께 여행했던 지인은 "호텔처럼 고급은 아니지만 베란다에서 바라보는 풍경만큼은 호텔이네."라고 외칠 정도였다. 고성으로 새해 일출을 보는 여행을 계획한다면 그 시기 옆바위모텔의 가격은 비싸지니 예약은 필수다.

모텔에서 100m 정도 공현진항 방향으로 가면 횟집이 있다. 추운 겨울 처음 방문했을 때 먹었던 물회의 맛을 잊지 못한다. 배고픈 여행자를 위해 주인아줌마가 2인분의 물회를 준 것이 인연이 되었다. 가자미 세꼬시(뼈회)에 싱싱한 멍게와 해삼, 각종 야채를 버무려 새콤달콤한 물회는 여행의 피로를 풀기에 적당했다. 맛도 좋아서 가끔 생각나는 집이 됐다. 찾아 갈 때마다 주인아줌마는 기억을 하지 못한다. 그래서 매번 처음 방문하는 손님이 된다.

아침 일찍 바닷가로 나가면 사진을 찍으려는 사람들이 모여 있다. 모두가 바위와 바위 사이로 떠오르는 태양을 붙들기 위해서다. 태양은 매일 뜨지만 겨울 공현진해변의 일출은 언제나 일품이다. 거센 파도가 모래사장 위로 구르는 동안 하늘이 노란빛으로 물드는 광경은 가슴에 깊이 새겨진다. 이른 아침, 먹이를 탐하는 갈매기가 하늘을 날고 멀리 바위 사이 항구로 들어오는 어선의 불빛이 아련하다.

강원도

추천여행지

왕곡마을

왕곡마을은 600년 세월을 보낸 전통 마을이다. 전쟁의 상처를 입지 않을 정도로 오지였고 길한 마을이다. 강릉최씨, 강릉함씨의 집성촌으로 20여 채의 관북지방 전통 한옥과 초가가 남아 있다. 영동지방 부유층의 가옥인 북방식 'ㄱ'자형 겹집이 온전히 보존되어 있는 마을이다.

왕곡마을보존회 033-631-2120

1박2일 추천코스

1일 ○ 건봉사 — ○ 거진항 — ○ 화진포 — ○ 김일성별장 — ○ 통일전망대

2일 ○ 공현진해변 — ○ 송지호 — ○ 왕곡마을 — ○ 천학정

귀로 듣고 마음으로 담는 공현진해변의 파도

★ 여행정보
옵바위모텔 강원도 고성군 죽왕면 공현진해변길 111(공현진리 1-2), 033-632-8803
고성관광 tour.goseong.org

★ 친절한 여행 팁
❶ 공현진해변을 경유하는 해파랑길을 걸어보자. 삼포해변에서 출발해 송지호, 왕곡마을, 공현진해변을 지나 가진항까지 가는 47코스로 9.7km의 거리에 약 3시간 30분 정도 소요된다. 겨울철 송지호에 날아든 철새와 바다를 곁에 두고 걷는 멋진 코스다.

❷ 파도와 일출을 함께 담으려면 셔터스피드가 빨라야 한다. 해가 바위 위로 올라온 후 파도에 빛이 부서지는 장면은 대략 1/200초 이상은 되어야 안정적으로 촬영할 수 있다.

❸ 영동고속도로를 이용 강릉JC에서 동해고속도로로 갈아탄 후 양양 방향으로 향한다. 주문진 현남IC에서 나와 7번 국도를 이용 고성 방면으로 항하면 공현진해수욕장이 나온다.

★ 이것만은 꼭!
겨울철 바닷가 아침의 추위는 매섭다. 해가 뜨기 전인 여명에서부터 해가 완전히 뜬 후까지의 장관을 보려면 철저한 준비가 필요하다. 머리의 보온을 유지할 수 있는 모자와 목도리, 보온성이 좋은 옷을 입고 핫팩 같은 것을 준비해두면 요긴하게 사용할 수 있다.

★ 주변 맛집
청보횟집 : 공현진해변에 있는 청보횟집은 제철 자연산 회와 물회가 괜찮은 식당이다. 물회는 제철 회에 멍게와 해삼 같은 해산물이 들어가고 새콤하고 매콤한 맛이 특징이다. 강원도 고성군 죽왕면 공현진해변길 95-3(공현진리 30), 033-631-2584

소영횟집 : 생대구지리탕, 강원도 고성군 거진읍 거진항1길 55(거진리 29-1), 033-682-1929

제비호식당 : 도치알탕, 강원도 고성군 거진읍 거진리 287-215, 033-682-1970

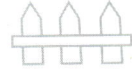

009
강원도 화천군 화천읍
산천어축제

겨울아! 물러 섰거라
축제는 'Festivalis'라는 라틴어에서 유래됐다.
종교적 의식에 뿌리를 두고 있는 축제는
특별한 의미를 부여하거나 결속력을 다져주는 의식,
또는 행위로 이어졌다. 산천어축제는 지역
고유의 특성에 오락과 경제적 여유,
개인의 자유로운 여가 활동의 표출이 더해졌다.

화천은 휴전선에서 남쪽으로 22km 지점에 위치한 지역이다. 화천 면적의 86.2%는 산악지대다. 화천이라는 이름은 화천군의 진산인 용화산의 '화(華)' 자와 화천을 관통하며 흐르는 하천의 '천(川)' 자를 썼다. 하천은 북한강의 상류로 맑고 투명하다. 산자락을 휘감아 도는 매서운 겨울바람은 화천천의 강물을 전국에서 가장 두꺼운 얼음으로 만든다.

그 얼음 위에서 매년 1월이면 산천어축제를 연다. 축제 현장은 추위도 물러설 만큼 뜨겁다. 예약 낚시터 전용 주차장 앞에는 산천어 맨손잡기가 한창이다. 맨손잡기는 아이들과 어른으로 나뉘어 평일에는 하루 3번 주말은 5번 정도 체험이 이뤄진다. 한파 속에서도 체험자들은 반소매 티셔츠와 반바지를 입고 진행자의 구령에 맞춰 용감하게 체험 풀에 뛰어든다. 주위에서는 환호성과 플래시 세례가 이어지고 곳곳에서 박수와 웃음이 끊이질 않는다. 어른들이야 꾹 참을 수 있다지만 아이들도 생각보다 강하다. 손으로 잡은 산천어를 반소매 티셔츠 안으로 집어넣는다. 어떤 아이는 두 마리를 잡았다며 두 손 번쩍 들어 포효한다. 어떤 아이는 추워서 울며 부모에게 달려가는데 아이의 엄마가 말한다. "뭐하노 빨랑 잡아라 안 카나." 어찌 보면 냉정해 보이는 엄마의 채근에 아이는 다시 물속으로 들어가 기어코 한 마리를 잡는다. 어른들의 체험은 아이들보다 더 화끈하다. 체험이 끝나면 족욕장에 들어가 따뜻한 물에 몸을 녹인다. 눈을 돌려 얼음 낚시터로 향하면 하얀 빙판 위에 뚫어 놓은 구멍으로 견지 낚싯대를 열심히 흔드는 사람들로 가득하다. 이 밖에도 얼음썰매, 눈썰매, 얼음축구 등 약 30여 종의 다양한 체험 프로그램이 화천천에서 열린다. 아침부터 폐장시간까지 쉬지 않고 즐겨도 모자랄 축제 프로그램이다.

화천 산천어축제는 겨울철 대표 축제로 자리 잡았다. 1월이면 100만 명 이상의 사람들이 몰린다. CNN은 이 광경을 두고 세계 7대 불가사의한 겨울 축제로 선정했다. 100만 명 이상의 사람들이 추운 겨울에 얼음 구멍을 통해 산천어를 낚는 모습이 미스터리하다는 것이 선정 이유다. 화천 산천어축제는 남녀노소 즐길 수 있는 겨울 축제다. 낚는 재미와 잡은 산천어를 구워 먹는 즐거움이 있다. 가족이 함께 추억을 나누는 행복도 있다.

> 색색의 산천어 등으로 장식된 화천읍내, 산천어 축제장 루어낚시터
∨ 추위도 아랑곳하지 않는 산천어 낚시꾼

강원도

추천여행지

화천 산소길

약 42km의 산소길 구간 중 가장 운치 있는 수변 길은 푼툰다리가 있는 약 1km 구간이다. 강 위의 길이라 불리는 푼툰다리는 걷기는 물론 자전거를 이용해 달려도 괜찮은 길이다. 미륵바위를 지나 평양막국수 못 미처 푼툰다리가 강변을 따라 물 위에 길게 놓여졌다. 고요한 북한강의 정취를 느낄 수 있어 좋다.

1박2일 추천코스

1일
○ 화천군산천어축제장

2일
○ 파로호관광지 ○ 꺼먹다리 ○ 딴산유원지 ○ 토속어류생태체험관

산천어 모양으로 만든 붕어빵

★여행정보

산천어축제 강원도 화천군 화천읍 산천어길 137(중리 1 86-5), 1688-3005, www.narafestival.com

★친절한 여행 팁

❶ 낚시도구로는 견지 낚싯대 혹은 소형 릴대를 사용하며 수질오염방지를 위해 생미끼는 금지하고 있다. 미끼는 웜, 메탈 등을 쓰면 되고 무엇보다 완전한 방한이 필수다. 잡은 산천어는 산천어구이터나 회센터를 찾아 싱싱한 산천어의 맛을 만끽하면 된다.

❷ 읍내의 선등플라자에서 화천대교까지 약 5km에 이르는 선등거리가 있다. 거리는 밤에 빛난다. 화천주민들이 정성으로 만든 1만 7천여 개의 색색의 산천어 등이 빛을 발한다. 마치 은하수 바다를 헤엄치는 산천어 같다.

❸ 춘천IC로 나와 중앙고속도로를 이용하여 춘천톨게이트를 빠져 나온 뒤 계속 직진한다. 약 5km 정도 가서 소양2교를 지나 춘천 시내를 관통한 후 화천까지 직진하면 된다.

★이것만은 꼭!

계곡의 여왕으로 불리는 산천어는 1급수에만 사는 냉수성 토종민물고기다. 짙푸른 등에 까만 반점과 비행기의 창문모양 무늬가 몸통에 새겨져 있다. 맛과 영양이 뛰어난 산천어를 알고 싶다면 딴산유원지를 지나 토속어류생태체험관에 방문하도록 하자. 산천어뿐만 아니라 토속어류도 전시되어 있다.

★주변 맛집

명가 : 화천읍에 있는 산천어 전문점으로 산천어회와 매운탕을 즐길 수 있다. 산천어 외에 향어, 송어, 메기, 쏘가리 등으로 만든 요리도 괜찮다. 강원도 화천군 화천읍 상승로 57(하리 72-4), 033-442-2957

화천어죽탕 : 어죽, 강원도 화천군 간동면 파로호로 91(구마리 1384-6), 033-442-5544

평양막국수 : 초계탕, 강원도 화천군 화천읍 평화로 406(대이리 311-3), 033-442-1112

산천어회

010
강원도 동해시 추암동
추암해변

한명회의 능파대, 사람들의 추암
서서히 날이 밝아오며 서서히 드러나는 촛대바위,
어디선가 본 그 장면이다.
대한민국 방송의 마지막을 장식하던,
멋들어진 자태를 뽐내며 우뚝 솟은 촛대바위다.
먹이를 찾아 헤매는 갈매기가 쉬어 가는 바위고,
사람들이 마음을 놓는 휴식의 바위다.

추암해변의 상징인 촛대바위, 능파대에서 내려다본 형제바위

추암해변에 가면 생각나는 부부가 있다. 바쁘게 사는 것이 당연한 요즘과는 달리 느리게 사는 부부다. 돈을 버는 것과 철저한 인생계획으로 무장된 삶과는 확실히 달랐다. 그렇다고 베짱이처럼 시간을 때우며 사는 부부는 아니었다. 하고 싶은 일에 욕심을 내는 것이 아니라 할 수 있는 것만 하고 사는 부부였다. 그 부부와 함께 어느 여름날 추암해변을 찾았다. 물회에 술 한잔도 하고 먼 바다를 밝히는 오징어 배를 조명 삼아 수다도 떨었다. 순둥이 같은 부부와 추암해변의 환상적인 일출을 만났고 망상에서 물놀이를 즐기고 북평5일장도 돌아봤다. 지금 그 부부는 문경으로 귀촌해 그들의 속도에 맞는 삶을 살고 있다.

동해안을 여행하는 사람들에게 추암해변은 꼭 가봐야 하는 곳이다. 소박한 해변과 기암으로 둘러싸인 바다는 매력적이다. 규모는 크지 않지만 절경을 감상하기에는 충분하다.

해변에 삐죽 튀어나온 섬 앞은 능파대다. 능파대란 이름은 조선 세조 때 한명회가 강원도 제찰사로 있으면서 추암의 경승에 반해 지었다. 한명회는 '강릉 경포대와 통천 총석정과는 그 경치가 난형난제인데 기이한 광경은 이곳이 더 좋다'라고 『능파대기』에 밝혔다. 또 그 자신이 추암이라는 이름 대신 능파대라 이름을 고쳤다. 능파대란 파도 위를 걷는다는 뜻이다. 그러니까 추암과 능파대는 같은 곳을 일컫는 명칭이다.

섬에 오르면 울창한 소나무 앞으로 돌기둥이 있는데 이는 촛대바위다. 이 촛대바위는 추암의 지명을 설명해주는 바위다. 추암의 '추'는 송곳이라는 의미다. 촛대바위는 예전 애국가 첫 소절에 흘러나오는 일출 장면으로 유명한 곳이다. 능파대 입구에는 해암정이 있다. 삼척심씨의 시조인 심동노가 고려 공민왕 10년(1361년)에 노후를 보내기 위해 지은 정자로 지금의 모습은 조선 정조 18년(1794년)에 다시 중수한 것이다. 당시의 모습과는 많이 달라진 능파대를 곁에 두고 있는 정자다.

기이하면서 오묘한 촛대바위에는 전설이 하나 전해진다. 옛날, 한 남자가 본처를 놔두고 새로 소실을 들였고, 본처와 소실 사이의 질투가 극에 달한 나머지 하늘이 노했다. 그래서 벼락을 내려 두 여인이 죽고 남자만 남았다. 이것이 바위가 된 것이다. 일부일처나 현모양처를 요구하는 것보다 더 중요한 것은 서로의 믿음과 신뢰다. 서로 신뢰한다면 부족해도 행복해질 수 있는 부부처럼 말이다.

추천여행지

두타산 무릉계곡

강원도 동해시 삼화동에 무릉계곡이 있다. 무릉계곡은 도원명의 『도원화기』에 등장하는 무릉도원에서 따온 이름이다. 그만큼 아름답고 떠나고 싶지 않은 계곡이란 뜻이다. 천천히 계곡을 따라 오르다보면 기암괴석과 푸른 계곡물에 마음이 절로 상쾌해진다. 무릉계곡의 비경은 1,000명이 한 번에 앉을 수 있다는 무릉바위와 양쪽으로 시원하게 쏟아지는 쌍폭포, 벼락같은 소리를 내며 떨어지는 용추폭포다.

무릉계곡 관리사무소 033-534-7306

1박2일 추천코스

1일 무릉계곡(삼화사-용추폭포)트레킹 — 북평장

2일 추암해변 — 이사부공원 — 수로부인공원 — 묵호항

능파대로 향하는 계단에서 본 형제바위 일출

★여행정보
추암해변 강원도 동해시 촛대바위길 26(추암동 4), 033-530-2234
추암관광안내소 033-530-2801
동해관광 www.dhtour.go.kr

★친절한 여행 팁
❶ 추암해변에서 삼척 방향으로 해안길을 따라가면 이사부사자공원과 수로부인공원이 나온다. 바닷바람을 맞으며 산책하기 좋은 길이다. 해파랑길 32코스의 마지막 구간이기도 하다.

❷ 촛대바위 위에 정확히 떠오르는 일출은 12월에서 1월 사이에 만날 수 있다. 일출을 볼 수 있는 장소로는 능파대 위의 전망대다. 여기서 일출과 주변 풍경을 다 볼 수 있고, 전망대 앞 산책로에서는 촛대바위와 함께 일출을 볼 수 있다. 해변으로 나가면 형제바위를 두고 일출을 볼 수 있다.

❸ 동해고속도로를 벗어나 7번 국도를 따라 삼척을 향하다 보면 효가사거리를 만나는데 직진하여 4.8km를 더 달리면 주유소가 있고, 대형 안내광고탑을 좌회전하여 조금 들어가면 추암해변이 나온다.

★이것만은 꼭!
동해시 북평동에는 강원도 최대의 재래시장인 북평5일장이 있다. 국내 3대 장터이자 200년의 역사를 가진 전통시장이다. 잔치국수와 메밀전병에 입이 즐겁고 제철 해산물과 야채 등을 구경하는 재미가 쏠쏠하다. 매달 3일과 8일, 13일, 18일, 23일, 28일에 열린다.

★주변 맛집
부흥막국수 : 얼음을 동동 띄운 시원한 막국수와 푸짐한 양의 돼지고기 수육이 괜찮은 식당이다. 강원도 삼척시 정상안1길 12(정상동 460-1), 033-573-5931
속초아바이냉면 : 함흥냉면, 강원도 동해시 천곡2길 10(천곡동 803-8), 033-532-2809
할매찜섭국 : 섭국, 강원도 동해시 감추4길 40-2(천곡동 961-22), 033-533-2345

막국수

011
강원도 횡성군 서원면
풍수원 성당

찬찬히 마음을 들여다보는 곳
가만히 앉아 있으면 고요함이 몸을 휘감는다.
퍽퍽했던 마음을 간질이는 순간이다.
한동안 잊고 살았던 고요함을 음미한다. 꿈꾸는
명상의 시간이자 긍정의 용기를 북돋는 시간이다.

우리나라에 등록문화재로 지정된 성당은 모두 14곳이다. 가장 오래된 중림동의 약현 성당을 비롯해 우리나라 최초의 본당인 명동 성당 등 전국에 넓게 분포되어 있다. 그중에 횡성의 풍수원 성당은 한국인의 손에 의해 지어진 첫 번째 성당이다. 풍수원 2대 주임이었던 정규하 신부에 의해 세워졌다. 강원도 최초의 성당이며 우리나라에 지어진 4번째 성당이다. 강원도 전체와 경기도 일대의 성당들이 풍수원 성당에서 분당되었을 만큼 유서가 깊다.

1801년 신유박해 때 이승훈 신부를 비롯한 중국인 신부 주문모 등 100명이 처형되고 400명이 유배된다. 병인양요, 신미양요는 천주교도들을 죽음의 문턱에 이르게 했다. 40여 명의 천주교도들이 피난처를 찾은 끝에 횡성 땅에 정착했다. 풍수원은 산간벽지여서 관헌들의 눈을 피하기에 적당했다. 신자들 대부분이 화전민으로 살았다. 이후 80여 년 동안 성직자 없이 신앙생활을 해왔다.

1887년 한불 수호 통상조약이 체결되자 파리 외방전 교회는 1888년 프랑스 신부 르메르를 풍수원 성당에 파견한다. 그리고 1896년 르메르 신부 후임으로 온 정규하 신부는 성당을 신축한다. 정규하 신부가 중국인 기술자와 함께 지은 풍수원 성당은 고딕 양식의 붉은 벽돌을 사용한 건물이다. 1905년에 착공, 1907년에 준공하여 1909년 낙성식을 가졌다. 신자들이 벽돌을 굽고 아름드리나무를 해오는 헌신적인 노력 끝에 지어진 성당이었다. 근엄한 성당의 외관과는 달리 내부는 꾸밈없는 단아함이 느껴진다. 풍수원 성당의 낭만적인 요소는 사랑을 공고히 해주었다.

풍수원 성당은 소박한 정취 덕분에 많은 드라마 촬영지가 되었다. <패션70s>, <조강지처클럽>, <애정의 조건> 등이 대표적이다. 이후 많은 청춘남녀들이 찾아와 사랑의 추억을 쌓았다.

< 소박하고 단아한 풍수원 성당의 내부
∨ 정규하 신부가 사용했던 책상과 성물

추천여행지

숲체원
한국녹색문화재단이 만든 숲체원은 숲을 가꾸고 이해하며 탐구하고 배우는 체험공간이다. 숙박시설과 교육관이 들어서 있고 청소년들을 위한 숲 체험 프로그램을 운영한다. 숲체원에는 장애인과 노약자들도 편하게 이용할 수 있는 덱 로드가 산 정상까지 이어져 있고 등산로와 총 4개의 숲 탐방로가 있다. 자작나무, 잣나무, 독일가문비나무가 가득한 숲길을 걷는 즐거움이 가득하다. 강원도 횡성군 둔내면 삽교리 1767-10, 033-340-6300

1박2일 추천코스

1일 안흥진빵마을 — 숲체원 — 청태산자연휴양림

2일 자작나무숲미술관 — 풍수원성당

풍수원 성당을 밝히는 조명과 스테인드글라스

★ 여행정보
풍수원성당 강원도 횡성군 서원면 경강로 유현길 30(유현리 1097), 033-343-4597, www.pungsuwon.org

★ 친절한 여행 팁
❶ 풍수원 성당의 미사 시간은 월요일 11:00(본당, 순례자), 화~토요일까지는 11:00, 토요 특전은 겨울철 19:00, 여름철 19:30에 있다. 일요일 10:00(교중), 11:00(순례자)에 열린다. 미사에 방해가 되지 않도록 주의하자.
본당수녀원 033-342-0035
❷ 성당 내부를 촬영하고 싶다면 미사 시간을 피해야 한다. 엄숙한 공간이기에 예의를 지켜야 하는 까닭이다. 창으로 스며드는 빛이 많지 않아 내부는 생각보다 많이 어둡다. 실제 노출보다 +1스톱 이상 올려주고 ISO를 400 이상 높여주어야 한다.
❸ 중앙고속도로를 이용해 횡성IC에서 나와 양평 방향 6번 국도로 12km 정도 달리면 풍수원 성당이다.

★ 이것만은 꼭!
풍수원 성당 뒤에는 사제관이 있다. 등록문화재 제163호로 지정된 사제관은 지하 1층, 지상 2층의 건물이며 외벽은 붉은 벽돌로 1912년 지어졌다. 현재 풍수원 성당 유물전시관으로 사용하고 있다. 전시관에 들어서면 초기 선교사들의 생활방식을 알 수 있는 자료를 통해 풍수원 성당의 역사를 눈으로 확인할 수 있다.

★ 주변 맛집
횡성축협한우프라자 : 횡성축협에서 운영하는 직영점이다. 질 좋은 꽃등심, 안심 등의 단일 부위를 비롯해 가격대에 따라 안창살, 살치살 등 모둠 메뉴가 인기 있다. 강원도 횡성군 우천면 우항3길 6(우항리 583-5), 033-345-6160~1
광암막국수 : 막국수, 강원도 횡성군 우천면 경강로 2887(산전리 445), 033-342-2693
심순녀안흥찐빵 : 찐빵, 강원도 횡성군 안흥면 서동로 1029(안흥리 600-3), 033-342-4460

012
강원도 평창군 횡계리
양떼목장

몽글몽글 양떼들의 오물오물 합창
파란 하늘에는 뭉게구름들이, 초록빛 초지에는 양떼들이 뒤뚱거리며 한가로이 풀을 뜯는 곳. 순진해 보이는 양들의 요란한 울음소리를 듣고 직접 먹이를 주면 귀여운 합창을 들을 수 있다.

양떼목장은 대관령 정상에 있다. 대관령 옛길에 늘어선 자작나무 숲을 지나 옛 대관령휴게소 뒤편으로 올라가면 이국적인 풍경의 양떼목장이 나타난다. 해발 900m에 위치한 6만 3천여 평의 넓은 초원에 몽실몽실한 양 200여 마리가 살고 있다.

양떼목장에 들어서면 풀밭에는 코를 박고 식사 중인 양들의 모습이 보이는데 옹기종기 모여 있는 모습이 사랑스럽다. 많이 먹어서 토실토실한 건지 털 때문에 그렇게 보이는지는 모르지만 통통한 양들은 끊임없이 풀밭을 탐한다. 혹 울타리 가까이 사람이 다가가면 겁 많은 양들은 뒤뚱거리며 저만치 달아난다.

양떼목장을 둘러보는 데는 1시간이면 족하다. 산책로 출발 지점에서 대피소 역할을 하는 움막을 지나 정상의 움막에서 잠시 숨을 고르고 그네가 있는 곳까지 가면된다. 정상의 움막은 양떼목장을 조망하기 좋은 장소다. 여기서 보는 일몰도 괜찮다.

여름에는 푸른 초원에서 한가로이 풀을 뜯지만 겨울에는 축사 안에서 보낸다. 축사 안의 양들에게 직접 건초를 먹이며 만져볼 수가 있다. 아이들과 부모는 양에게 먹이를 주고 오물오물 건초를 씹는 양의 모습을 보며 즐거운 한때를 보낸다.

양떼목장의 양과 즐거운 시간을 보내면 어쩐지 양이 친근하게 여겨진다. 그러나 여행 중에 개나 소, 돼지, 닭은 흔하게 만나도 양은 흔히 볼 수 없는 동물이다.

양에 관한 기록으로는 고려시대에 금나라에서 면양을 들여와 사육한 것이 있다. 고려 후기에는 대규모 양이 들어왔는데 거란의 1차 고려 침입 때 소손녕이 서희에게 증여한 1,000마리가 있었다. 이후 고려의 진상품에 대한 요나라의 답례로 양은 꾸준히 들어왔다. 『고려도경』에 따르면 유입된 양들은 왕족과 귀족이 아니면 먹을 수 없었다고 한다.

양떼목장은 즐거운 곳이다. 연인들은 물론 아이들과 추억을 남기기에 좋다. 양떼목장을 떠나며 도시에서도 양들을 만났으면 좋겠다는 생각을 했다. 그러려면 숲이 많아야겠고, 풀도 많아야겠다. 아무래도 도시에서 양을 만나는 건 특별한 노력이 필요할 것 같다. 무엇보다 우리의 마음가짐이 달라야겠다. 착한 것과 순한 것의 대표 동물이 양인 것처럼 우리도 그랬으면 좋겠다.

정상에서 본 양떼목장의 겨울

추천여행지

선자령 풍차길

대관령휴게소에서 시작해 양떼목장 담장을 지나 높이 1,157m의 선자령과 능선에 박혀 있는 풍력발전기를 만나는 코스. 선자령 풍차길의 백미는 멀리 동해를 바라보며 걷는 것이다. 가파른 오르막이 없어 누구나 편하게 걸을 수 있는 길이며 원점회귀형 코스다.
바우길 www.baugil.org

1박2일 추천코스

1일 한국자생식물원 — 월정사 — 상원사

2일 삼양대관령목장 — 양떼목장

양떼목장의 가을

★**여행정보**
양떼목장 강원도 평창군 대관령면 대관령마루길 483-32(횡계 3리 14-104), 033-335-1966, www.yangtte.co.kr

★**친절한 여행 팁**
① 양떼목장의 입장료는 건초 구입으로 대신한다. 성인 4,000원, 소인 3,500원이다(단체 20인 이상은 500원 할인, 65세 이상은 2,000원). 장애인과 국가 유공자본인만), 유아는 무료. 관람 시간은 09:00~17:000이다.
② 양떼목장을 돌아보기 좋은 시기는 5월과 6월이다. 울긋불긋 철쭉이 초록색 초지에 수를 놓는다. 초여름에 신록이 우거질 때도 괜찮고 한겨울에 눈이 소복이 쌓일 때도 매력적이다.
③ 전체를 조망하는 곳은 정상에 있는 움막이다. 산책로에서 처음 만나는 움막은 인기 있는 사진배경이다.
④ 영동고속도로를 이용 횡계IC에서 나와 바로 나오는 삼거리에서 우회전하여 7km 정도 직진하면 옛 대관령 하행 휴게소가 나온다. 이곳에 차를 세우고 뒤편에 난 오솔길을 5분 정도 걸어가면 양떼목장이다.

★**이것만은 꼭!**
양떼목장 주변에는 우리나라 대표적인 두 길이 있다. 선자령길과 대관령 옛길이다. 트레킹을 좋아한다면 양떼목장과 함께 두 개의 길 중 하나를 선택해 걷는 것도 괜찮겠다. 선자령길은 원점회귀이고, 대관령 옛길은 강릉으로 향한다.

★**주변 맛집**
납작식당 : 횡계에 가면 꼭 맛보는 오징어 삼겹살양념구이 전문점이다. 오징어의 쫄깃한 맛과 삼겹살의 부드러움이 매콤한 고추장과 잘 어울린다. 강원도 평창군 대관령면 대관령로 113(횡계리 325-7 2층), 033-335-5477
황태회관 : 황태해장국, 강원도 평창군 대관령면 눈마을길 19(횡계리 348-4), 033-335-5795
대관령한우타운 : 한우구이, 강원도 평창군 대관령면 올림픽로 38(횡계리 376-46), 033-336-2150

013
강원도 철원군 갈말읍
한탄강 얼음트레킹

추워야 제맛이다
한겨울, 영하 10도의 추위가 며칠 동안 지속되어야
걷기 가능한 얼음트레킹이다. 걸을 때마다
얼음이 쩍쩍 갈라지는 소리는 두려움과 묘한 흥분을
느끼게 해준다. 꽁꽁 얼은 얼음판은 강변의
흙길을 걸을 때와는 전혀 다른 감흥을 불러일으킨다.

직탕폭포 앞에서 본 한탄강과 태봉대교
송대소 구간의 주상절리와 한탄강

한탄강 얼음트레킹을 했다. 장난꾸러기 같은 선배와 착한 후배가 함께했다. 꽁꽁 얼은 강물 위를 걷는 기분은 괜찮았다. 미끄러질까봐 엉거주춤하며 걷는 사람들도 있고 썰매 타는 것처럼 손을 잡고 끌어주는 커플도 보인다. 사람들은 조심스럽게 얼음 위를 걷는다.

어릴 적, 나와 동생은 시골의 개울 얼음판에서 썰매를 타고 놀았다. 점심도 잊은 채 해 질 무렵까지 시간이 가는 줄도 몰랐을 만큼 썰매 타는 재미에 푹 빠져 있었다. 미끄러지는 얼음판에서 속도를 내기도 하고 급하게 커브를 돌다 넘어지고 마주오던 동생과 부닥치며 둘은 썰매 삼매경에 푹 빠졌다. 도시에 살면서 맛보지 못한 신나는 경험이었다.

집으로 들어갈 시간이었다. 마지막으로 마을 위에서 아래까지 속도를 내어 타보기로 했다. 얼음판에 썰매를 올리고 썰매에 무릎을 꿇고 앉아 막 속도를 내며 앞으로 나가던 때였다. 갑자기 쩍 하는 소리와 함께 얼음이 갈라지면서 물속에 빠지고 말았다. 깊어봐야 무릎 정도지만 앉아 있는 상태로 빠졌기 때문에 온몸이 다 젖었다. 매서운 칼바람이 얼굴을 때리는 것보다 더한 고통이 몸속으로 파고들었다. 집으로 향하는 동안 동생은 오돌오돌 떨면서 코를 찔끔거렸고, 난 이가 덜덜거리며 격렬하게 떠는 바람에 말도 제대로 할 수 없었다. 얼음물이 얼마나 차가운지를 생애 처음으로 깨달았던 날이었다. 이런 생각도 잠시 따뜻한 방으로 들어가 옷을 갈아입고 몸을 녹이자 내일 다시 썰매를 타고 싶은 마음이 몽글몽글 일어났다. 얼음 위를 지치는 썰매는 얼음물에 빠지는 것을 잊을 만큼 즐거운 것이었다.

얼음트레킹은 나이아가라 폭포처럼 우렁찬 물소리를 내며 떨어지는 직탕폭포에서 출발한다. 한탄강에서 가장 깊다는 송대소를 지나는 구간은 강 양쪽 기슭의 주상절리 절벽을 보며 걷는다. 여기 한탄강이 아니면 만날 수 없는 비경이다. 송대소와 마당바위를 지나면 남북합작으로 만들었다는 승일교를 지난다. 여기서 1.5km를 더 가면 임꺽정의 전설이 담겨 있는 고석정이다. 걷는 내내 얼음이 갈라지거나 빠지는 것은 아닌지 불안했지만 안전선이 설치되어 있고 곳곳에 안전요원이 배치되어 있어 안심할 수 있다.

한탄강은 이북의 평강에서 발원해 철원, 포천을 흘러 연천에서 임진강과 합류하는 강이다. 철원은 지금으로부터 약 27만 년 전 생성된 용암대지가 침식된 지형으로 거센 물길이 흐르면서 협곡을 만들어 냈다. 흔히 한국의 그랜드캐니언이라고 한다.

5km 남짓한 짧은 거리지만 한탄강의 얼음트레킹은 재미있었다. 선배도 후배도 서로 사진을 찍어주며 한겨울 추위가 만든 한탄강의 풍경에 푹 빠졌다.

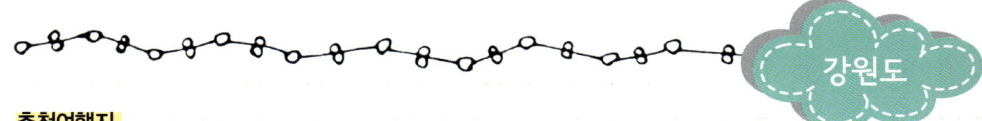

강원도

추천여행지

철원 노동당사

6·25 전쟁이 일어나기 전 북한의 노동당사로 사용된 건물로 1946년에 완공된 3층 건물이다. 노동당사는 러시아식 건물로 건축 당시 주민들로부터 강제 모금과 노동으로 완공했다고 한다. 해방 이후 전쟁이 일어나기 전까지 반공인사들이 학살을 당했던 곳이기도 하다. 노동당사 벽에는 포탄 자국과 총알 자국들이 선명하게 남아 있다. 6·25 전쟁 당시 격전을 치렀던 흔적들이다. 안보여행을 한다면 반드시 가야 할 곳으로 2002년 5월 31일 등록문화재 제22호로 지정되었다. 철원읍 관전리에 있다.

1박2일 추천코스

1일: 철원 → 도피안사 → 노동당사 → 백마고지 위령비와 기념관 → 월정역

2일: 토교저수지 → 평화전망대 → 한탄강 얼음트레킹

※ 철원 8경 중 한 곳인 직탕폭포

★여행정보
직탕폭포·직탕가든 강원도 철원군 동송읍 직탕길 94(장흥리 336)
철의삼각전적지관광사업소
033-450-5558
철원군관광문화
tour.cwg.go.kr/site/tour/main.do

★이것만은 꼭!
얼음판은 매우 미끄럽다. 카메라를 들고 있다면 안전을 위해 아이젠을 착용해야 한다. 얼음판이 미끄럽기 때문에 발에 자연히 힘이 들어간다. 5km의 짧은 거리라도 나중에 허벅지와 장딴지가 많이 아플 수도 있다.

★친절한 여행 팁
❶ 한탄강 얼음트레킹은 직탕폭포에서 시작해 태봉대교, 한탄강 생태탐방로, 송대소, 마당바위를 지나 승일교에서 끝나는 약 5.3km의 코스다. 얼음 상태가 좋을 때는 승일교에서 1.5km쯤 더 떨어진 고석정에서 마칠 수도 있다.

❷ 토교저수지는 한겨울 철새 탐조의 명소다. 12월 말에서 2월 말까지 고석정 철의삼각전적지관광사업소 앞에서 출발하는 탐조 투어 버스를 이용하면 편리하다. 033-450-5234

❸ 서울외곽순환고속도로 의정부IC에서 나와 의정부 장암주공삼거리에서 우회전한 후 축석검문소삼거리에서 우회전, 43번 국도를 타고 포천 방면으로 가다 신철원 군탄사거리에서 좌회전해 고석정 방면으로 향한다. 한탄대교를 건너면 고석정 입구다.

★주변 맛집
어랑손만두국 : 큼직한 이북식 손만두로 만든 만둣국이 괜찮은 식당이다. 찐만두와 얼큰한 국물의 뚝배기도 인기가 있다. 고석정주차장 앞에 위치해 있다. 철원군 동송읍 태봉로 1831(장흥리 24-39), 033-455-0171

폭포가든 : 메기매운탕, 강원도 철원군 동송읍 직탕길 86(장흥리 337), 033-455-3546

내대막국수 : 막국수·수육, 강원도 철원군 갈말읍 내대1길 29-10(내대리 675-7), 033-452-3932

전라도

- **014** 여수 사도
- **015** 화순 세량지
- **016** 곡성 기차마을
- **017** 전주 한옥마을
- **018** 담양 명옥헌 원림
- **019** 담양 금성산성
- **020** 구례 화엄사 흑매
- **021** 무주 덕유산
- **022** 익산 미륵사지
- **023** 임실 옥정호
- **024** 고창 선운사 꽃무릇
- **025** 보성 대한다원
- **026** 부안 위도 띠뱃놀이
- **027** 완도 정도리 구계등
- **028** 순천 순천만
- **029** 신안 가거도
- **030** 신안 비금도
- **031** 신안 홍도
- **032** 진도 조도군도
- **033** 진도 관매도
- **034** 나주 산포수목원
- **035** 장흥 소등섬 일출

014
전라남도 여수시 화정면
사도

안나네 민박집은 사도에 있다
공룡이 남긴 발자국을 따라 걷는다. 따개비를 채취하며
널따란 바위에 널브러져 있다가 해가 뜨고 지는
것을 바라보며 맛난 밥상에 소주 한잔 기울이고
달빛이 일렁이는 해변으로 산책을 한다. 기분이 좋다.
사도에서 유일한 관광객이 할 수 있는 일종의 특권이다.

사도에 가는 이유는 사도의 놀라운 풍경도 있지만 안나네 민박집 때문이기도 하다. 처음 사도에 도착했을 때 유일한 관광객이었다. 하지만 사도는 도시에서 흔한 목을 축일 물도 배를 채울 곳도 없었다. 배고픔에 지쳐 사도에서 유일한 횟집의 문을 두드렸지만 일을 나가야 한다는 이유로 거절당하고, 대신 안나네집을 추천받았다.

"아무거나 주세요." 달걀 프라이에 김치를 반찬으로 허겁지겁 밥 한 공기를 뚝딱 비웠다. 배고픔을 이기는 반찬은 없다. 섬 여기저기를 돌아보니 저녁이 되었다. 안나네집 주인장 김영이 씨는 촌이라 반찬이 별로 없다고 했다. 갓김치를 포함한 김치가 4종, 해산물 반찬이 4종, 알이 푸짐하게 들어 있는 생선탕과 생선구이, 여기에 문어가 한 마리 올라 있다. 여느 한정식집의 밥상보다 더 커 보였다. 안나네집 주인장의 넉넉한 마음씨에 사도행은 계속 이어져 왔다.

'바다 한가운데 모래로 쌓은 섬'이라는 뜻의 사도(沙島)는 사람이 사는 사도와 추도를 비롯해 나끝섬, 시루섬, 증도, 중도, 장사도가 한데 어우러진 곳이다. 사도는 성수기와 바다 갈라짐이 있는 시기를 빼고는 무척이나 한적하다.

사도에서 유일한 여행자가 할 수 있는 것은 혼자 놀기다. 혼자 놀기는 보물찾기다. 썰물 때 조금씩 드러나는 바위와 화석들, 공룡 발자국과 가늠하기 힘든 세월의 무게를 간직한 다양한 지질층도 있다. 양면해수욕장을 지나 있는 증도의 얼굴바위와 거북선의 모델이 되었다는 거북바위, 그리고 커다란 수직 절벽 아래 장군바위와 귀여운 표정을 지닌 감자바위가 있다. 추도에는 세계 최장 길이의 초식 공룡 여섯 마리의 일렬 보행 발자국 화석도 있다. 또 다른 보물로 사도의 돌담장이 있다. 바람에 맞선 사람들이 일구어낸 인공물로, 특히 추도의 담장은 2007년 등록문화재 제367호로 지정되어 보호받고 있을 만큼 아름답다. 돌과 돌이 맞물린 미세한 틈으로 작은 바람은 흘려보내고 큰 바람은 막아낸다. 오랜 세월 무너지지 않고 오늘까지도 밭과 집을 보호하고 있다. 단층에서 떨어져 나온 돌 조각이 파도와 바람에 의해 이리저리 저희들끼리 부딪히며 몽돌이 되었고, 사람들은 그 돌들을 가져다 담장의 재료로 썼다. 담장의 돌 하나하나엔 자연이 만들어낸 인고의 과정이 들어가 있는 셈이다.

사도 산책로에서 본 중도·증도·장사도·추도, 사도의 상징인 티라노사우루스 모형

전라도

추천여행지

추도

사도해변과 마주보는 추도는 다양한 지질과 공룡의 흔적이 남아 있는 섬이다. 주민은 고작 2명에 유일한 개인 추돌이가 방문자를 맞이한다. 추도에는 인간이 자연에 적응하며 삶을 이어간 흔적인 돌담장이 인상적인 섬이다. 담장 사이로 나무 한 그루가 지붕처럼 얹혀 있다. 골목을 지나 조금 더 오르면 옛 추도분교도 나온다.

1박2일 추천코스

1일 여수 → 사도 (중도, 증도, 장사섬, 부도, 간도)

2일 사도 → 추도 → 여수

사도에서 중도 가는 갯바위에 있는 공룡 발자국

★**여행정보**
여수여객선터미널 전라남도 여수시 여객선터미널길 17(교동 682), 061-663-0117
여수지방해양항만청 yeosu.mof.go.kr

★**친절한 여행 팁**
❶ 추도에 가려면 마을 어민들의 배를 이용해야 한다. 사도횟집 민박집이나 마을 이장 댁에서 약간의 금액을 내면 추도에 데려다 준다. 또한 걸어서 갈 수 없는 작은 갯바위나 바다로 배낚시를 위한 배를 제공해주기도 한다.
❷ 사도는 편의시설이 부족하기 때문에 먹을거리 등을 가지고 들어가는 것이 좋다. 사도횟집에서는 미리 주문하면 싱싱한 횟감을 마련해 준다.
❸ 여수여객선터미널에서 낭도, 사도행 백조호를 이용(백조호 1일 2회 왕복 운항, 태평양해운 1시간 20분 소요, 061-665-5454)하거나 화정면 백야도선착장에서 하루 3회(08:00, 11:30, 14:50) 운항하는 배를 타도 된다. 1시간 정도 걸린다.

★**이것만은 꼭!**
일출은 사도해변에서, 일몰은 공룡체험학습장을 지나 낭도를 바라보는 바닷가에서 볼 수 있다. 음력 정월대보름과 2월 영등사리, 음력 3월 초에 바닷길로 이어진 섬들이 'ㄷ'자 형태로 연결되는 사도와 추도 사이의 바다 갈라짐 현상이 벌어진다.
국립해양조사원KHOA 032-885-3829,
www.khoa.go.kr

★**주변 맛집**
안나네집 : 민박집을 겸하는 곳으로 숙박한 손님에게 가정식 백반을 내준다. 남도의 소박하지만 푸짐하고 조미료를 사용하지 않은 음식이 맛깔스럽다. 전라남도 여수시 화정면 낭도리 115-2, 061-666-9196
사도횟집 : 제철회, 전라남도 여수시 화정면 사도길 22-1(낭도리 138), 061-666-9199

015
전라남도 화순군 화순읍
세량지

마음속에 쏟아지는 봄 햇살
연분홍빛으로 피어나는 산벚꽃이 화사하게 웃는다.
싱그러운 연둣빛 나무들은 수면 위에 자신을 드리운다.
햇살이 비칠 무렵 피어오르는 물안개와 어우러져
이국적 풍광을 빚어낸다.
이 작은 저수지는 봄이면 몹시도 달뜬다.

처음 마주한 세량지는 물안개가 피어오르고 그 위를 봄 햇살이 가득 덮는 풍경이었다. 뿌옇게 채워진 시야는 태양이 점점 고도를 높이면서 사라진다. 한바탕 현실이 아닌 다른 세상 속에 있다 나온 느낌이었다.

세량지의 새벽은 시시각각 변한다. 처음 수면에서 물안개가 피어오르면 푸른 기운의 빛은 점점 황색으로 변한다. 녹색의 삼나무, 연두색 버드나무, 연분홍 산벚나무는 빛에 따라 점점 더 진하게 자신을 드러낸다. 세량지는 이 특별한 풍경으로 전국의 사진을 찍는 사람들의 열광적인 지지를 받은 곳이다. 그 열정들이 모여 화순군의 공원묘지 부지로 선정되어 사라질 위기에 처한 세량지를 지켜냈다는 이야기도 들린다. 세량지가 있는 세량리는 '샘이 있는 마을'이란 뜻으로 새암곡으로 불렸다. 세월이 지나 세양동이 됐다가 일제강점기에 세량리로 바뀌었다. 세량지는 농업용수를 공급하기 위하여 1969년 조성된 저수지다.

광주에서 하룻밤 자고 택시로 칠구재 터널을 지나 세량지로 향했다. 안개가 자욱한 농로를 따라 동이 트기도 전에 저수지에 도착했는데 저수지 둑방은 사진가들로 길게 이어져 있었다. 간신히 자리를 잡았는데 누군가 물가에 다가가 삼각대를 폈다. 삼각대가 물에 닿는 순간 여기저기서 고함이 터져 나왔다. 고요한 저수지의 수면을 건드려 작은 파동을 일으킨 것이 죄라면 죄였다.

세량지는 그만큼 반영과 고요함을 담으려는 사진가들의 민감한 공기가 가득했다. 자연을 담는 것은 아무리 노력해도 안 되는 무엇이 있다. 자연 그 자체가 아름다워야 한다. 날씨, 온도, 시기 등 모든 것이 조화를 이뤄야 하기 때문이다.

세량지는 봄 산벚꽃이 필 때 가장 아름답다

전라도

추천여행지

운주사

운주사는 1481년에 편찬된 『동국여지승람』에 '좌우 산마루에 석불과 석탑이 각각 천 개가 있고, 석실이 있으며 두 석불이 서로 등을 대고 앉아 있다'고 쓰여 있다. 그러나 지금 확인할 수 있는 석불과 석탑은 백 개가 채 되지 못한다. 그래도 요리조리 살펴보는 재미가 있다. 대표 석불은 와불과 칠성바위다. 전라남도 화순군 도암면 천태로 91-44(대초리 20-1)

1박2일 추천코스

1일 ○ 화순 — ○ 운주사 — ○ 고인돌유적지 — ○ 도곡온천

2일 ○ 세량지 — — — — — — — — — ○ 쌍봉사

쌍봉사에 있는
국보 제57호
칠갑선사탑

★여행정보
세량리마을회관 전라남도 화순군 화순읍 세량길 23(세량리 339)
화순군청문화관광과 061-379-3074
화순군문화관광 www.hwasun.go.kr

★친절한 여행 팁
① 산벚꽃이 피는 4월 중순과 가을 단풍이 시작되는 시기에 사람들이 붐빈다. 방문 시기는 오전 6~8시까지가 좋다. 세량지 물안개는 일교차가 큰 봄과 가을에 많이 발생한다. 모락모락 피어난 물안개는 태양이 서서히 올라오면 점점 소멸한다. 사진 촬영이 목적이라면 산 너머로 햇살이 들어와 빛의 산란이 발생하는 렌즈 플레어가 생길 수 있다. 모자 등으로 렌즈 위에 대어 빛을 막아주는 것이 좋다.

② 화순군에 속해 있지만 광주에서 접근하는 것이 좋다. 호남고속도로 광주산원IC에서 나와 순환고속도로를 탄다. 효덕교차로에서 광주대학교 방향 817번 지방도로를 타고 칠구재 터널을 지나 약 1.3km 지점에 세량리로 나가는 출구가 있다. 마을에 주차를 하고 저수지까지 작은 농로로 걸어간다.

★이것만은 꼭!
① 해마다 봄철에 세량지를 찾는 사람들이 많아지면서 세량지 입구와 칠구재 방향 도로변은 차량들로 장사진을 이룬다. 마을에서 세량지 입구부터 차량을 통제한다. 큰 혼잡을 피하기 위해서다. 차량을 이용한다면 여럿이 카풀을 하도록 하자.

② 세량지를 방문한 후 5000여 기의 고인돌이 있는 화순고인돌유적지와 정교한 조각의 국보 제57호인 칠갑선사탑과 보물 제170호인 칠갑선사탑비가 있는 쌍봉사에도 들러보자.

★주변 맛집
달맞이흑두부 : 검은콩으로 만드는 흑두부 요릿집이다. 흑두부전골, 삼합, 보쌈, 순두부찌개 등 취향에 따라 다채로운 메뉴가 준비되어 있다. 전라남도 화순군 동면 충의로 849(천덕리 480), 061-372-8465

벽오동 : 보리밥, 전라남도 화순군 화순읍 오성로 388(계소리 689-2), 061-371-9289

016
전라남도 곡성군 오곡면
곡성 기차마을

추억을 나르는 기찻길
전라선은 전북 익산시와 전남 여수시를 잇는 기찻길이다. 전북의 산과 들을 지난 전라선은 전남의 섬진강을 따라 곡성역을 만난다. 더 이상 기차가 달리지 않는 기찻길은 이제 추억을 나르는 기찻길이 되었다.

∧ 침곡역에서 가정역까지 운행하는 레일바이크
< 침곡역 전망 덱에서 본 증기기관차와 섬진강

과거 여행을 들춰보는 것은 흥미로운 일이다. 앨범 속의 사진은 과거 여행의 기록이 잘 담겨 있다. 그것은 기록이고 역사다. 그리고 가슴 따뜻한 가족의 추억이 담겨 있다.
예전 여행을 보면 관광버스에서 내려 정해진 시간 동안 여행지를 돌아보고 다시 버스를 타고 다음 여행지로 향한다. 대부분의 여행지는 그 지역의 대표적인 사찰이나 공원, 기념물이었고 관광객은 저마다 인증사진을 찍으며 그날의 여행을 기념했다. 자동카메라로 찍은 사진에는 그날의 날짜가 선명하게 찍혀 있다.
가족의 경우 누군가 대신 촬영해 주는 것이 아니라면 보통 사진 촬영은 늘 아버지의 몫이다. 가족여행임에도 온전한 가족사진이 아닌 사진이 앨범에 끼워져 장롱 속에 쟁여졌다. 명절이나 온 가족이 모일 때면 잠든 추억을 꺼내 보았다. 아이가 커서 어른이 되면 자신만의 여행을 한다. 그 아이가 결혼한 후 아이와 함께 여행을 하면 자신 역시 아버지가 그랬던 것처럼 가족사진을 찍는다. 요즘이야 삼각대를 사용하거나 스마트폰으로 셀프 촬영이 가능해서 못 담을 것은 아니지만 옛날에는 그랬다. 아빠가 없는 누렇게 변한 사진 한 장쯤 집에 있을 터이다.
기념사진만을 찍던 여행은 많이 바뀌었다. 눈으로 보는 여행도 체험하는 여행으로 바뀌었다. 자가운전으로 여행을 하고, 사진 촬영을 취미로 하며, 차 트렁크에는 캠핑장비와 낚시도구도 들어 있다. 여행지도 많이 바뀌었다. 기념물 위주의 여행이었던 과거와는 달리 자연 속에 거침없이 들어가고 몸을 사용하는 체험여행이나 자연 속 날것들을 수확하는 것이 주를 이룬다.
곡성의 기차마을은 추억을 되살리고 가족이 함께 즐길 수 있는 것들이 많다. 그중 침곡역에서 가정역까지 5.1km의 철로를 달리는 레일바이크가 있다. 바람을 가르며 섬진강을 곁에 두고 달린다. 레일바이크는 풍경을 보며 달리는 것 이외에 중요한 부분이 있다. 탑승한 모두가 페달을 밟아주고 속도를 조절해야 하는 것. 만약 한 사람만 페달을 밟으면 하차 후 허벅지가 뻐근할 정도가 된다. 하지만 가족의 경우 대부분 아버지가 페달을 밟는다.
아이는 커서 친구들과 애인과 함께 곡성 레일바이크를 탈 것이다. 아이가 여행을 떠나면 아버지는 사진 속 아이를 보며 그날의 소소했던 기억을 꺼낼 것이다. 그런 면에서 기념사진은 의미가 있다. 아버지를 기억하고 아이를 기억할 수 있으니 말이다.

추천여행지

태안사

태안사는 곡성의 명찰이다. 걷기 좋은 숲길을 지나면 아름다운 태안사 계곡 위에 지어진 능파각을 만난다. 태안사는 신라 경덕왕 때 창건된 사찰로 구산선문 중 하나인 동리산파의 본산지다. 선암사, 송광사, 화엄사, 쌍계사 등을 거느리고 있었으며 도선국사가 득도한 도량이다. 태안사 연못에 있는 삼층석탑에 부처님의 사리가 모셔져 있다. 주요 보물로는 적인선사탑, 광자대사탑, 바라, 동종 등이 있다. 061-363-6622

1박2일 추천코스

1일
곡성기차마을 — 레일바이크 — 증기기관차 — 장미공원 — 기차마을 전통시장 — 심청이야기마을

2일
조태일시문학기념관 — 태안사 — 신숭겸장군태생지

조태일 시문학기념관 안의 집필실

★여행정보
섬진강기차마을 전라남도 곡성군 오곡면 기차마을로 252-16(오지리 720-16), 061-363-9900, www.gstrain.co.kr
곡성군문화관광 www.simcheong.com

★친절한 여행 팁
❶ 곡성에서는 곡성세계장미축제를 5월 중순 시작해 6월 초까지 연다. '천만 송이 세계명품장미, 그 향기 속으로'라는 부제를 달고 섬진강 기차마을과 장미공원에서 진행한다. 진한 향과 다양한 색을 지닌 장미를 만날 수 있다. 장미공원 안쪽에는 섬진강 천적곤충관이 있다.
곡성세계장미축제 www.simcheong.com/?r=home&c=4/68/223/287
❷ 레일바이크는 두 곳에서 운영한다. 기차마을 안의 철로를 이용하는 1.6km의 레일바이크와 침곡역에서 가정역까지 가는 5.1km 섬진강 레일바이크가 있다. 대략 30~40분 정도가 걸린다.
❸ 호남고속도로를 이용 곡성IC로 나와 곡성군으로 향한다. 곡성읍을 지나 읍내 삼거리에서 오곡, 섬진강 기차마을 방면으로 우회전하면 섬진강 기차마을이다.

★이것만은 꼭!
❶ 태안사 입구에는 곡성 출신 조태일 시인의 문학기념관이 있다. 평생을 민족정신을 노래하며 살았던 시인의 유품과 육필원고 2,000여 점과 생전에 소장한 시집 3,000여 권 등이 전시되어 있다. 문학청년들의 순례지로 꼽히는 곳이다.
❷ 침곡역 위의 전망 덱은 전라선 폐선과 17번 국도 그리고 섬진강을 동시에 볼 수 있다. 증기기관차는 요일에 따라 하루 3~5회 운행한다.

★주변 맛집
돼지한마리 : 돼지고기 목살석쇠구이 식당이다. 무항생제 축산물 인증을 받은 흑돼지를 사용한다. 도톰하게 썬 흑돼지 양념구이는 기름기가 빠져 맛이 담백하다. 전라남도 곡성군 석곡면 석곡2길 13(석곡리 190), 061-362-3077
용궁산장 : 참게매운탕, 전라남도 곡성군 죽곡면 대황강로 1598-17(하한리 946-3), 061-362-8346
모심정 : 촌닭능이버섯곰탕, 전라남도 곡성군 죽곡면 섬진강로 1005(하한리 926-8), 061-362-7447

목살석쇠구이

참게매운탕

017
전라북도 전주시 완산구
**전주
한옥마을**

명랑한 문화와 전통이 숨 쉬는 곳
전주는 참 매력적인 도시다. 한옥마을의 전통은 물론,
이씨 조선의 탄생 과정과 기구한 근현대사,
그리고 다양한 문화가 도시 속에 담겨 있다.
전주는 이 모두를 아우르며 보고 느끼고 즐기는 곳이다.
게다가 맛있는 먹을거리만 가지고도 여행의 즐거움을
가질 수 있는 곳으로 어느새 발걸음은 전주를 향한다.

전라도 지역을 여행하면 항상 전주를 경유하도록 일정을 짠다. 전일갑오의 가맥(가게맥주)은 여행의 피로를 풀어주기에 충분하고, 풍년제과의 전병은 심심함을 달래줄 맛난 주전부리다. 한 끼 든든한 남부시장 순댓국과 동문거리 일대의 콩나물국밥은 왜 그리 맛나던지 침을 흘리며 전주에 들어서고 전주를 떠날 때는 아쉬움의 입맛을 다신다.

전주 한옥마을 여행은 풍남문에서 출발한다. 풍남문은 전주읍성의 남문으로 임진왜란 때 파괴되었다가 영조 때 개축되었다. 풍남문은 천주교도들이 처형당했던 곳으로 풍남문의 석재는 훗날 한옥마을 전동성당의 주춧돌이 되었다. 전동성당은 초기 성당 건축물 중에서 규모가 크고 아름다운 성당으로 꼽힌다. 성당의 외관도 외관이지만 내부 전경은 더 아름답다.

전동성당 앞에는 경기전이 있다. 경기전은 보물 제931호로 태조 이성계의 영정을 봉안한 곳이다. 경기전은 전주 한옥마을을 여행하면 꼭 둘러봐야 하는 명소로 울창한 나무들과 대숲이 있어 연인들의 데이트는 물론 전주시민의 쉼터 역할을 하기도 한다.

경기전과 초등학교 사이 골목을 가로질러 가면 동문예술거리가 나온다. 교동과 풍남동 옆에 있는 경원동 일대에 동문예술거리가 조성되어 있다. 전주의 대표적인 콩나물국밥집과 홍지서림 등 옛날 헌책방이 모여 있던 곳이다. 한때 번화가였으나 퇴색하면서 거리에 활력을 불어 넣기 위해 동문예술거리를 만들었다. 주민들과 예술가들의 자발적 참여로 이루어졌는데 카페, 연극, 아트숍, 거리공연, 미술전시 등 소통을 위한 다양한 행사가 열린다. 한옥마을과 함께 둘러보며 시민이 만들어간 작은 예술에 귀 기울여 보고, 전주에서 가장 오래된 삼양다방에서 다방 체험을 하는 것도 즐겁다.

벚꽃이 활짝 핀 전동성당
경기전 안에 있는 대나무 숲, 동문예술거리의 밴드공연

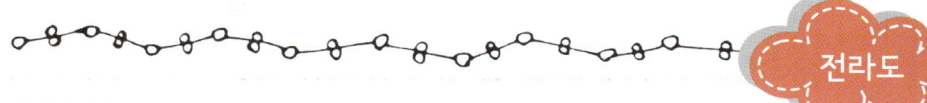

전라도

추천여행지

교동 자만마을

퇴색됐던 마을에 벽화가 그려지면서 산뜻하게 바뀌었다. 전주시가 조성한 것으로 40여 채의 주택과 골목길에 다른 내용의 벽화들이 있다. 덕분에 한옥마을과 연계된 여행지로 각광을 받고 있다. 마을 안에는 담장에 콕 달라붙은 자만동 금표가 있는데 이는 1900년대 고종의 명으로 나무를 베거나 몰래 묘를 쓰는 것을 금하는 표지석이다. 자만마을의 벽화는 전주전통문화관 건너편에서 오목대 가는 육교까지다.

1박2일 추천코스

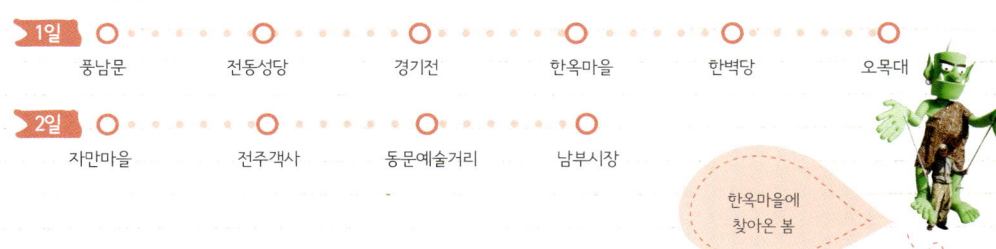

1일 풍남문 — 전동성당 — 경기전 — 한옥마을 — 한벽당 — 오목대

2일 자만마을 — 전주객사 — 동문예술거리 — 남부시장

한옥마을에 찾아온 봄

★ 여행정보
경기전 전라북도 전주시 완산구 태조로 44(풍남동 3가 91-5)
한옥마을관광안내소 063-282-1330
전주시문화관광 tour.jeonju.go.kr
동문예술거리
www.dongmunst.com/korean

★ 친절한 여행 팁
❶ 전주는 다양한 축제가 열리는 곳이기도 하다. 4월에 열리는 전주국제영화제를 비롯해 음력 5월 5일에 열리는 전주단오제, 5월의 전주한지문화축제, 6월에 열리는 전주대사습놀이, 10월 비빔밥축제 등 다양한 축제가 열려 눈과 귀가 즐겁다. 전주에 방문한다면 이들 축제기간에 맞춰 가보자.
❷ 전주IC에서 나와 월드컵경기장으로 향하기 전 조촌교차로에서 시청, 한옥마을 방향 좌회전 후 직진한다. 금암광장사거리에서 좌측 방향으로 진행 후 전주코아리베라호텔 가기 전 주차장으로 진입하면 된다. 전주코아리베라호텔 옆 전주소리문화관 대각선 건너편 주차장이다.

★ 이것만은 꼭!
해설사와 함께하는 전주 한옥마을 투어를 이용해보자. 한옥마을 정기 투어는 평일 14:00, 주말 10:00, 13:00, 15:00에 한옥마을 관광안내소에 집결해 정시 출발한다. 코스는 한옥마을을 단숨에 보는 1코스, 골목과 체험이 있는 2코스, 산책과 사색이 있는 3코스 등 세 가지가 있다. 전주 한옥마을에 숨겨진 풍성한 이야기를 들을 수 있다.

★ 주변 맛집
다래콩나물국밥 : 콩나물의 향과 아삭한 식감이 좋다. 참기름에 양념장을 넣어 비벼먹는데 콩나물국밥 일색인 전주에서 꽤 괜찮은 식당이다. 콩나물국밥과 아욱국밥, 모주도 있다. 전라북도 전주시 완산구 동문길 84(경원동 2가 14-1), 063-288-6962

PNB풍년제과 : 전병·초코파이, 전라북도 전주시 완산구 팔달로 180(경원동 1가 40-5), 063-285-6666

베테랑분식 : 칼국수, 전라북도 전주시 완산구 경기전길 135(교동 85-1), 063-285-9898

콩나물비빔밥

전동성당

018
전라남도 담양군 고서면
명옥헌 원림

백일 동안의 붉은 연정
분홍색만큼 달콤하고 말랑말랑한 감정의 색은
없을 것이다. 맨살 같은 야릇한 가지마다
분홍빛 사랑이 대롱대롱 매달렸다.
백일 동안 피운 연정에 사람들은 일 년 중
단 하루 동안 사랑에 흠뻑 젖는다.

뭉그적거리기 좋은 명옥헌, 새색시의 홍조를 닮은 백일홍

좋아하는 꽃이 무엇이냐고 물으면 단연 백일홍이라고 말한다. 분홍색의 백일홍은 달콤한 사랑을 꿈꾸는 사람을 닮았다. 부끄러움 많은 여고생의 달아오른 홍조 같기도 하고 오랜만에 봄나들이 나서는 할머니의 수줍은 블라우스 같으며 갓 유치원에 입학한 꼬마 숙녀의 드레스 같다.
사람의 마음을 달뜨게 만드는 분홍색 공간으로 명옥헌 원림이 있다. 명옥헌이라는 이름은 연못으로 흐르는 시냇물의 소리가 옥이 부딪히는 소리와 같다고 해서 붙여졌다. 옥이 구르는 소리와 분홍색 꽃들로 가득한 공간은 생각했던 것보다 수수하다.
명옥헌은 인조반정의 주역 오희도의 집터 위에 넷째 아들 오이정이 아버지를 기리며 지은 정자다. 정자 앞으로 네모난 연못을 파고 적송과 배롱나무 등을 심고 가꿨다. 연못 안에는 원형의 섬을 만들었다. 땅은 네모나고, 하늘은 둥글다는 당시 선비들의 전형적인 우주관이 반영된 원림이다.
명옥헌 원림의 또 다른 특징은 담장이 없다는 것. 자연은 그대로 두고, 주변에 정자를 적절하게 배치한 자연 순응적인 정원양식이다. 명옥헌 원림은 2009년 국가 지정 명승지 제58호로 지정되었다.
명옥헌 원림을 가득 메운 배롱나무의 꽃은 백일홍이다. 꽃이 백일 동안 핀다고 해서 붙은 이름이다. 한꺼번에 개화하는 것이 아니라 순차적으로 피어난다. 많이 개화했을 때는 눈부실 정도이고 한여름 무더위를 잊을 만큼 아름답다.
백일홍을 피우는 배롱나무는 선비가 거처하던 서원이나 정자 주변에 심었다. 해마다 껍질을 벗고 매끈한 속살을 보여주는 나무의 특성 때문이다. 청렴을 덕목으로 여기는 선비에게 본이 되는 나무라 여겼다. 배롱나무는 사찰에서도 볼 수 있는데 출가한 수행자들이 배롱나무가 껍질을 벗는 것처럼 세속의 욕망을 떨치라는 뜻에서 심었다고 한다. 또 귀신을 잘 쫓는다고 해서 묘지나 사당 주변에도 흔히 심었다. 이처럼 선비와 승려들의 삶 속에 있던 배롱나무의 꽃이 흰색이 아닌 붉은색이라는 것은 좀 어울리지 않는다는 생각도 든다.
요즘은 도로변의 가로수로 배롱나무를 많이 심는다. 가로수가 왕벚나무나 메타세쿼이아, 플라타너스, 은행나무 일색인 것을 감안하면 무척 반가울 일이다. 진한 녹색이 지배하는 여름에 그것도 백일 동안 분홍색 꽃 터널을 마주하는 것이기 때문이다. 온통 분홍의 꽃 터널을 지나면 그 누구라도 연정이 샘솟고 사랑의 달콤함이 몽글몽글 피어오를 것이다.

추천여행지

창평 삼지내마을

슬로시티 중 한 곳인 창평면 삼지내마을은 고즈넉한 옛 모습이 남아 있는 마을이다. 16세기 초에 형성된 전통마을로 창평고씨의 고택들과 고택 사이의 돌담길을 따라 걷는 즐거움이 가득하다.
담양창평슬로시티 061-383-3807, www.slowcp.com

1박2일 추천코스

1일
담양명옥헌원림 ─────────── 창평삼지내마을

2일
광주호 ── 식영정 ── 환벽당 ── 한국가사문학관 ── 소쇄원

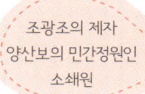

조광조의 제자 양산보의 민간정원인 소쇄원

★ **여행정보**
명옥헌원림 전라남도 담양군 고서면 후산길 103(산덕리 513)
담양군문화관광과 061-380-3155~7, 061-380-3752
담양문화관광 tour.damyang.go.kr

★ **친절한 여행 팁**
❶ 담양은 선비의 고장이며 가사문학의 고장이다. 명옥헌 원림에서 광주호 방면으로 향하면 명승 제40호인 소쇄원을 비롯해 식영정, 환벽당, 취가정의 아름다운 정자와 한국가사문학관이 있다. 더불어 광주호수생태원도 들러볼 만하다.
❷ 창평슬로시티 방문자센터에서 명옥헌 원림으로 이어지는 사색의 길이 조성되어 있다. 왕복 11km의 거리로 조용한 산책을 즐길 수 있다. 방문자센터에서 길에 대한 정보를 확인할 수 있다.
❸ 호남고속도로 창평IC로 나와 60번 지방도를 따라 고서 방향으로 진출하면 왼쪽에 명옥헌 이정표가 있다. 후산마을 주차장에 주차하고 도보로 15분 정도 이동하면 명옥헌 원림이다.

★ **이것만은 꼭!**
백일홍은 보통 한 가지에서 피고 지기를 세 번 거듭한다. 7월 중순부터 피기 시작해 8월 초와 하순께 두 번 절정을 이룬 뒤 9월 초, 중순부터 진다.

★ **주변 맛집**
황토방국밥 : 창평은 장터국밥으로 이름났다. 담백한 국물 맛의 장터국밥은 돼지국밥, 선지국밥, 따로국밥 등이 있고 돼지막창을 데쳐 만든 암뽕 순대도 있다. 전라남도 담양군 창평면 창평리 190, 061-381-7159
담양한과 : 전통한과, 전라남도 담양군 창평면 창평현로 714-22(삼천리 180-1), 061-383-8347
맛선 : 생선조림, 전라남도 담양군 금성면 담순로 208(원율리 131-3), 061-383-9393

019
전라남도 담양군 금성면
금성산성

남도에서 가장 아름다운 성

절벽 위에 곧추선 성벽이 아찔하다. 성벽을 경계로 밖은 침입의 바람이 불고 안쪽은 방어의 온기가 남아 있다. 보국문 위에 서면 아직도 긴장감이 숨을 죽이고 애잔함이 감도는 해넘이가 산성을 둘러싼다. 성벽 넘어 풍경에 엄숙함마저 감돈다.

찐 계란 하나로 버틴 산행이었다. 그날 점심으로 죽녹원 부근의 국수집에서 국수 한 그릇에 찐 계란을 주문했다. 찐 계란은 오후에 오를 금성산성에서 먹을 요량이었다. 찐 계란은 일명 '약계란'이라고 하는데 진한 멸치육수에 넣고 오래 삶은 것으로 삼삼한 간이 배어 있는 계란이다. 문제는 계란을 먹으면서부터 시작됐다. 무척 배고팠던지라 국수가 나오기 전 호들갑 떨며 계란의 껍질을 벗겨내고 한입 크게 베어 물었다. 끓는 멸치육수에 담겨져 있던 계란은 뜨거웠다. 결국 입천장이 다 벗겨지고 말았다. 흰자까지는 괜찮았지만 노른자에 이르면서 입안의 살점을 알차게 익혔다. 육수에 담긴 국수를 찬물에 헹궈 먹는 불행이 닥쳤다. 결국 제대로 먹지도 못하고 금성산성에 올랐다.

금성산성으로 향하는 길은 가파른 오르막길 때문에 심장마비로 쓰러질 것 같았다. 배를 채우지 못한 여행자는 더욱 힘겹다. 무엇보다 물 한 모금 마시는데도 입안이 따끔거려 여간 신경이 쓰이는 게 아니었다. 그러나 금성산성 보국문에 이르러 바라볼 주변을 아우르는 빼어난 조망과 울창한 신록에 둘러싸인 성곽의 아름다움을 생각하면 잠깐 심장이 멎는 것쯤은 아무것도 아니다.

금성산성은 무주의 적성산성, 장성의 입암산성과 함께 호남의 3대 산성으로 꼽는다. 삼국시대에 처음 축조되어 조선 태종 때 개축되었다. 1894년 동학농민운동 당시 치열한 전투 속에 성안의 모든 시설이 불에 타버린 아픈 역사를 품고 있기도 하다. 또 금성산성은 수려한 풍경 덕에 드라마 촬영지로도 인기가 있다. 보국문을 지나 충용문으로 가는 기다란 광장에서는 인기리에 방영됐던 드라마 <선덕여왕>의 화백회의 장면을 촬영했다.

금성산성은 하늘에서 보면 날개를 펼치고 우아하게 비행하는 새처럼 보인다. 보국문이 머리고, 충용문이 가슴, 능선을 타고 쭉 뻗은 성벽이 날개다. 동학농민운동 당시 정부군과 맞서 싸운 농민군들의 마음도 새처럼 훨훨 날아 가족의 품으로 날아가고 싶지는 않았을까? 두렵고 힘겨운 싸움, 굶주림, 고독으로부터 벗어나고픈 마음이 성벽의 돌만큼 묻어 있는 것만 같다. 어느덧 일몰 시간이다. 노란 하늘색이 담양을 뒤덮는다. 뱃속은 꾸르륵 거리며 밥을 달라 재촉한다. 떡갈비가 먹고 싶은데 입안의 상처가 아쉽다.

∧ 충용문 왼편에서 본 보국문
\> 충용문 위쪽 성벽에서 본 보국문

전라도

추천여행지

메타세쿼이아 가로수길
메타세쿼이아 가로수길은 말이 필요 없는 유명 여행지로 최근에 생태 관광도로로 바뀌며 걷기 좋은 길로 재탄생되었다. 1970년대 조성되어 현재 약 2,700여 그루의 가로수가 담양읍에서 순창까지 이어진 길에 도열해 있다. 관방제림에서 출발해 학동교차로를 지나 금월교차로까지 이어지는 코스가 추천할 만하다. 금월교차로에서 순창까지 이어지는 24번 국도까지도 가로수길이 이어지지만 차가 많다.

1박2일 추천코스

1일 죽녹원 — 메타세쿼이아가로수길 — 관방제림 — 온천

2일 금성산성 — 대나무골테마공원

> 금성산성의 입구인 보국문과 성벽

★ 여행정보
담양온천리조트 전라남도 담양군 금성면 금성산성길 202(원율리 399)
담양군문화관광과 061-380-3155~7, 061-380-3752
담양군문화관광 tour.damyang.go.kr

★ 친절한 여행 팁
❶ 메타세쿼이아 가로수길 주변엔 차를 주차하기 마땅치 않으므로 죽녹원 앞 담양천변의 주차장을 이용하는 것이 좋다. 차를 가지고 가로수길에 진입하지 못하니 주의할 것.

❷ 금성산성은 사계절 괜찮은 사진촬영지다. 충용문에서 성곽을 따라 2000m 오르면 사진 포인트다. 봄과 가을철 운해를 촬영하기 좋고, 겨울엔 하얗게 변한 담양과 금성산성을 담을 수 있다.

❸ 담양읍에서 24번 국도를 타고 순창쪽으로 가다 원율삼거리에서 좌회전하여 2km쯤 가면 담양온천리조트다. 리조트 직전에 우회전하면 매표소가 나오고 주차료 2,000원을 내고 500m 가면 금성산성 주차장이다.

★ 이것만은 꼭!
성을 둘러보는 방법은 두 가지다. 성곽을 따라 성 전체를 한 바퀴 도는 것과 성 안쪽 숲길을 따라 들어가 가까운 문을 거쳐 성곽을 따라 내려오는 것이다. 성을 밟으며 돌면 시원한 전망을 감상할 수 있다. 그러나 길이 가파르고, 적잖은 시간(4시간 30분)이 걸리므로 가족끼리 왔다면 성 안쪽을 둘러보는 게 알맞다.

★ 주변 맛집
맛선 : 대통밥과 생선조림 전문점이다. 전체적으로 깔끔하고 무난한 맛의 생선조림과 담양의 향토음식인 대통밥정식을 내놓는다. 그중 병어조림이 인기 있다. 전라남도 담양군 금성면 담순로 208(원율리 131-4), 061-383-9393

덕인관 : 떡갈비, 전라남도 담양군 담양읍 죽향대로 1121(백동리 408-5), 061-381-7881

승일식당 : 돼지갈비, 전라남도 담양군 담양읍 중앙로 98-1(객사리 226-1), 061-382-9011

진우네집국수 : 멸치국수, 전라남도 담양군 담양읍 객사3길 32(객사리 211-34), 061-381-5344

보국문 위의 충용문

멸치국수

020
전라남도 구례군 마산면
화엄사 흑매

붉게 달아오른 홍매화
나무가 나를 봐 주세요 한다. 겨울잠 끝내고
노랗게, 붉게, 하얗게, 예쁘게도 단장했다.
코끝으로 비비고 들어온 꽃향기에 몽롱해지고
마음이 말랑해진다. 봄에 만나 달콤해지고
봄이 가면 뜨거워지는 꽃놀이다.

옛날부터 선비들은 매화를 사랑했다. 매화의 꽃말은 인내와 기품, 정절이다. 선비들은 겨울을 이기고 이른 봄 피어나는 매화의 생명력과 고매함에 반해 가까이 두었다. 또한 시와 그림에 늘 등장시킬 만큼 매화를 아꼈다. 여인들은 지조와 절개의 상징으로 매화가 새겨진 장신구를 몸에 지니고 다녔다.

전국의 이름난 사찰이나 서원, 고택 등에는 항상 매화가 심겨 있다. 오래된 토종 매화는 저마다 이름을 갖고 있다. 대표적인 것으로 호남5매와 경상도의 산청3매가 있다. 산청3매는 단속사지의 정당매와 산천재의 남명매, 예담촌의 분양매가 있다. 호남5매로는 순천 선암사 무우전 뒤편에 있는 선암매, 장성 백양사의 고불매, 전남대학교 대강당 앞의 대명매, 담양 지실마을 계당매, 고흥 소록도 중앙공원의 수양매가 있다. 모두 매혹적인 자태와 그윽한 향기를 가진 오랜 토종 매화들이다. 이들 못지않은 매화가 구례에도 있다. 구례군 마산면에 있는 화엄사 경내의 화엄매와 각황전 옆의 홍매화다.

화엄매는 화엄사 경내에 있는 작은 암자인 길상암 앞에 있다. 수령이 450년 된 것으로 2007년 천연기념물 제485호로 지정되었다. 원래 네 그루가 있었다고 하는데 세 그루는 고사하였고 지금은 한 그루만 남아 있다. 천연기념물로 지정되지는 않았지만 각황전 옆의 홍매화가 있다. 홍매화의 인기는 화엄매보다 높다.

화엄사 홍매화는 붉다 못해 검은 빛이 돈다 해서 흑매라 이름 붙여졌다. 각황전과 원통전 사이에 서 있는 지도 약 300년이나 됐다. 화엄사 흑매는 조선 숙종 때 각황전 중수를 기념하기 위해 장륙전 자리에 계파선사가 심었다고 전해진다.

흑매를 보기 위해 겨울부터 기다렸다. 지루한 겨울 동안 마음이 닳도록 애태웠다. 마침 기회가 되어 찾았지만 봄비가 내려 햇살에 반짝이는 흑매를 만나지는 못했다. 하지만 흑매의 자태를 보는 것으로 충분했다. 검푸른 기와지붕 사이에 풍성하게 매달린 흑매화 한 송이 송이가 눈부시다. 가까이에 있으면 짙은 매화향이 코를 파고든다. 잠시 꿈꾼 것처럼 내 얼굴도 홍매화를 닮는다.

∧ 각황전 앞에서 본 화엄사 흑매
< 봄을 밝히는 흑매의 향기는 무척 진하다

추천여행지

운조루

운조루는 '구름 속의 새처럼 숨어 사는 집'이라는 뜻이다. 낙안부사를 지냈던 안동 출신의 유이주가 1776년 지은 집이다. 조선 양반가의 대표적인 고택으로 처음 78칸의 건물이었다가 현재 68칸이 남아 보존되고 있다. 운조루에는 두 가지의 보물이 있다. 흉년이 들었을 때 굶주린 사람들을 위해 쌀독을 열어 구제했다는 뜻의 '타인능해(他人能解)'가 새겨진 큰 쌀독과, 밥 짓는 연기가 퍼져 끼니를 거르는 사람들이 소외감을 느끼지 않도록 만든 운조루의 굴뚝이다. 운조루는 남한 3대 길지에 속할 만큼 명당에 속하며, 한옥민박도 체험할 수 있다. 010-9305-7705, www.unjoru.net

1박2일 추천코스

1일: 구례 — 화엄사 — 길상암 — 구층암 — 운조루 — 지리산온천단지
2일: 사성암 — 화개장터 — 하동십리벚꽃길 — 악양평사리 최참판댁

화엄사 석등

차 한 잔에 시름도 잊히는 구층암

★여행정보

화엄사 전라남도 구례군 마산면 화엄사로 539(황전리 12), www.hwaeomsa.org
화엄사종무소 061-783-7600

★친절한 여행 팁

❶ 화엄사에는 국보급 유물이 많다. 우리나라 불전 가운데 가장 규모가 큰 화엄사 각황전(국보 67호)을 비롯해 역시 가장 큰 규모의 화엄사 각황전 앞 석등(국보 12호), 그리고 화엄사를 창건한 연기조사가 어머니를 위해 세운 사사자삼층석탑(국보 35호), 화엄사 영산회괘불탱(국보 301호)은 반드시 봐야 할 화엄사의 보물이다.

❷ 구층암도 꼭 들러보자. 화엄사는 차로 유명하다. 화엄사를 창건한 연기조사가 차를 우려 어머니에게 바치는 지극한 효심을 조각한 사사자삼층석탑만 봐도 그렇다. 구층암에서 죽로야생차를 맛볼 수 있다. 구층암에는 다섯 그루의 모과나무가 있다. 살아 있는 모과나무 두 그루와 건물기둥으로 쓰인 세 그루다.

❸ 구례 IC에서 19번 국도로 진입한 후 18번 국도를 타고 냉천삼거리에서 좌회전한다. 약 3.5km를 지나 마광삼거리에서 직진해 2.1km 더 가면 화엄사다.

★이것만은 꼭!

❶ 화엄사 지장암 경내에 있는 올벚나무도 꼭 봐야 할 나무다. 천연기념물 제38호로 꽃이 잎보다 먼저 핀다. 다른 벚나무에 비해 일찍 개화하기 때문에 올벚나무라고 부른다. 벚나무는 옛날 활의 재료로 많이 쓰였다. 병조호란 이후 나라에서 벚나무 심기를 장려했다. 화엄사도 주변에 올벚나무를 많이 심었다고 한다.

❷ 화엄사 홍매화는 3월 중순에서 4월 초순 사이에 핀다. 개화시기가 매년 다른 만큼 미리 알아보고 가는 것이 좋다.

★주변 맛집

동아식당 : 구례읍에 있는 오래된 주막이다. 기본 반찬도 괜찮지만 가오리찜은 별미로 통한다. 여기에 막걸리 한 잔에 피로가 가신다. 전라남도 구례군 구례읍 봉동길 3(봉동리 204-2), 061-782-5474
송이식당 : 산채정식, 구례군 마산면 화엄사로 255(마산리 288), 061-872-9268
서울회관 : 산채정식, 전라남도 구례군 구례읍 봉성로 91-15(봉동리 456), 061-782-2326

가오리찜

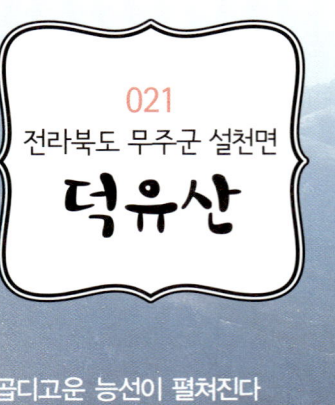

021
전라북도 무주군 설천면
덕유산

곱디고운 능선이 펼쳐진다
세찬 바람이 분다. 제 몸 하나 지탱하기도
힘든 바람이다. 덕유산의 유연한 능선을
따라온 바람에 마음이 날아간다.
덕유산 위를 나는 기분은 눈물이 날 만큼
좋을 것이다. 어머니의 젖무덤 같은 곳이니까.

겨울이면 덕유산은 많은 사람들로 북적인다. 눈꽃터널과 향적봉의 확 트인 조망을 보러 온 사람들이다. 이는 향적봉 바로 아래에 위치한 설천봉까지 단번에 오를 수 있는 곤돌라 덕분이다. 곤돌라에서 내려 향적봉까지 20분만 걸으면 중봉, 삿갓봉, 무룡산, 남덕유산 등 덕유산의 빼어난 준봉들을 조망할 수 있다.

3월에 때 아닌 폭설이 내리자 부리나케 덕유산으로 향했다. 사진을 찍는 사람이라면 누구나 탐을 내는 상고대와 일출을 담기 위해서다. 하지만 갑작스러운 여행으로 준비가 턱없이 부족했다. 향적봉에 머무는 동안 할 일은 별로 없었다. 중봉과 향적봉을 오가는 것이 전부였다. 2박 3일 동안 덕유산의 하늘은 끝내 황홀한 일출과 일몰을 보여주지 않았다. 다만 수확이라고 할 만한 것은 덕유산의 매력에 빠진 것이었다.

이후에 겨울이면 덕유산의 구상나무와 주목마다 화사하게 피어난 눈꽃을 보며 열심히 카메라에 담았고, 여름에는 큰원추리 군락에서 환한 웃음을 지으며, 향적봉 밤하늘을 밝히는 반딧불이를 보며 경이로움을 느꼈다. 특히 향적봉에서 중봉, 덕유평전을 거쳐 동엽령, 칠연계곡으로 향하는 트레킹은 매력적이었다. 능선과 능선이 이어지는 풍경은 장엄하다. 기암으로 우뚝한 산은 아니지만 그에 못지않은 부드러움과 장쾌함이 능선에 있었다. 늘 사진을 찍어야 했기 때문에 항상 같은 곳을 맴돌아야 했던 지난날과는 다른 풍경이다.

봄이면 연둣빛 신록과 연분홍 철쭉이 어우러지고 여름에는 짙은 녹음 사이로 흐르는 구천동 맑은 계곡이 장관을 연출하며 중봉에 군락을 이루는 큰원추리는 7~8월이면 만난다. 가을이면 오색단풍으로 온 산을 울긋불긋 물들인다. 겨울 덕유산은 눈부신 상고대가 은빛 세계를 연출한다. 사진가들은 사시사철 몰려들어 분주히 덕유산 능선을 오고가며 아름다움을 카메라에 담는다.

설천봉에서 향적봉 가는 길의 상고대

전라도

추천여행지

무주 구천동계곡

라제통문에서 덕유산 백련사에 이르는 약 28km의 계곡이다. 심산유곡의 대명사로 깊게 구불구불 이어진 계곡이 아름답다. 구천동계곡에는 33경이 있다. 일일이 찾아보기도 힘들만큼 기암괴석과 여울, 폭포와 소가 절경을 이룬다. 계곡의 마지막에는 덕유산 유일의 사찰인 백련사가 자리하고, 향적봉으로 향하는 등산로가 있다. 사진 촬영하기 좋은 포인트로는 무주 구천동 제15경인 월하탄이 있다.

1박2일 추천코스

1일: 무주리조트 – 향적봉 – 중봉 – 향적봉 – 무주리조트
2일: 무주구천동 – 라제통문 – 반디랜드 – 머루와인동굴

향적봉에서 바라본 무주군과 마이산

★ 여행정보

무주덕유산리조트 전라북도 무주군 설천면 만선로 185(심곡리 산 43-15), www.mdysresort.com
향적봉대피소 063-322-1614
덕유산국립공원 deogyu.knps.or.kr

★ 친절한 여행 팁

❶ 설천봉으로 향하는 곤돌라는 설천하우스에서 탈 수 있다. 요금과 시간은 무주리조트 웹사이트에서 확인할 수 있다.
❷ 일출을 보기 좋은 장소는 향적봉 정상에서 백련사로 하산하는 계단 100m 지점에 있는 주목 군락 앞이다. 일몰은 주로 중봉 가는 길의 옛날 철탑이 있던 곳이나 헬기장, 중봉 정상이다.
❸ 대전통영고속도로를 이용해 덕유산IC로 나와 19번 국도를 타고 가다 사산삼거리에서 설천, 무주 구천동 방향으로 우회전, 49번 지방도를 타고 가다 리조트삼거리에서 무주리조트 방향으로 우회전하면 무주리조트. 무주터미널에서 구천동행 버스는 하루 13회씩 운행한다. 약 35분 소요된다.

★ 이것만은 꼭!

향적봉대피소는 전화 예약제로 운영한다. 15일 전 예약 후 입금 확인을 거쳐야 머물 수 있다. 향적봉대피소는 여름이나 가을, 겨울철에 이용객이 많으므로 예약은 필수다. 요금은 성수기에 8,000원, 비수기에 7,000원이다.

★ 주변 맛집

369실내포장마차 : 369실내포장마차는 30년 동안 무주사람들의 입맛을 사로잡은 집이다. 주 메뉴는 오징어덮밥, 김치찌개, 청국장, 양념족발과 닭발인데, 지나치게 맵지 않은 양념이 일품이다. 전라북도 무주군 무주읍 적천로 313(읍내리 224-5), 063-322-2320
금강식당 : 어죽, 전라북도 무주군 무주읍 단천로 102(읍내리 246-7), 063-322-0979
천지가든 : 산채정식, 전라북도 무주군 설천면 구천동로 948(삼공리 713), 063-322-3123

중봉 가기 전 헬기장에서 본 덕유산 일몰

오징어덮밥

022
전라북도 익산시 금마면
미륵사지

상상하는 재미가 있다
비가 오는 날, 미륵사지는 흠뻑 젖었다.
못을 메워 지은 절터는 묵직한 공기와 습기로 채워졌다.
물이 자박하게 고인 초지 위를 걸었다.
물방울이 튄다. 과거 백제시대 누군가의 삶과
희망, 고독, 슬픔, 기쁨들이 튄다.

나는 폐사지를 좋아한다. 폐사지의 주춧돌과 어디에 쓰였는지 알 수 없는 돌들을 보며 상상하는 즐거움이 있기 때문이다. 주춧돌은 과거와 현재를 이어주는 타임머신이다. 그 타임머신을 타고 과거로 돌아가 무왕이 되고 민초가 되어 미륵사지를 걷는다.

미륵사지는 공간을 보는 재미가 있다. '여기가 금당지이고, 목탑지였고, 중원금당지였구나' 하며 그 규모를 가늠하고 상상해본다. 미륵신앙으로 백제를 부흥시키고자 한 무왕의 집념을 읽어본다. 스러져가는 나라를 일으키기 위해 왕권을 강화하고 백성에게 희망을 전해야만 한다. 그래서 크고 위대해야 했다. 당시 우리나라 최대였던 미륵사를 대하는 백성은 마음가짐이 달랐을 것이다.

미륵신앙은 6세기 후반에서 7세기에 걸쳐 삼국시대는 물론 아시아 지역에 광범위하게 퍼져 있던 신앙이었다. 미래불에 의해 구원을 받는다는 내용의 미륵신앙은 권력자에게는 통치이념으로, 백성에게는 고단한 삶을 구원하는 신앙이었다.

미륵사지는 금마면에 위치해 있다. 금마는 무왕이 탄생한 곳이었고, 백제는 무왕에 이르러 금마를 중심으로 황금기를 열었다. 미륵사지가 있는 미륵산은 삼각형 모양의 산으로 미륵사가 품에 안겨 있는 모습을 하고 있다. 미륵사지는 현재 무너져가는 서탑을 해체, 복원하고 있다. 서탑은 가림막이가 드리워진 건물에서 복원 중이며 그 옆으로 동탑이 있다. 동탑은 너무 깨끗한 것이 흠인데 새로 지은 현대의 탑으로 느껴질 정도다. 그 밖에 통일신라시대 중기 이전에 조성된 것으로 추정되는 보물 제236호 당간지주와 고려시대 가마터, 조선시대 가마터가 있다. 높이 430m의 미륵산 정상에 오르면 드넓은 호남평야와 미륵사지의 규모를 한눈에 알 수 있다. 과거 3탑 3금당을 갖춘 웅장했던 미륵사지다. 미륵산은 익산에서 제일 높은 산이다. 정상 조금 못 미쳐 미륵산성이 있다. 미륵산성은 '용화산성'이라고도 부른다. 일각에서는 고조선시대 기준 왕의 성이라고도 하지만 마한의 여러 세력 중 하나가 산성을 쌓았을 것으로 추정하고 있다. 미륵사지를 돌아보면 고단한 민초와 고뇌하는 무왕이 어렴풋하게 만져진다. 미륵신앙은 백제를 묶어주는 구심점이었다. 미륵사지는 보이지 않은 보물이다. 찬란했던 당시의 흔적을 따라 걷다 보면 역사의 진한 여운이 느껴진다.

∧ 미륵산 정상에서 본 미륵사지
< 미륵사지 서탑 뒤의 금당지
  미륵사지 서탑의 복원을 위해 해체한 모습

전라도

추천여행지

고도리석불입상

금마면 동고도리에 있는 고려시대의 불상으로 200m 거리를 두고 마주보고 있는 두 개의 석불이다. 석불에 얽힌 전설은 다음과 같다. 섣달 그믐날 밤 자정에 두 상이 만나 회포를 풀고 닭 우는 소리를 듣고 제자리로 돌아갔다는 내용이다. 그러니까 고도리석불은 남녀 상으로 두 개의 석불 가운데에 있는 옥룡천이 꽁꽁 언 겨울에 사랑을 나눈다는 것이다. 고도리석불은 불상이라기보다 수호신 같은 무속적 성격을 보여주고 있으며 보물 제 46호다. 남녀 상인 만큼 동과 서쪽 어느 상이 남녀인지 찾아보자.

1박2일 추천코스

1일: 미륵사지 → 고도리석불입상 → 왕궁리유적지 → 보석박물관

2일: 함라한옥마을 → 두동교회 → 성당포구 → 나바위성지

서탑에서 발견된 사리장엄

백제 왕궁으로 추정되는 왕궁리 유적지와 5층석탑

★여행정보

미륵사지 전라북도 익산시 금마면 미륵사지로 362(기양리 104-1)
미륵사지유물전시관 063-290-6799, www.mireuksaji.org

★친절한 여행 팁

❶ 미륵사지 유물전시관에는 품격 높은 백제의 보물들로 가득하다. 옛 미륵사의 축소 모형과 거대한 치미, 금동향로 등 다양한 기와와 아름다운 문양의 막새가 전시되어 있다.

❷ 미륵사지 동탑 옆에 있는 고려시대 가마터에 가면 미륵산으로 향하는 등산로가 나 있다. 미륵산 정상에서 바라보는 익산시가 시원하다. 미륵산에는 사자암과 미륵산성이 있다.

❸ 호남고속도로 익산IC에서 익산 방향 799번 지방도로 우회전한다. 5.3km 지점 금마사거리에서 금마·삼기농공단지 방면으로 우회전한다. 금마삼거리에서 함열·미륵사지 방향으로 좌회전한다. 익산역에서 41번(06:42~21:20) 버스가 하루 23회 운행한다. 60번(06:46~21:12) 버스는 하루 17회 운행하며 40분에서 1시간 소요된다.

★이것만은 꼭!

사리장엄은 부처님의 사리가 담긴 함이다. 일제가 무너져가던 서탑을 보수하면서 보물을 찾으려 했으나 실패하고 시멘트를 발라 고정시켰다. 이것이 교과서 속 서탑의 모습이다. 아이러니하게도 쉽게 발견하지 못하도록 만든 구조 덕분에 숨겨졌던 5000여 점의 유물들이 우리에게 남게 된 것이다. 미륵사지유물전시관에 복제품이 전시되어 있다.

★주변 맛집

한일식당 : 향토음식인 황등식 비빔밥을 맛볼 수 있는 곳. 콩나물, 시금치 등의 나물을 넣고 살짝 비빈 밥 위에 육회와 계란 지단 고명을 얹은 비빔밥이 일품이다. 전라북도 익산시 황등면 황등로 106(황등리 1015-7), 063-856-3158

미륵산순두부 : 순두부, 전라북도 익산시 금마면 미륵사지로 397(기양리 135-18), 063-836-8919

만나먹거리촌 : 황태찜, 전라북도 익산시 금마면 무왕로 1970-8(서고도리 447), 063-834-1110

023
전라북도 임실군 운암면
옥정호

그곳에 가면 붕어가 산다
그대 정들었으리. 지는 해 바라보며
반짝이는 잔물결이 한없이 밀려와 그대 앞에
또 강 건너 물가에 깊이 깊이 잦아지니
그대 그대 모르게 물 깊은 곳에 정들었으리.

김용택 시인의 시처럼 정들어 버렸다.
옥정호를 붉게 물들인 일몰에 기대어 뜨겁게 정들었다.

멋진 풍광의 옥정호를 처음 찾은 때는 10년 전 어느 여름날이었다. 대중교통을 이용해 혼자 나섰는데 임실 운암대교에 있는 한 모텔에 묵었다. 걸어서 한 시간 정도 가면 된다는 어느 주민의 말 때문이었다. 새벽에 일어나 일출을 보겠다고 나섰다. 섬진강변을 따라 국도를 정처 없이 걸었다. 한 시간이라는 말에 물도 먹을거리도 챙기지 않았다. 여명이 밝아 오는 것을 보며 조바심을 냈고 나중에는 중천에 오른 태양을 보며 좌절했다. 막상 국사봉에 도착했을 때는 걸을 힘도 여유롭게 풍경을 바라볼 힘도 없었다. 돌이켜 보면 참 순진했던 여행자 시절이었다.

두 번째도 걸어서 갔다. 2006년 겨울이었다. 새벽에 일어나 국사봉으로 향했다. 옅은 운해가 옥정호를 둥둥 날아가고 있었고 멀리 붉은색의 여명이 눈으로 뒤덮인 옥정호를 불태우고 있었다. 두 번의 도전 끝에 옥정호의 일출을 맞이하는 순간이었다.

세 번째 옥정호에 왔을 때는 정읍에서 차로 이동했다. 옥정호로 향하는 749번 지방도는 드라이브 코스로도 유명하다. 걸어서 갔던 그 길은 고즈넉하고 아름다웠다. 이번에는 오후의 일몰을 담을 목적이었기 때문에 시간적 여유와 이동의 편리함이 있었다. 국사봉전망대는 일출을 보기 위한 여행자들로 가득한 곳이다. 따라서 오후에는 사람 한 명 없는 조용한 전망대였다.

전망대에 앉아 숨고르기를 하는 동안 지난 여정이 머리를 스쳐간다. 두 번의 여정 동안 한 번도 옥정호를 느긋하게 바라본 적이 없었다. 누런 태양의 여운이 스며든 옥정호를 보며 그간의 고생이 떠올랐다. 그리고 고생은 추억으로 남아 옥정호의 붕어섬에 고이 넣어 두었다.

옥정호 옆 749번 국도는 드라이브하기 좋은 길

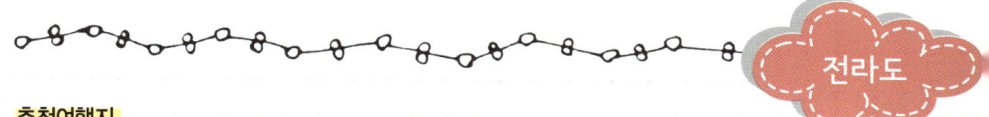

전라도

추천여행지

내장사
확실한 창건 연대는 알 수 없으나 서기 636년 백제 무왕 때 영은조사가 영은사를 창건했다는 것과 고려 숙종 3년 행안선사가 중창했다는 기록이 전해져 내려온다. 아담한 정취를 느끼며 잠시 쉬어가기 좋은 사찰이다. 천연기념물 굴거리나무 군락지는 뜻밖에 만나는 자연의 선물 같다. 가을 내장사는 울긋불긋한 단풍이 최고의 볼거리다. 전라북도 정읍시 내장산로 1253(내장동 588), 063-538-8741

1박2일 추천코스

1일 사선대 — 치즈마을 — 이도리미륵불상

2일 진구사지석등 — 옥정호국사봉 — 옥정호드라이브 — 김용택시인마을 — 구담마을

★ **여행정보**
국사봉전망대 전라북도 임실군 운암면 국사봉로 624(입석리 712)
임실군청문화관광산림과
063-640-2312
임실문화관광 imsil.go.kr

★ **친절한 여행 팁**
❶ 옥정호는 사진촬영명소다. 사진 포인트는 보통 3군데다. 등산로에 난 계단을 따라 5분 정도 올라가면 통신사 기지국 옆이 첫 번째고, 여기서 15분여를 계속 오르면 나오는 국사봉 전망대가 두 번째 포인트다. 전망대에서 20분여를 더 오르면 국사봉 정상이다. 맑은 날엔 마이산도 보이는데 다소 험한 산행이니 주의하자.
❷ 옥정호의 새벽 물안개와 일출이 포인트다. 봄과 가을, 일교차가 큰 계절에 잘 드러난다. 또 일몰의 옥정호도 멋지다.
❸ 호남고속도로 전주IC에서 나와 반월교차로에서 군산, 익산 방면으로 우회전한 후 조촌교차로에서 우회전, 대흥교차로에서 남원, 순창, 정읍 방향 우회전한다. 27번 지방도를 타고 모악산관광단지를 지나 운암삼거리에서 운암 방면으로 좌회전해 약 6.3km 가면 국사봉휴게소다.

★ **이것만은 꼭!**
❶ 옥정호 곁을 지나는 749번 지방도는 한국의 100대 아름다운 길에 선정된 길이다. 도로 중간 중간에 쉬어가는 쉼터가 있으며 천천히 섬진강의 풍광을 느끼며 드라이브하기 좋다.
❷ 정읍 산내면 옥정호 부근에 옥정호 구절초 테마파크가 있다. 가을의 대표적인 꽃, 구절초는 매년 10월 중순에 축제를 연다.

★ **주변 맛집**
삼일회관 : 더덕구이, 시래기볶음, 불고기, 버섯구이, 전, 나물무침, 조기구이 등 한 상 푸짐하게 차려낸 산채정식 전문점이다. 이외에 산채비빔밥, 더덕구이, 해물파전 등도 있다. 전라북도 정읍시 내장산로 918(내장동 53-1), 063-538-8131
용두머리식당 : 한우구이, 전라북도 정읍시 산외면 산외로 445-2(동곡리 29-8), 063-537-5055
백학정 : 떡갈비, 전라북도 정읍시 태인면 태인로 29-3(태성리 532), 063-534-4290

한겨울 옥정호의 아침

024
전라북도 고창군 아산면
선운사 꽃무릇

애틋한 그리움 선홍빛으로 물들다
무더운 여름이 지난 후 붉은 옷 곱게 차려입고
물가 옆에서 피어난 꽃무릇. 그리움 가득 흩뿌리고
나면 세상은 긴긴 겨울을 준비한다. 찾아온 사람도
떠나간 사람도 붉은 꽃에 가슴을 적신다.

선운사 매표소 오른편의 꽃무릇 군락
선운사 대웅전에 핀 꽃무릇

천년고찰 선운사는 일 년에 세 번 붉어진다. 봄에는 붉은 동백이 피고, 여름이 지나고 가을이 오기 전에는 그리움 잔뜩 머금은 꽃무릇이 핀다. 꽃무릇이 지고 나면 선운사 도솔천은 선홍빛 단풍으로 물든다. 고운 빛과 수려한 자태의 꽃무릇은 선운사 생태숲에서 도솔암까지 붉은 융단을 깔아 놓은 것처럼 넓게 펼쳐져 있다. 꽃무릇은 대개 9월 중순에서 9월 말까지 피어 있다. 개화 시기가 짧아서 때를 놓치면 다음 해를 기약해야 한다.

꽃무릇은 일본이 원산지다. 주로 사찰 주변에 많이 심는데 꽃무릇이 많이 핀 곳으로 용천사, 불갑사, 선운사가 있다. 흔히 꽃무릇을 상사화라 부르기도 한다. 하지만 꽃무릇과 상사화는 다른 꽃이다. 같은 수선화과로 꽃이 진 다음 잎이 나는 것이나 꽃잎이나 겉모양 등은 거의 비슷하지만 상사화는 꽃대가 60~70cm까지 자라고 황색 또는 등황색의 꽃이 피며 7~8월에 만개한다. 꽃무릇은 9월 초순에 꽃대가 올라와 손바닥만 한 붉은 꽃이 핀다. 꽃무릇이란 이름도 단풍나무 그늘에 숨어 무리지어 핀다 해서 붙여졌다. 여섯 장의 빨간 꽃잎이 한데 모여 말아 올려 진 모양새다. 불가에선 꽃무릇을 '석산(石蒜)'이라고 부른다. 사찰 주변에 꽃무릇이 많은 이유는 꽃무릇에 방부 효과가 있어 탱화를 그릴 때 꽃무릇의 뿌리를 찧어 바르면 좀이 슬지 않았기 때문이다. 이는 꽃무릇에 독이 있어서다. 꽃무릇은 잎이 진 후에 꽃이 피고 꽃이 져야 다시 잎이 난다. 이 때문에 잎과 꽃이 서로 만나지 못하고 그리워만 한다는 뜻으로 일명 '상사화'로 불리기도 한다. 꽃무릇에는 이와 관련한 슬픈 전설이 내려온다. 깊은 산, 어느 절에서 수행을 하던 젊은 스님이 있었다. 어느 날 불공을 드리러 온 아름다운 여인이 때마침 내리는 비를 피해 사찰마당으로 들어왔다. 비에 젖은 여인의 모습을 본 젊은 스님은 한눈에 반했다. 이후 여인을 연모하며 식음을 전폐하고 시름시름 앓다가 석 달 열흘 만에 피를 토하며 죽었다. 노스님이 이를 불쌍히 여겨 양지바른 곳에 묻었는데 그 무덤에서 선홍색 아름다운 꽃이 피어났다. 사람들은 이 꽃을 여인을 생각하며 피를 토하고 죽은 스님의 꽃이라 해서 상사화라 불렀다고 한다.

꽃무릇은 무척 화사한 빨간색 꽃이다. 가냘픈 몸매에 화려한 꽃무릇을 보면 애처로움이 떠오른다. 빨간색은 여러 의미가 있다. 동양에서는 신성함이나 권위를 나타내며 부를 상징하기도 한다. 때로는 경고, 금지 따위와 같은 의미로 사용되기도 한다. 꽃무릇을 보면 매혹적인 꽃잎은 정열적인 사랑이고 가냘픈 몸매는 다치기 쉬운 마음을 보는 것 같다. 꽃무릇의 황홀경을 보기 위해 사람들의 마음은 더욱 달뜬다.

전라도

추천여행지

고창읍성

모양성이라고도 부르는 고창읍성은 조선시대에 만들어져 원형이 가장 잘 보존된 성이다. 고창읍성은 무병장수를 기원하는 성 밟기 놀이가 전해온다. 여인들이 손바닥만 한 돌을 머리에 이고 성을 돈 다음 성 입구에 그 돌을 쌓아두는데 유사시에 무기가 되기도 했다고 한다. 봄에는 철쭉이 성벽을 따라 군락을 이루며 핀다. 고창읍 읍내리에 있다.

1박2일 추천코스

1일 선운사 · · · 도솔암 · · · 선운사

2일 고인돌유적지 · · · 운곡습지 · · · 고창읍성

가을 단풍이 아름다운 선운사 도솔천

★ **여행정보**
선운사 전라북도 고창군 아산면 선운사로 250(삼인리 500)
선운사종무소 063-561-1422
선운산도립공원문화관광안내소
063-560-8687

★ **친절한 여행 팁**
❶ 선운사를 품은 선운산에는 훌륭한 등산코스가 있다. 선운사에서 출발해 장사송과 진흥굴을 지나 도솔암, 마애불상, 낙조대, 천마봉을 들르는 코스다. 약 4.7km 거리에 왕복 3시간 소요된다. 낙조대에서 일몰을 보고 하산해도 괜찮다.
❷ 선운사 도솔천도 아름다운 풍경을 가진 산책길이다. 계류 양쪽으로 피어난 꽃무릇과 물가에 비친 반영도 장관이다. 도솔천에 핀 꽃무릇 군락은 그늘져서 조금 늦게 개화한다.
❸ 서해안고속도로를 이용, 선운산IC에서 나와 석교교차로에서 선운사 방향으로 좌회전, 22번국도 따라 직진 후 삼인교차로에서 선운사 방향 좌회전 후 약 1.5km 직진하면 선운사다.

★ **이것만은 꼭!**
꽃무릇이 활짝 피는 시기의 주말은 많은 사람들로 붐빈다. 이른 아침이나 평일에 찾는 것이 한적하고 좋다.

★ **주변 맛집**
연기식당 : 풍천장어구이 원조이며 2대째 장어구이만을 고집하는 식당이다. 특제 양념이 어우러진 맛이 담백하고 고소하다. 전라북도 고창군 아산면 선운대로 2727(삼인리 29-29), 063-561-3815
청림정금자할매집 : 복분자장어, 전라북도 고창군 아산면 인천강길 12(반암리 430-3), 063-564-1406
본가 : 바지락국밥, 전라북도 고창군 고창읍 석정2로 171(석정리 727), 063-564-5888

025
전라남도 보성군 보성읍
대한다원

차밭의 아름다움은 패턴이다
이제 새순이 올라온 덕에 온통 붉은 밭은 모면했다.
마치 녹슨 양철 지붕처럼 되어버린 녹차밭은
때로는 더디게 순환의 과정을 겪기도 하고 아픔을
느끼기도 한다. 생명이 이어가는 것의 즐거움은
그 과정에 있다. 자연이 순환하는 과정 안에 우리가 있다.

막 새순이 돋아날 녹차밭은 붉고 누렇게 변해 있었다. 2011년 봄, 대한다원에서 만난 풍경이다. 봄이 오기 전 겨울은 참으로 혹독했다. 연이은 한파로 꽃들은 제 몸 기지개 한 번 피지 못하고 스러져 갔다. 살아남은 식물은 예년보다 훨씬 늦은 시기에 꽃을 피웠다.

대한다원도 마찬가지였다. 붉게 죽어버린 흔적이 곳곳에 있었다. 아니 노란 녹차잎이 반 붉은 녹차잎이 반이라 해도 좋을 듯싶었다. 이 안타까운 풍경을 보며 실망도 하지만 희망도 갖는다. 자연은 어떻게든 끝내 살아남아 생명을 이어가는 힘이 있기 때문이다.

대한다원은 명불허전의 관광농원이다. 푸른 융단처럼 산자락의 지형에 따라 이어지는 녹차밭이 일품이다. 사람들은 그 싱그러움 속에 스며들며 몸과 마음의 힐링을 한다.

녹차밭이 아름다운 이유, 사진 촬영의 단골명소인 이유는 녹차밭의 패턴에 있다. 패턴은 사진에 있어 중요한 요소로 작용한다. 패턴은 시각적인 매력을 가지고 있다. 균일하게 반복되는 사물은 바라보는 사람들로 하여금 심리적 안정과 집중력을 가져다준다. 녹차밭의 경우 녹차밭이 지닌 반복적 형태와 유려한 곡선 등에 지배를 받는다. 사물이 반복적인 형태를 이루면 하나의 패턴이 전체를 하나의 형태로 보게 만든다. 패턴으로 이루어진 사물은 무척이나 정적이다. 여기에 패턴과 전혀 다른 이질적인 요소가 화면에 들어오면 대비 효과에 의해 강렬한 화면이 만들어진다. 대한다원의 녹차밭은 이러한 이유로 풍경이 아름다울 수 있는 것이다.

녹차밭의 산책로를 따라 아침 산책에 나섰다. 비록 녹차밭은 아팠지만 산벚꽃과 진달래가 꽃망울을 터뜨렸다. 풍성한 것은 아니지만 봄꽃이 주는 상큼함은 산책로에 잘 번져 있었다.

한갓진 산책은 여러 기억을 떠오르게 한다. 예전 대한다원에 안개가 자욱하게 꼈던 어느 여름이었다. 대한다원을 조망할 수 있는 산 정상으로 가는 길에 여행을 온 한 여성을 만났다. 혼자서 삼각대를 들고 다니며 자신과 신록이 가득한 녹차밭을 배경으로 열심히 사진을 찍었다. 이 여성이 흥미로웠던 것은 사진이 잘 나올 수밖에 없는 포인트, 즉 배경을 잘 선택하고 있었다는 점이다.

이어진 녹차밭의 골이 잘 드러난 패턴은 단순하지도 복잡하지도 않은 간결한 배경이 되어준다. 인물의 배경으로 숲을 촬영하는 것은 매우 어렵다. 빛도 고려해야 하고 단순한 부분을 찾아야 하며 그곳의 특징을 살리며 담아야 하기 때문이다. 이런 점에서 대한다원은 누구에게나 좋은 배경이 되는 여행지다. 필요한 것은 사랑스러운 마음과 눈빛이다.

너른 평원에 위치한 대한2다원, 차밭에 안개가 많이 끼면 무척 싱그럽다. 대한다원 삼나무길을 지나 있는 언덕의 차밭

전라도

추천여행지

강골마을
강골마을은 득량면 오봉리에 위치한 돌담이 아름다운 전통마을이다. 마을에는 조선 후기의 전통가옥 30여 채가 옹기종기 모여 있다. 봄이면 벚나무, 목련, 석류나무 등이 마을을 밝혀준다. 마을 대부분의 가옥은 19세기 이후 광주이씨 집안에서 지은 것들이다. 마을의 중심에 있는 이용욱 가옥은 조선시대 양반 가옥의 전형을 보여주고 이진만이 세운 열화정은 대나무로 둘러싸여 있으며 정자와 주변 풍경이 무척이나 운치 있다.

1박2일 추천코스

1일 대한다원 — 봇재다원 — 대한2다원 — 득음정 — 율포해변

2일 강골전통마을 — 벌교태백산맥문학관

율포해변의 보성다비치콘도의 해수사우나

★ 여행정보
대한다원 전라남도 보성군 보성읍 녹차로 763-43(봉산리 1287-1), 061-852-4540, dhdawon.com

★ 친절한 여행 팁
❶ 다원의 개장시간은 겨울철 11월에서 2월까지 09:00~18:000이며, 3월부터 10월까지는 09:00~19:000이다.
❷ 대한다원은 시기적으로 5월 정도와 여름, 가을이 방문하기에 적적하다. 주로 이른 아침에 찾아 일출을 보는 때가 촬영하기에 적절한 시간이다. 봄과 가을철 일교차가 클 때는 다원을 잠식한 안개와 태양이 만나 빛 내림이 있는 멋진 풍경을 보여주기도 한다.
❸ 중부고속도로 화덕분기점에서 호남고속도로로 갈아탄 후 동광주IC로 나와 광주 제2순환도로를 탄다. 화순을 지나 29번 도로를 타고 보성읍으로 진출한 18번 국도를 타고 가면 대한다원이다.
❹ 보성으로 가는 고속버스는 하루에 두 편 08:10과 15:10밖에 없다. 광주까지 간 후 30~40분 간격으로 운행하는 보성행 시외버스를 이용하는 것도 방법이다.

★ 이것만은 꼭!
보성에는 녹차밭 3대 포인트 촬영지가 있다. 첫 번째가 대한다원이고, 두 번째가 율포 가는 길에 있는 봇재다원이다. 봇재다원은 율포와 득량만을 조망하며 웅장한 풍광이 매력이다. 세 번째는 회천면에 위치한 대한2다원으로 너른 평지에 조성한 것이 특징이며 녹차밭 중간의 삼나무가 인상적인 곳이다.

★ 주변 맛집
보성녹차떡갈비 : 떡갈비 전문점이다. 녹차를 먹인 돼지를 이용한 떡갈비와 소떡갈비 두 종류가 대표 메뉴다. 함께 나오는 선지콩나물해장국이 시원하다. 전라남도 보성군 보성읍 녹차로 1396(우산리 27-1), 061-853-0300
수복식당 : 꼬막정식, 전라남도 보성군 보성읍 중앙로 102-1(보성리 767-7), 061-853-3032
토담 : 녹차수제비, 전라남도 보성군 회천면 동촌길 37-13(동율리 427), 061-852-9808

녹차 아이스크림
모둠떡갈비

026
전라북도 부안군 위도면
위도 띠뱃놀이

어기여차 칠산 바다로 돈 실으러 가자
바다 물살이 때로는 격정 같고, 때로는 비단결 같다.
비단결일 때 사람들은 돈 실으러 간다고 할 만큼
만선의 기쁨을 누렸고, 격정일 때는 사람도
배도 수장시킬 만큼 격렬했다.
온전히 바다에 기대어 사는 사람들의 삶의 명암이다.

"띠뱃놀이 가자." 선배와 통화 후 그동안 손꼽아 기다렸던 위도에 들어간다니 무척이나 설렜다. 여행의 경험상 전통 문화와 마주하는 순간은 감동과 즐거움이 함께하기 때문이다.

위도는 섬 지형이 고슴도치처럼 생겼다고 해서 고슴도치 '위(蝟)' 자를 써 위도가 됐다. 전북 부안군의 섬들 가운데 가장 크다. 허균이 지은 『홍길동전』에 나오는 율도국의 모델이라는 견해도 있다. 또 위도는 흑산도, 연평도와 함께 우리나라 대표적인 조기 어장으로 조기 황금어장의 대명사인 칠산 앞바다를 중심으로 한 영광굴비의 주산지였다.

격포항에서 카페리호로 40분 정도 가면 위도 파장금항에 닿는다. 도착한 파장금항에는 버스가 대기하고 있다. 배가 도착하면 시간에 맞춰 어김없이 손님을 날라야 하는 섬의 교통수단이다. 버스는 우리 일행을 위도 남쪽 해안에 위치한 대리에 내려 주었다. 버스기사는 구성진 목소리로 위도의 곳곳을 설명해준다. 가이드 겸 버스기사의 농담이 한겨울 버스 안을 웃음으로 데운다. 마을은 온통 띠뱃놀이 준비에 부산하다. 주민들은 역할에 따라 허세비 만들기, 띠배 만들기, 음식 만들기, 원당에 제를 지내기 위한 준비 등이 한창이다.

띠뱃놀이는 매년 정월 초사흗날 마을의 안녕과 풍어를 기원하는 풍어제다. 바다에 의지해 살아가는 섬사람들이 무사안녕과 풍어를 기원하는 것은 당연하다. 여기에는 언제나 만선의 기쁨을 누리고 싶은 욕망이 담겨 있다. 그러나 바다는 호락하지 않다. 생명의 바다이기도 하지만 죽음의 바다도 되기 때문이다. 띠뱃놀이는 육지의 당산제와 같은 의식으로 서해안의 여러 도서지방에서 치러졌던 풍어제다. 위도 띠뱃놀이는 그 원형이 잘 보존되어 있어 1985년 중요 무형문화재 제82호로 지정되었다.

띠뱃놀이는 아침에 마을사람들이 풍물을 치는 것으로 시작해 원당 굿, 주산 돌기, 용왕제, 띠배 띄우기 등의 순서로 진행된다. 위도 띠뱃놀이는 축제다. 그리고 소중한 문화다. 소리에 맞추어 덩실덩실 춤을 추다 보면 어느새 험난한 삶 속에서 희망을 꿈꾸는 바닷사람이 된다.

> 온갖 궂은 일을 하는 원화장
>   용왕제를 마치면 띠배를 바다에 띄운다
> ∨ 원당 굿을 펼친 후 마을로 향하는 사람들

전라도

추천여행지

내소사 전나무 숲길

내소사 전나무 숲길은 150년 전 조성된 것으로 일주문에서 사천왕문에 이르는 약 500m의 길이다. 하늘을 향해 우뚝 선 전나무가 위풍당당하다. 남녀노소 누구나 걷기 좋은 길이고 사시사철 늘 푸르다. 겨울에는 하얀 설경으로 눈부시다. 변산 8경 중 한 곳인 전나무 숲길을 지나면 천년고찰 내소사에 이른다. 내소사는 연꽃이 화려하게 새겨진 빗살문이 아름답다.

1박2일 추천코스

1일 ○ 곰소염전 — ○ 내소사 — ○ 격포여객선터미널 — ○ 위도

2일 ○ 위도띠뱃놀이 — ○ 격포여객선터미널 — ○ 채석강

띠뱃놀이는 국적을 초월한 축제다

★ **여행정보**
위도면사무소 063-583-3804
위도띠뱃놀이보존회 063-581-2208, www.ttibae.com
격포매표소 063-581-0023
위도매표소 063-581-7414
부안군문화관광 buan.go.kr/02tour

★ **친절한 여행 팁**

❶ 띠뱃놀이를 보기 위해서는 부지런해야 한다. 풍어제는 풍어제 준비 과정과 당산에 올라 원당 굿을, 마을에 내려와 풍어제를, 띠배를 이끄는 배를 타고 나가 멀리 바다로 향하는 순서로 진행된다.

❷ 위도 띠뱃놀이는 음력 1월 3일 아침에 열린다. 그렇기 때문에 전날 위도에 입도해야 한다는 걸 잊지 말자.

❸ 공영버스(011-658-3875)가 여객선 운항 시간에 맞춰 다닌다. 위도택시(063-581-1676, 011-658-1676)도 1대가 영업 중이다. 여객선은 격포와 위도를 오가는 파장금고속페리호(063-581-0023)와 위도카페리호(063-581-1997)가 일일 6회 왕복 운항한다. 약 50분 소요된다. 일주도로 길이가 총 18km에 불과하므로 자전거 하이킹을 즐기기에도 좋다.

★ **이것만은 꼭!**

❶ 띠뱃놀이는 기자와 리포터, 사진가들이 모여 촬영한다. 서로가 촬영에 방해되지 않도록 촬영 동선을 정한다. 무리하게 사진 욕심을 내면 주변의 따가운 시선을 받을 수 있다. 띠배 띄우기 순서에서 배가 두 척이 준비된다. 한 척은 띠배를 띄우는 배고, 촬영을 할 사람들이 승선한다.

❷ 벌금마을 서쪽에 위치한 위도해수욕장은 수심이 얕고 고운 모래가 특징이다. 또 일몰을 볼 수 있는 곳이다.

★ **주변 맛집**

변산온천산장 : 20년 전통의 바지락죽 전문 식당이다. 바다향 물씬 풍기는 바지락죽이 괜찮다. 전라북도 부안군 변산면 묵정길 83-6(대항리 109-2), 063-584-4874

해너미식당 : 매운탕, 전라북도 부안군 위도면 파장금길 26(진리 1-140), 063-582-7886

곰소쉼터 : 젓갈정식, 전라북도 부안군 진서면 청자로 1086(진서리 1219-19), 063-584-8007

바지락죽

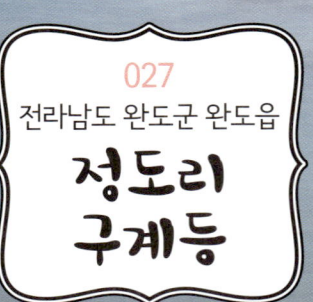

027
전라남도 완도군 완도읍
정도리 구계등

골목을 벗어난 아이들처럼
파도가 돌을 굴리고 굴려 몽돌을 만들었다.
차르르 차르르 몽돌의 합창은
리듬을 타고 바람에 따라 움직인다.
파도가 한 번 밀려오고 나갈 때마다
골목을 벗어난 아이들처럼 소리를 지른다.

구계등은 심신을 씻겨주는 소리가 있다. 그 소리를 들으러 서울에서 430여km나 떨어진 남도의 작은 해변을 찾는다. 구계등해변을 찾을 때마다 몽돌 위에 앉아 파도가 굴리는 몽돌들의 소리를 녹음한다. 도시의 소음과는 다른 소리가 마음을 청량하게 해주기 때문이다.

구계등이란 이름은 바다 속부터 해변까지 아홉의 계단을 이룬다는 뜻을 품고 있다. 만 년 전 빙하기가 끝나고 얼음이 녹으면서 바닷물이 해변으로 밀려왔는데 이때 함께 올라온 바위들이 몽돌의 선조들이라고 한다. 억겁의 시간 동안 바위들은 태풍에 의해 부서지고 파도에 구르면서 오늘의 모습이 되었다. 정도리 사람들은 구계등을 최고의 볼거리란 뜻의 '구경짝지'라 불렀고, 몽돌을 '용돌' 또는 '청환석'이라고 불렀다. 달빛 아래 하얗게 부서지는 파도와 물에 젖어 반짝이는 푸르스름한 청환석이 어우러진 풍경은 신비스럽기까지 하다. 구계등해변에는 잘생긴 느티나무 한 그루가 우뚝 서 있고, 느티나무 앞바다에는 미역 양식장이 있다. 그 양식장 뒤로 완도군의 이름난 섬들인 청산도, 대모도, 노안도, 보길도 등이 손에 잡힐 것처럼 펼쳐져 있다. 느티나무 앞 안내판에는 나무 그늘 아래 의자에 앉아서 파도에 몽돌들이 구르는 소리를 들어보라는 글귀가 있다. 파도의 지휘에 따라 내지르는 몽돌들의 소리는 강약에 따라 다르게 들린다. 눈을 감고 소리를 들으면 마음이 차분해진다.

구계등은 방풍림이 해변을 따라 길게 둘러쳐져 있다. 다양한 상록활엽수들이 숲을 이룬다. 해 질 녘이면 구계등의 몽돌들은 황금색으로 옷을 갈아입는다. 태양이 사라지는 30분간의 이 황홀한 광경은 두고두고 마음에 남는다.

구계등은 노을이 질 때 더 좋은 여행지다

전라도

추천여행지

완도타워

2008년 9월 준공된 완도타워는 완도읍과 주변 다도해를 조망할 수 있는 곳이다. 높이 76m의 타워는 1층에는 완도군을 소개하는 공간, 2층에는 포토존과 다도해 영상물 등이 전시되어 있다. 365일 언제나 일출과 일몰을 감상할 수 있고 야경 명소로도 자리 잡았다.
주변에 바다정원, 꽃비정원, 미소정원 등 작은 정원이 모여 있는 공원이 조성되어 있다. 완도읍 군내리 완도 해양 경찰서 옆에 위치해 있다.
061-550-6964, tower.wando.go.kr

1박2일 추천코스

1일: 청해진유적지 — 장보고공원 — 완도타워 — 완도해산물장터

2일: 정도리 구계등 — 어촌민속전시관 — 완도수목원

> 상록활엽수로 조성된 구계등 방풍림

★ 여행정보

정도리탐방지원센터 전라남도 완도군 완도읍 구계길 47-1(정도리 86), 061-554-1769, 550-5172

완도군청문화관광과 061-550-5114

완도 tour.wando.go.kr

★ 친절한 여행 팁

❶ 구계등의 아름다움은 해 질 무렵이다. 소쇄포 방향으로 해가 지는데 그때가 되면 바다는 온통 푸른색과 노란색으로 물든다. 몽돌과 해변을 담아도 되고, 느티나무와 함께 담아도 괜찮다.

❷ 대낮에 저속셔터를 이용한 촬영은 렌즈에 ND필터를 장착하고 삼각대를 사용해야만 가능하다. 필터는 ND4000나 ND1000을 사용하는데 낮임에도 1초 이하로 노출하기 때문에 셔터릴리즈도 있어야 한다.

❸ 영암 · 해남을 거쳐 완도대교를 넘어 13번 국도를 타고 가다 군내사거리에서 우회전, 완도청해포구촬영장 방향으로 좌회전 77번 국도를 타고 가다 사정리에서 정도리 구계등 방향으로 좌회전하면 구계등이다.

★ 이것만은 꼭!

구계등해변은 수심이 깊고 경사가 심해 수영이 금지된 곳이다. 또한 명승 제3호로 지정된 곳으로 몽돌을 반출하는 행위는 엄격하게 금지되어 있다.

★ 주변 맛집

상화식당 : 완도 여객선터미널 앞에 있는 백반집이다. 남도의 소박한 반찬과 진한 김치찌개로 한 끼 든든하게 먹을 수 있다. 전라남도 완도군 완도읍 장보고대로 334(군내리 305-15), 061-554-4484

새벽항구 : 전복, 전라남도 완도군 완도읍 해변공원로 124번길 19-1(가용리 1014), 061-554-7227

청실횟집 : 삼치회, 전라남도 완도군 완도읍 해변공원로 51-1(군내리 1259-4), 061-552-4559

구계등의 몽돌들

김치찌개

028
전라남도 순천시 대대동
순천만

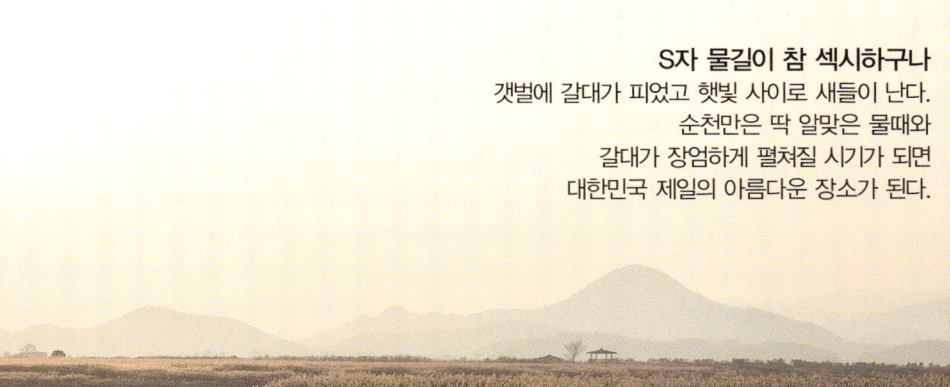

S자 물길이 참 섹시하구나
갯벌에 갈대가 피었고 햇빛 사이로 새들이 난다.
순천만은 딱 알맞은 물때와
갈대가 장엄하게 펼쳐질 시기가 되면
대한민국 제일의 아름다운 장소가 된다.

순천만은 세계 5대 연안습지 중 하나다. 여수반도와 고흥반도 사이에 오목하게 들어가 있다. 순천만에는 칠면초와 갈대들을 비롯한 식물들이 군락을 이루고 있다. 이 특별한 곳은 새들에게 은신처가 되고 먹이를 제공하는 공간이 된다.

순천만 앞의 바다는 잔잔한 호수 같고 간만의 차이로 물과 영양분이 갯벌로 공급된다. 질 좋은 갯벌은 생명이 살아가는 조건이 된다. 그리고 생명들의 삶의 터전이 된다. 환경이 이렇다 보니 10월 말 가을 추수가 끝난 뒤에는 특별한 손님이 찾아온다. 바로 시베리아의 혹독한 추위를 피해 온 겨울 철새들이다. 흑두루미, 검은머리갈매기, 청둥오리, 혹부리오리, 민물도요, 가창오리, 큰고니, 노랑부리저어새 등 수만 마리의 겨울 철새들이 날아든다.

순천만은 자연생태의 보고이자 우리가 지켜야 할 위대한 자연유산이다. 70만 평의 갈대밭과 800만 평의 갯벌로 이루어진 순천만은 그 가치를 인정받아 우리나라 연안습지 가운데 처음으로 2006년에 람사르 협약에 등록됐다. 2008년에는 국가 명승지로 지정되었다. 순천만자연생태관을 지나면 대대포구에 닿는다. 대대포구는 순천만 여행의 출발점이다. 탐사선을 타고 S자 수로를 미끄러지며 순천만의 풍경과 조우할 수 있고, 탐방로를 따라 갈대밭에 마음을 푹 담글 수 있다. 순천만의 또 다른 매력으로 황금빛 일몰이 있다. 일몰은 우아한 S자 곡선을 채우며 진한 감동과 여운을 안긴다. 보통 바다로 난 해변이 큰 호를 그리거나 직선인 데 반해 순천만의 바다로 향하는 물길은 S자다. 그 유연한 흐름은 단조롭지 않다. 순천만의 S자 물길은 많은 사진가들의 마음을 사로잡았다. 순천만은 물이 빠지는 시기가 되면 사람들로 발 디딜 틈이 없다.

순천만의 제1비경인 S자 일몰, 세계 어린이들이 그린 그림 14만여 점으로 꾸며진 순천만정원의 꿈의 다리
순천만의 특징 중 하나인 거대한 칠면초 군락, 순천만 유람선에서 본 기러기들

전라도

추천여행지

송광사

순천시 송광면 신평리 조계산 자락에 위치한 사찰이다. 불교에서 귀하게 여기는 세 가지 보배인 삼보종찰 중 승보사찰로 약 180년 동안 16명의 국사를 배출한 유서 깊은 곳이다. 이른 새벽 예불을 드리러 가는 승려들의 모습이 장관이며, 삼청교 위에 얹혀진 우화각은 송광사를 대표하는 이미지다.
송광사종무소 061-755-0107~9

1박2일 추천코스

1일 ○ 드라마촬영장 ○ 순천만정원 ○ 순천만자연생태공원 ○ 용산전망대

2일 ○ 낙안읍성 ○ 뿌리깊은나무박물관 ○ 선암사

선암사 무우전 옆에 핀 선암매

★ **여행정보**
순천만자연생태관 전라남도 순천시 순천만길 513-25(대대동 162-2), 061-749-4007, www.suncheonbay.go.kr

★ **친절한 여행 팁**
❶ 순천시 해룡면 와온마을에는 갯벌에 새겨진 작은 S자 곡선과 솔섬을 배경으로 일몰을 볼 수 있는 곳이다. 거친 질감의 갯벌과 갯벌을 터전으로 살아가는 사람들도 만날 수 있다.
❷ 순천만 여행의 최적기는 가을이다. 황금들판과 누런 갈대, 붉은색과 초록색 칠면초로 뒤덮인 갯벌은 장관이다.
❸ 조계산 송광사 외에 선암사도 방문해 보자. 승선교를 지나 천년의 고즈넉함이 간직된 선암사는 언제 가도 좋은 사찰이다. 봄에 가면 천연기념물 선암매의 향기가 오래도록 남는다.
❹ 남해고속도로 서순천IC에서 나와 2번 국도를 타고 순천 시내를 통과한 후 청암대학사거리에서 좌회전해 들어가면 대대포에 닿는다. 순천시외버스터미널과 순천역 앞에서 15~20분 간격으로 정차하는 67번 시내버스를 이용하여 대대포 입구에서 하차한다.

★ **이것만은 꼭!**
❶ 2013년 개막했던 순천만정원박람회가 2014년 4월 20일부터 순천만정원으로 재개장한다. 순천만 인접공원으로 입장료 하나로 정원과 순천만을 다 돌아 볼 수 있다.
순천만정원 www.scgardens.or.kr
❷ 순천만을 한눈에 감상하려면 대대포구의 무진교를 건너고 갈대밭 사이로 난 목교를 지나 용산에 올라야 한다. 용산전망대는 3개의 층으로 이뤄졌고 사진 촬영은 맨 아래층이 괜찮다.

★ **주변 맛집**
강변장어구이집 : 순천만 주변에 있는 장어구이 전문점이다. 양념과 소금장어구이가 대표 메뉴이며 구수한 짱뚱어탕과 장어탕도 괜찮다. 전라남도 순천시 순천만길 436(대대동 594), 061-742-4233
순천일품매우 : 한우암소구이, 전라남도 순천시 대석3길 3-26(연향동 1468-6), 061-724-5455
흥덕식당 : 백반, 전라남도 순천시 역전광장3길 21(풍덕동 884-10), 061-744-9208

장어탕

029
전라남도 신안군 흑산면
가거도

가히 살 만한 섬

시인 조태일은 그의 시 「가거도」에서
'너무 멀고 험해서
오히려 바다 같지 않은
거기 있는지조차 없는지조차 모르던 섬'
이라고 했다.

'후박나무 그늘 아래서
당할아버지 한데 어우러져
보라는 듯이 살아오는 땅'

어쩌면 가거도는 너무 아름다워
멀어진 땅일지도 모른다.

중국의 닭 울음소리가 들리는 곳, 국토 최서남단 섬이라는 수식은 가거도를 두고 한 말이다. 1896년부터 '가히 살 만한 섬'이라는 뜻의 가거도라고 부르기 전, 일제강점기 시절에 행정 구역을 정비할 땐 소흑산도라고 불렀다. 지금은 행정 구역상 신안군 흑산면 가거도리로 부른다.

가히 살 만한 섬은 멀었다. 오죽하면 내륙과 먼 곳에 위치한 덕에 6·25 전쟁도 소식으로만 들었다고 할까. 목포에서 136km 떨어진 가거도는 쾌속선으로 4시간 30분 걸린다. 서울 사는 사람이라면 가는 것에 꼬박 하루를 투자해야 가능하다. 게다가 날씨라도 좋지 않으면 출항도 어렵고 운항한다 해도 극심한 배멀미에 갖은 고생을 해야 한다. 그럼에도 가거도로 가는 이유는 가거도만의 풍경이 있기 때문이다. 가거도는 대리, 항리, 대풍리 3개의 마을과 검푸른 바다 위에 우뚝 선 것처럼 보이는 독실산(639m)을 품고 있다. 독실산 정상에서 바다로 내리꽂은 산줄기에는 후박나무 등 상록수가 가득 채워져 있고, 기암이 파도와 맞서고 있다.

가거도에 도착한 날 한두 시간 맑은 것을 제외하곤 해무 속에 있었다. 변화무쌍한 날씨는 섬의 특징이다. 간간이 비가 내리면 파전에 막걸리를 마셨다. 섬에 있던 2박 3일을 먹고 마시고 쉬는 것으로 시간을 보냈다. 어쩌다 비가 그치면 카메라 들고 민박집 개와 함께 섬등반도에 올랐다.

날씨는 좋아질 기미가 없었다. 풍경을 촬영하는 대신 전라남도 무형문화재 제22호로 지정된 가거도 멸치잡이 노래 시연을 듣기로 했다. 멸치잡이 노래는 뱃노래와 멸치를 잡을 때 부르는 노래가 복합된 형태의 민요로 타 지역에서 찾아보기 힘든 형태를 가졌다. 노래는 멸치를 잡으러 가면서 노를 저을 때 부르는 '놋소리', 멸치가 발견되었을 때 횃불을 켜고 멸치를 모는 '멸치모는 소리', 바다에다 그물을 넣는 '그물넣는 소리', 멸치를 가래로 퍼 올릴 때 부르는 '술비소리', 그물을 올리고 귀향할 때 부르는 '빠른 배 젓는 소리', 배가 멸치로 가득 차 돌아올 때 부르는 '풍장소리'로 구성되었다. 멸치잡이 노래는 남도 민요의 귀중한 자료다. 가지고 간 막걸리와 마른안주밖에 대접할 것이 없었지만 어르신들의 노래는 마음속 가득 아름다운 울림으로 전해졌다.

∧ 폐교된 소흑산국민학교에서 캠핑
< 희귀조류서식지인 천연기념물 제341호 국홀도

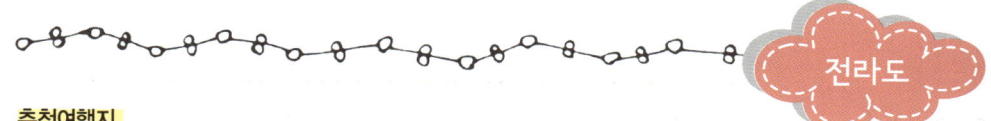

전라도

추천여행지

가거도 등대

1907년 12월 처음 불을 밝힌 가거도 등대가 있다. 대한제국에서 일제강점기를 지나 오늘날까지 등대의 변천사를 보여주는 중요한 유적이다. 가거도 북쪽 해안의 해발 84m 산중턱에 자리했다. 등대의 정식 명칭은 '소흑산도 항로표지관리소'다. 2008년 7월 14일 등록문화재 제380호로 지정되었다. 직원사택 위에서 보면 등대와 바다가 함께 조망된다.

1박2일 추천코스

1일 목포항 — 가거도항 — 동개해수욕장 — 항리마을 — 섬등반도

2일 독실산 — 가거도등대 — 항리마을 — 가거도항 — 목포

가거도 멸치잡이노래 시연

★ 여행정보
목포연안여객터미널 전라남도 목포시 해안로 182(항동 6-10), 061-240-6060
흑산면가거도출장소 061-246-5400
신안군문화관광 tour.shinan.go.kr

★ 친절한 여행 팁
❶ 배로 가거도를 돌아보려면 낚싯배나 어선을 빌려야 한다. 섬 주변을 유람하면서 국흘도를 들러보자. 국흘도는 가거도 북쪽에 위치한 무인도이고, 천연기념물 제341호로 지정된 해조류 번식지이다.
❷ 항리마을은 우리나라에서 제일 늦게 해가 지는 곳이다. 섬누리민박에서 폐교로 조금 오르면 섬등반도를 왼편에 두고 일몰을 볼 수 있다. 가거도항 옆에 동개해변은 경사가 심해 해수욕보다는 산책이 적절하고 대리에서 항리 가는 길목인 샷갓재는 대리마을과 가거도항, 동개해변을 조망하기 좋다.
❸ 목포여객선터미널에서 비금도, 다물도, 흑산도, 상·하태도, 만재도를 경유해 가거도로 향하는 배가 08:10에 있다. 4시간 10분 정도 소요된다.

★ 이것만은 꼭!
❶ 2012년 제13회 아름다운 숲 전국 대회에서 가거도의 독실산 난대수림이 아름다운 숲으로 선정됐다. 해발 639m의 독실산에는 후박나무, 동백나무, 향나무, 구실잣밤나무, 굴거리나무 등이 울창하다. 그 중 국내 생산량의 70%를 자랑하는 후박나무는 가거도의 대표 특산물이다. 후박나무의 껍질은 위장약이나 소화제로 쓰이는 한약재다.
❷ 가거도는 우리나라 5대 갯바위 지역으로 천혜의 낚시터다. 6월 초순경 농어와 참돔으로 시작해 7월 돌돔이 이어 집힌다. 낚시 가이드와 시설도 잘 갖춰져 있다.

★ 주변 맛집
섬누리민박 : 안주인의 솜씨가 굉장히 좋다. 대한민국에서 유일한 바닷장어국수, 매 끼니마다 빠지지 않고 등장하는 생선구이가 들어간 백반의 맛이 좋다. 전라남도 신안군 흑산면 가거도길 968-1(가거도리 968-1), 061-246-3418
해인식당 : 백반, 전라남도 신안군 흑산면 가거도길 16-8(가거도리 541), 061-246-1522
둥구횟집 : 자연산 회, 전라남도 신안군 흑산면 가거도리 155, 061-246-3292

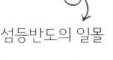

섬등반도의 일몰

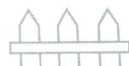

장어국수

030
전라남도 신안군 비금면
비금도

거시기 달짝지근한 섬이어라
자연은 빛으로 세 가지색 그림을 그렸다.
빛의 삼원색이 색의 삼원색으로 환원되는 동안
카메라는 춤을 추기 시작한다. 태양의 붉은
기운이 전하는 거대한 에너지 앞에서 엄숙했고
두려웠으며 가슴이 벅찼음을 고백한다.

비금도 가산선착장의 노을

비금도 시금치는 '섬초'라 불린다. 재래종으로 잎이 두꺼워 씹는 맛이 좋고 땅에 낮게 붙어 자란다. 해풍을 맞아 자란 덕에 신선도가 좋고 단맛이 뛰어나다. 비금도에서 시금치를 재배한 것은 지금으로부터 60년 전이다. 비금도의 경작할 수 있는 땅의 절반에 시금치가 자란다.

주위가 온통 시금치 밭이다. 너른 밭에 시금치를 한 번 심어 놓으면 꽤 여러 번 수확을 하는데 상당히 싱싱하다. 시금치를 수확 중인 할머니는 이렇게 말했다. "이건 약이여, 겁나게 달짝지근허니 맛난 약이제." 확실히 뿌리 부분을 베어 먹으면 단맛이 혀끝에서 온몸으로 전해진다. 비금도 시금치는 농약을 쓰지 않는 유기농 채소다. 겨울 한철 먹는 보약이라 생각하고 여행하는 내내 먹어댔다.

비금도 시금치축제를 촬영하고 난 후 지인과 도초도의 어느 여관에 들었다. 지인의 손에는 낙지와 소주가 담긴 검은 봉지가 들려 있었다. 낙지는 아주 잘게 잘려 있었다. 궁금해서 물었다. "대체 낙지에게 무슨 짓을 한 겁니까?" 그러자 지인은 이 맛을 네가 아냐는 표정과 함께 "조슨 낙지여라. 낙지는 요래 조사부려야 제맛이지라잉." 그러니까 잘게 썰어 후루룩 마시듯 먹어야 맛이란 얘기다. 순화된 표현으로 칼로 두들겨 잘게 나눈다는 뜻의 '낙지탕탕'이라고도 한다. 과연 조슨 낙지의 맛은 꿀맛 같아서 술도 덩달아 달았고 그날 밤도 달았다. 전날 비금도에 도착해서 점심으로 먹은 간재미회도 생각났다. 간재미의 씹는 맛과 새콤달콤한 양념이 맛났었다. 그러고 보니 비금도는 죄다 달콤한 것뿐이다. 연인들이 가장 많이 찾는 하누넘해변은 하트 모양으로 연인들의 마음을 달달하게 만들어 준다. 소금도 있다. 등록문화재 제362호로 지정된 대동염전의 소금도 짠맛 뒤의 단맛이 일품이다.

달달한 여행의 끝은 일몰에 있었다. 사진 촬영에 여념이 없었는데 저녁을 먹으라는 연락을 받고 비금도 가산선착장에 가던 길이었다. 어둑해진 해안 길이 갑자기 밝아졌다. 차창으로 고개를 돌리는 순간 하늘은 붉게 물들었다. 도로도 염전도 갯벌도 온통 붉었다. 겨울, 비금도가 전해준 무척이나 달콤한 노을이었다.

전라도

추천여행지

도초도
서남문대교가 만들어진 후 비금도와 도초도는 하나의 섬이 되었다. 도초도에는 주민들이 어업보다 농업에 주력할 만큼 넓은 고란평야가 있다. 신안군에서 가장 넓다. 고란리와 외남리로 가면 석장승이 있다. 외상마을 석장승은 갓 모양의 모자를 쓰고, 가슴에 갈비뼈 같은 빗금이 있으며, 수염을 끼우기 위에 턱에 구멍을 낸 것이 독특하다. 도초도에는 해수욕하기 좋은 시목해수욕장이 있다. 무른 모래사장과 쉬기 좋은 그늘막이 있다.

도초도 외상마을 석장승

1박2일 추천코스

1일 가산선척장 → 대동염전 → 명사십리해변 → 내촌마을 → 하트해변

2일 도초도시목해변 → 외상리성장승 → 고란리석장승 → 가산선착장

비금도에서 가장 유명한 하트해변

★ 여행정보
목포여객선터미널 전라남도 목포시 해안로 182(항동 6-10), 061-243-1297
비금면사무소 061-275-5231

★ 친절한 여행 팁
① 여유가 있다면 비금도를 거점으로 신안군의 여러 섬들을 여행해도 괜찮다. 홍도, 흑산도, 우이도, 가거도 등은 한 번 가기도 힘든 섬들이다.
② 일몰 감상은 하누넘해변과 원평해변이 괜찮고 떡메산에 오르면 대동염전이 파란 하늘을 품은 풍경이 눈에 담긴다.
③ 목포여객선터미널에서 비금도행 차량 선적 가능한 대흥페리3호, 대흥페리9호가 일일 3회 운항한다. 목포 북항에서도 도초도행 카페리호가 일일 3회 운항하며 압해도 송공항에서도 비금 가산선착장까지 대흥페리호가 일일 2회 운항한다. 목포여객선터미널에서 출발하는 흑산도, 홍도, 가거도행 쾌속선들도 모두 도초도를 경유한다. 일일 4회 운항하며 도초도까지 50분 소요된다.
도초농협 061-243-7916
(합)목포대흥상사 061-244-0005

★ 이것만은 꼭!
① 내촌마을 돌담길이 예쁘다. 내촌마을에서 하누넘해변으로 가는 고갯마루에는 내월우실이 있다. 마을의 안과 밖을 구분해 주는 경계이자 바닷바람으로부터 마을과 농작물을 보호하기 위해 만든 돌담이다.
② 염전에서 천일염을 생산하는 시기는 4~10월까지다. 여름에 대동염전에서 소금이 만들어지는 과정을 볼 수 있다.

★ 주변 맛집
진미식당 : 도초도선착장에 위치한 진미식당은 간단한 백반으로 요기를 할 수 있는 곳이다. 여느 가정에서 해먹는 요리와 찬이 나온다. 전라남도 신안군 도초면 서남문로 1329(발매리 1-14), 061-275-2161
보광식당 : 간재미무침, 전라남도 신안군 도초면 불성길 85-12(발매리 9-5), 061-275-2136
한우나라식육식당 : 갈비탕·육개장, 전라남도 신안군 비금면 비금북부길 26(덕산리 119), 061-275-5758

031
전라남도 신안군 흑산면
홍도

뒤돌아보며 눈물 흘리는 섬
육지에 순정의 홍도가 있다면 바다에는
아름다운 홍도가 있다.
섬을 돌아보고 나오는 길은 아쉬움이 크다.
일몰 때에 섬 전체가 붉게 물든다 해서 붙여진 이름 홍도.
마치 애인을 두고 떠나는 것만 같다.

"형! 나 지금 홍돈데 돈이 다 떨어졌어. 돈 좀 부쳐줘."

군대 가기 전 자전거를 끌고 전국을 여행하던 동생으로부터 걸려온 전화였다. 동생은 여행으로 먹고 사는 나보다 훨씬 먼저 전국을 유람했다. 홍도에 있는 동안 돈이 없어 조개를 줍거나 빈병을 모아 라면하고 바꿔 먹었다. 가까스로 홍도에서 나온 후 동생이 한 일은 밥부터 먹는 일이었다. 대체 돈도 없으면서 홍도는 "왜 간 거야?"라는 물음에 이렇게 답했다. "다들 가더라고."

다들 가는 곳을 이제야 찾았다. 대한민국 할머니 할아버지들도 다 가는 홍도를 찾은 것은 여행으로 먹고 살면서 홍도 한 번 못 가봤다는 소리는 듣기 싫어서였다. 그러나 홍도는 멀었다. 심리적으로는 가까운데 물리적으로는 먼 섬이었다. 머리와 몸으로 전해지는 멀미를 꾹 참고 도착한 홍도는 눈부셨다. 홍도는 목포항에서 약 115km 떨어진 곳으로 섬 전체가 천연보호구역과 다도해해상국립공원으로 지정돼 있다. 홍도는 마을이 1구와 2구로 나누어졌다. 대부분의 관광객은 1구에서 머물며, 1구에서 배를 타야 당도하는 2구는 한적하고 홍도의 등대를 벗 삼아 머무는 마을이다.

홍도에 오면 반드시 해야 하는 것이 유람선 일주다. 홍도 1구에서 출발하는 유람선은 약 2시간 30분 정도로 섬을 일주하며 홍도 33경의 아름다운 경관을 볼 수 있다. 도승바위, 남문바위, 원숭이바위, 주전자바위, 만물상, 부부탑, 독립문바위 등 홍도의 진경을 마주하는 동안 관광객의 탄성이 끊임없이 흘러나온다. 기암으로 이루어진 해안 절벽에는 신이 꾸며 놓은 분재처럼 작은 소나무들이 그림같이 콕 박혀 있다. 여정의 하이라이트는 선상 포장마차다. 어디서 나타났는지 유람선 옆에 배를 대고 자연산 광어와 우럭 등을 비호같은 솜씨로 썰어 판다. 유람하면서 자연산 회에 술 한 잔 하는 맛이 그만이다. 이 선상 포장마차야말로 홍도 33경에 하나를 더해 34경으로 불러야 할 만큼 매력적인 상품이다.

홍도 2구에 숙박을 정하고 등대로 찾아간다. 낮이야 푸른 망망대해지만 밤에는 불을 밝히는 등대 덕분에 낭만적이다. 등대의 빛은 험난한 파도와 싸워가며 생명을 사수하려는 어부들의 빛이다. 해녀인 민박집 주인이 차려준 해삼과 멍게, 거북손에 술 한 잔하며 하늘을 올려다본다. 눈 속으로 별이 쏟아진다.

< 홍도 2구에 있는 홍도등대
∨ 홍도 1구의 몽돌해변

전라도

추천여행지

홍도 1구
홍도항과 홍도 1구 마을은 홍도 동쪽에 위치해 숙박업소와 식당이 밀집한 곳이다. 마을은 해안 절벽을 따라 오밀조밀 모여 있는데 그 풍경이 무척 이국적이다. 전망은 홍도초등학교에서 산책로를 따라 이동하면 전망대가 있는데 여기서 홍도항의 풍경을 볼 수 있다. 또한 홍도의 일출 포인트 촬영지이기도 하다.

1박2일 추천코스

1일 홍도1구 — 몽돌해변 — 홍도유람선

2일 홍도2구 — 홍도등대 — 홍도1구 — 목포

스님이 기도하는 형상의 도승바위

★여행정보
목포여객선터미널 전라남도 목포시 해안로 182(항동6-10), 061-240-6060, 6053
유람선조합 061-246-2244
홍도 hongdo.go.kr

★친절한 여행 팁
❶ 홍도 1구 마을에 있는 빠돌해수욕장은 맑은 날의 낮에 몽돌과 투명한 옥빛 바다이며 은은한 일몰을 감상할 수 있다. 홍도 등대 앞의 독립문바위, 띠섬, 진섬을 물들이는 일몰 감상지다. 등대전망대 난간에서 볼 수 있다. 일몰이 끝난 후 등대의 불빛과 함께 밤하늘을 밝히는 야경도 멋지다.

❷ 목포여객선터미널(동양고속훼리 061-243-2111)에서는 하루 3회(07:50, 13:00, 16:00) 흑산도, 홍도행 여객선을 운항한다.

★이것만은 꼭!
❶ 섬에서 가장 높은 산은 해발 367m 깃대봉. 정상까지는 1시간 정도 소요된다. 정상에 오르면 흑산도와 가거도 등 부속 섬을 전체적으로 조망할 수 있다.

❷ 목포항과 서해안의 남북 항로를 이용하는 선박들의 뱃길을 안내하는 역할을 하고 있는 홍도 등대는 홍도 2구에서 해안산책로를 따라 북쪽 해안 절벽에 위치하고 있다. 일제강점기인 1931년 2월 처음 불을 밝혔는데 자국 함대의 안전한 항해를 위해 일제가 세운 것이다.

★주변 맛집
달철민박 : 민박과 식사를 겸하는 곳이다. 안주인이 직접 물질해서 잡아 올린 해산물은 주문을 미리 해야 하고 식사는 깔끔한 가정식 백반으로 나온다. 전라남도 신안군 흑산면 홍도리 36, 061-246-3812
남문횟집 : 생선회·매운탕, 전라남도 신안군 흑산면 홍도리 413, 061-246-2005
새천년모텔식당 : 생선회·매운탕, 전라남도 신안군 흑산면 홍도리 111, 061-246-4800

즉석에서 회를 떠서 파는 선상포장마차

> 032
> 전라남도 진도군 조도면
> # 조도군도

새들처럼 훨훨 날아보자꾸나
수천 개의 별이 흐르던 지난날 끝없는 비행 후
쇠잔한 몸뚱이가 바다에 처박혔다.
하늘에 대고 고독하다 울부짖는 날짐승이다.
누구의 것도 아닌 붉은 아침이 돋우면
젖은 새들의 날개 죽지에 마른 빛이 스민다.
세상을 깨우는 시간, 새들은 울지 않는다.
그렇게 살아가는 거다.

조도를 처음 방문했던 것은 2008년 봄이었다. 봄 쑥이 지천으로 자랄 때였다. 진도 팽목항에서 철부선을 타고 40분을 달려 어류포항에 도착했다. 처음 방문했던 나에게 섬에 관한 정보라고는 '상조도에는 도리산전망대가, 하조도에는 등대가 있다'가 전부였다. 막막하던 차에 다도해국립공원 조도분소가 눈에 들어왔다. 이것저것 꼬치꼬치 묻는 내가 안돼 보였는지 공원 직원이 마침 심심했던 것인지는 모른다. 어쩌다보니 공원 직원과 함께 조도 투어도 하고 밥도 같이 먹게 되었다. 조도에 대한 상세한 설명도 듣고 국립공원 직원으로서의 애환도 들었다.
"여기 조도는 먹을 데가 마땅치 않아요. 섬에서 누군가의 결혼식이라도 열리면 모두 배를 타고 진도로 가기 때문에 섬이 텅텅 비어버립니다. 그때는 우리들끼리 라면을 끓여 먹죠. 그나마 성수기에는 사람들이 많이 오기 때문에 사정이 좀 괜찮아집니다."
조도가 큰 섬인 줄 알았는데 그렇지 않은 모양이다. 바로 옆에 있는 관매도가 늘 관광객으로 북적거리는 것을 보면 말이다. 공원 직원과 동행은 생각지도 못한 호의였다. 첫 방문치고 운이 좋았다. 다시 방문했을 때는 일을 하는 선후배와 함께였다. 이번에는 텐트가 들어간 커다란 배낭을 이고지고 갔다. 도리산전망대 아래서 일몰도 보고, 일출도 보고 밤하늘을 수놓은 별도 바라보며 맥주 한 잔을 마실 희망을 품고서다.
조도군도는 상조도와 하조도 두 개의 섬을 비롯해 154개의 섬으로 이루어졌다. 상조도의 도리산전망대에 오르면 154개의 섬이 바다 위에 내려앉은 새떼처럼 옹기종기 모여 있는 것이 보인다. 섬과 섬 사이에는 톳 양식장이 즐비하다.
도리산전망대 밑에 있는 주차장에 텐트를 쳤다. 간단하게 밥을 먹으며 맥주도 곁들였다. 식사를 끝내고 밤하늘을 바라본다. 새들보다 더 많은 별들이 초롱초롱하다. 그 별 사이로 별똥별 하나가 떨어진다.

창유리마을에 있는 미용실, 하조도에 있는 신전해변
도리산전망대 위로 쏟아지는 별, 도리산전망대에서 본 조도군도

전라도

추천여행지

조도 등대

어류포항에서 조도면으로 가는 길에 하조도 등대로 빠지는 길이 있다. 해안가 절벽 길을 따라 약 4km 가면 파란 바다 위에 그림처럼 하얀 등대가 서 있다. 1909년 처음으로 점등해 100년이 넘는 역사를 자랑하는 등대다. 등대 주변에 작은 공원이 조성되어 있고 주변은 기암절벽이다. 등대 위에 있는 정자로 오르면 주변 다도해와 진도까지 조망할 수 있다.

1박2일 추천코스

1일 어류포항 — 조도등대트레킹 — 도리산전망대

2일 도리산전망대 — 하조도신진해변 — 돈대봉 — 어류포항

★ 여행정보
팽목항 전라남도 진도군 임회면 진도항길 91(연동리 1299-7), 061-544-5353
조도면사무소 061-540-6803, eup.jindo.go.kr
에이치엘해운(한림페리3호) 061-544-0833
서진도농협조도지점(조도고속훼리호) 061-542-5383

★ 이것만은 꼭!
❶ 상조도와 하조도를 연결하는 조도대교에서 상조도로 가는 해안 길은 '한국의 아름다운 길 100선'에 선정될 만큼 예쁜 길이다. 밀물 때와 썰물 때마다 풍경이 달라진다.
❷ 성수기가 아닌 비수기에는 식당 운영을 하지 않는 곳도 있고 창리를 벗어나면 식당과 가게를 만나기 어렵다. 여행을 가기 전 마실 것과 먹을 것을 준비하면 만일의 상황에 대처할 수 있다.

하조대에 있는 손가락바위

★ 친절한 여행 팁
❶ 도리산 전망대는 두 곳이다. KT중계소 앞에 있는 전망대와 중계소 가기 전 오른편에 있는 산책로 끝의 360도로 풍경을 볼 수 있는 제2전망대이다. KT중계소 앞 전망대는 일출을 볼 수 있으며 해는 진도 방향에서 떠오른다. 제2전망대에서는 일몰을 감상하기에 괜찮다.
❷ 진도 팽목항에서 (주)에이치엘해운의 한림페리3호와 서진도 농협 조도 지점의 조도고속훼리호가 일일 4회(09:50, 12:00, 15:00, 15:40) 출항한다. 그러나 계절과 요일에 따라 운항 편수가 달라질 수 있다. 직통은 50분, 경유는 2시간이 걸린다.

★ 주변 맛집
삼거리식육점식당 : 조도는 성수기를 제외하고는 먹을 곳이 마땅치 않다. 대부분 창유리에 몰려 있으며 그중 삼거리식육식당은 백반이 괜찮은 곳이다. 전라남도 진도군 조도면 창유리, 061-542-5050
장미식당 : 백반, 전라남도 진도군 조도면 창유리 659-2, 061-542-5075
주야식당 : 백반, 전라남도 진도군 조도면 창유리 402-1, 061-542-0602
성현식당 : 중식, 전라남도 진도군 조도면 창유리 694, 061-542-5062

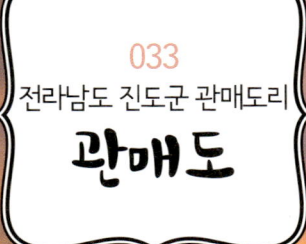

033
전라남도 진도군 관매도리
관매도

사랑한다면 관매도처럼
촉촉하게 젖은 모래사장과 옅은 구름을
붉게 물들인 노을 사이로 파도가 층을 이루며
해변을 향해 달려온다. 그 사이에 단란한
가족의 축제가 벌어진다. 자연과 사람이
어우러진 조화로운 풍경이다.

관매도해수욕장을 따라 2km 정도 길게 늘어선 해송 숲에 관매도해변이 바로 보이는 자리에 텐트를 쳤다. 여름에 텐트를 치려면 햇살과 비를 막아주는 타프가 필수다. 동행한 후배는 타프가 없는데도 괜찮냐고 묻는다.

"내 타프는 해송 숲이야."

텐트를 다 치고 부근에 있는 샤워장에서 땀을 씻어 냈다. 그리고 텐트로 돌아와 코펠에 물을 데워 커피를 마신다. 이윽고 해변과 바다, 하늘을 뒤덮는 엄숙한 노을이 시작되고 커피를 마시는 것조차 잊을 만큼 아름다운 그 풍경 속에 빠져든다. 보통 해가 지면 어둠이 시작되지만 노을이 이어지면 세상은 다시 환해진다. 붉은 하늘빛에 빠져드는 시간은 짧지만 오랜 여운을 안겨다 준다. 무엇보다 여기 관매도에 있다는 사실이 샤워를 한 것보다 더 상쾌하게 만든다. 세상을 붉게 물들인 노을과 해송 숲 중간에 내가 있다는 것, 행복이다.

해송 숲은 관매도에 처음 입도한 나주사람 함재춘이 400년 전 곰솔나무 한 그루를 심은 것이 시초다. 이후 방풍림으로 아름드리숲을 이뤘다.

관매도는 조도군도에 속해 있으면서 가장 빼어난 자연 풍경을 간직한 섬이다. 관매 8경은 관매도의 대표적인 풍경을 모아 놓은 것인데 해송 숲이 있는 관매도해수욕장이 제1경이다. 단단한 모래사장과 깊지 않은 해변은 물놀이하기 좋고 무엇보다 일몰이 아름답다. 관매 8경 중 발품을 팔아야 확인할 수 있는 풍경으로 꽁돌과 돌묘, 방아섬, 하늘다리가 있다. 나머지는 바다로 나가야 볼 수 있다. 관매도에는 마실 길이 있다. 대체로 한두 시간이면 섬 전체를 볼 수 있다. 마실 길은 돌담길, 습지관찰로, 논·밭두렁길, 해당화길, 매실길 등 다채롭다. 관매 8경에는 들지 않지만 관호마을의 매력적인 돌담도 있다. 어촌 특유의 정겨움이 가득하다.

관매도로 가는 길은 멀다. 그러나 도시의 먼지를 털어내고 자연 속에서 뭉그적거리기 좋은 섬이다. 일상의 쉼표가 필요하다면 관매도로 떠날 일이다.

전남의 아름다운 숲으로 선정된 관매도 해송 숲, 수심이 낮아 해수욕하기 좋은 관매도해수욕장

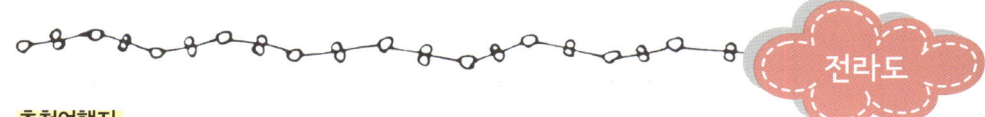

전라도

추천여행지

관호마을 벽화
관매도 서쪽에 위치한 관호마을은 돌담길과 벽화가 예쁜 마을이다. 돌담은 섬에서 흔히 마주할 수 있는 것으로 바람과 추위를 막기 위해 조성했다. 돌담길은 어촌다운 물고기 그림들과 정겨운 풍경이 가득하다. 관매도선착장에서 오른쪽으로 해안 길을 따라가면 관호마을이고 마을에서 남쪽으로 향하면 돌묘와 꽁돌해변이 나온다.

1박2일 추천코스

1일: 관매도선착장 관호마을 → 돌묘와 꽁돌 → 하늘다리

2일: 관매도해변 → 해안절벽 → 독립문바위 → 방아섬 → 관매도선착장

관호마을 뒤편에 있는 꽁돌

★여행정보
팽목항 전라남도 진도군 임회면 진도항길 91(연동리 1299-7), 061-544-5353
조도면사무소 061-540-6803
에이치엘해운(한림페리3호)
061-544-0833
서진도농협조도지점(조도고속훼리호)
061-542-5383
관매도 www.gwanmaedo.co.kr

★친절한 여행 팁
① 관매도 일출은 관매도해변 반대쪽인 셋배쉼터에서 만날 수 있다. 일몰은 관매도해변이나 탐방로를 따라가면 있는 해식절벽 위, 즉 독립문바위 위다.
② 진도 팽목항에서 (주)에이치엘해운의 한림페리3호와 서진도 농협 조도 지점의 조도고속훼리호가 일일 4회(09:50, 12:00, 15:00, 15:30) 출항한다. 그러나 계절과 요일에 따라 운항 편수가 달라질 수 있다. 직통은 50분, 경유는 2시간이 걸린다. 지역 내 대중교통을 이용한다면 진도공용터미널에서 임회면 팽목행 버스 탑승 후 팽목항에서 내려 관매행 여객선에 탑승한다.

★이것만은 꼭!
관매도는 차량이 필요 없는 곳이다. 어디든 걸어서 갈 수 있는 섬으로 마을 곳곳에 탐방로가 잘 갖추어져 있다. 걷는 게 불편하다면 자전거를 빌려 이동해도 된다. 또 관매도에는 대부분의 민박집이 식사와 숙박을 겸하고 있다. 비수기에는 식사가 가능한지 미리 확인하는 게 좋다.

★주변 맛집
솔밭민박 : 솔밭민박은 향긋한 바다향이 듬뿍 담긴 톳칼국수와 인근 해에서 잡아올린 갑오징어볶음이 괜찮은 식당이다. 관매해수욕장 입구에 있다. 전라남도 진도군 조도면 관매도리, 061-544-9807
송백정 : 매운탕, 전라남도 진도군 조도면 관매도길 59-8(관매도리 806), 061-544-4433

채석강 부럽지 않은
관매도해수욕장
해식동굴

톳칼국수

034
전라남도 나주시 산포면
산포수목원

잘빠진 메타세쿼이아 길
사랑하는 사이라면 좋겠다.
오순도순 즐거운 이야기가 있으면 더 좋겠다.
꽃향기 맡으며 조붓한 숲길을 거니는 일,
행복이라는 이름으로 가슴속에 쟁여놓는
한나절의 즐거움으로 남을 일이다.

조붓하게 산책하기 좋은 산포수목원
풍성한 메타세쿼이아가 시원한 그늘이 되어준다. 나주목의 객사로 사용된 금성관

예전 나주는 남도의 중심이었다. 지금으로부터 천 년 전 마한의 역사에서 시작된 나주는 고려시대에 이르러 지금의 광역단체에 해당하는 '목(牧)'이 되었고 1895년까지 최고 지위를 유지해왔다. 전라도라는 명칭도 전주와 나주의 앞 글자를 따왔을 만큼 남도 대표 도시였다. 영산포를 통해 갖가지 해산물이 드나들고 비옥한 나주평야는 늘 풍요로웠다. 일제강점기 시절에는 수탈의 현장이기도 했다. 이후 나주는 남도의 최고 도시를 광주에 넘긴 후 과거 역사의 흔적을 간직한 고즈넉한 도시가 됐다.

먹는 배와 영산포 홍어, 나주 곰탕으로 대표되는 먹을거리로도 유명한 나주에 사진을 찍는 사람들의 인기를 한몸에 받는 곳이 있다. 전남산림환경연구소의 메타세쿼이아 길이다. 흔히 산포면에 있어서 산포수목원이라고도 부른다. 산림환경연구소는 잣나무숲, 상록수원, 희귀식물원, 삼나무원, 온실 등과 삼림욕장, 542종의 수목이 숲을 이루고 등산로가 잘 갖춰져 있다.

산포수목원은 1922년 임업 묘포장을 시작으로 1975년 광주에서 나주로 이전해 와 오늘날까지 그 자리를 지키고 있다. 1998년 9월에는 완도난대수목원이 연구소에 통합되었다. 메타세쿼이아 가로수길은 산림환경연구소 입구에 있는데 약 500m의 길이 직선으로 나 있고 길 좌우에는 다양한 수목원 시설이 있다. 이 길은 TV 광고를 비롯해 드라마 <구미호외전>, <프레지던트>, <아이리스2>, 예능 프로그램 <1박 2일> 등의 촬영지로도 유명하다.

메타세쿼이아 가로수길은 사계절 다양한 변화를 느낄 수 있는 길이다. 봄에는 싱그러운 잎사귀와 봄꽃이 있고 여름은 신록으로 우거진다. 가을엔 붉은색으로 옷을 갈아입고 겨울에는 소복이 쌓인 눈의 세상으로 바뀐다.

전라도

추천여행지

불회사 석장승
중국 동진의 마라난타가 불교를 처음 전해준 영광 불갑사 다음에 지은 절이 불회사다. 불회사의 입구에 있는 석장승이 여행자를 반긴다. 한때 인사동 입구에 서 있던 석장승의 모델이다. 해학적인 표정의 석장승을 지나면 편백나무 숲이 나오고 숲에는 연리지가 있다. 초의선사가 출가한 사찰로 작지만 운치 있다.

1박2일 추천코스

1일 나주목사내아 — 금성관 — 영산포홍어거리 — 반남고분군

2일 산포수목원 — 다도도래한옥마을 — 불회사 — 운암사

도래마을에 있는 홍기응가옥

★ 여행정보
전남산림자원연구소 전라남도 나주시 산포면 다도로 7(산제리 산 23-7), 061-336-6300, jnforest.jeonnam.go.kr

★ 친절한 여행 팁
❶ 산포수목원에 방문하기 적당한 시간은 아침이다. 나무 사이로 들어오는 햇살이 아름답다. 나무와 나무 사이로 빛이 스며들거나 그림자가 길게 늘어진 장면도 아름답다. 빛이 부드러워지는 오후 3~4시경도 괜찮다.
❷ 메타세쿼이아 가로수길에서 연인을 촬영해준다면 광각렌즈보다 망원렌즈로 압축해 촬영하는 것이 좋다. 압축이란, 피사체가 실제 보이는 거리보다 훨씬 가깝게 느껴지는 망원렌즈의 특성을 살린 것이다.
❸ 산림환경연구소는 오전 9시부터 오후 6시까지 개방하며 연중무휴로 운영된다.
❹ 서해안고속도로에서 함평분기점으로 나와 무안광주고속도로를 이용 나주나들목에서 빠져나온다. 1번 국도를 타고 남평오거리에 나주국립병원을 지나 삼거리에서 좌회전하면 산림자원연구소다.

★ 이것만은 꼭!
수목원 안에서는 라이터나 버너 등을 휴대할 수 없고 산림훼손, 임산물 채취를 할 수 없다. 쓰레기 등 오물은 모두 수거해 가야 한다. 차량은 정문 부근의 주차장에 주차하고 산림환경연구소 내에서는 걸어 다녀야 한다.

★ 주변 맛집
번영회관 : 가짓수는 많은데 먹을 것은 별로 없는 식당에 비해 깔끔한 상차림으로 인기 있는 식당이다. 남길 것 하나 없는 알찬 반찬이 맛있다. 전라남도 나주시 산포면 세남로 1330(산제리 519), 061-336-0254
노안집 : 곰탕, 전라남도 나주시 금성관길 1-3(금계동 23-5), 061-333-2053
송현불고기 : 돼지불고기, 전라남도 나주시 건재로 193(대호동 311-33), 061-332-6497

035
전라남도 장흥군 용산면
소등섬 일출

활짝 웃어보지구요 장흥
광화문을 기점으로 경도선을 따라 줄을 그으면
전남 장흥에 닿는다. 장흥과 득량만이
만나는 지점에 남포마을이 있고 마을 앞에
아담한 소등섬이 있다. 물 빠진 갯벌과 잔잔한 득량만
위로 탐스러운 태양이 비추면 시름도 다 잊는다.

장흥은 물의 고장이다. 장흥댐의 건설로 조성된 장흥호와 장흥 읍내를 관통하며 흐르는 탐진강, 고요한 생명의 바다 득량만을 품고 있다. 또 문학의 고장이기도 하다. 이청준, 한승원 등 한국 문학의 거장을 배출했다. 장흥의 용산면에는 임권택 감독이 이청준의 소설『축제』를 영화화한 촬영지가 있다. 작은 소등섬이 지키고 있는 남포마을이다.

소등섬은 마을사람들의 수호신이다. 소의 등과 닮았다고 해서 소등섬으로 불렀다. 몇 그루의 소나무가 바위섬에 박혀 있고 하루에 두 번 밀물 때는 섬이 됐다가 썰물 때면 걸어서 섬에 갈 수 있는 육지가 된다.

마을에 전해지는 전설에 의하면 3~4백 년 전 마을 유지의 꿈에 어여쁜 색시가 나타나 소등섬을 가리키며 안식처를 마련해주고 제사를 지내면 마을의 재앙을 막아주고 풍년과 풍어를 돕겠다고 말했다. 이를 기이하게 여긴 마을 유지는 회의를 열고 정월 보름을 기해 당제를 올렸다고 한다. 그 이후로 마을에 사고가 없었다고 한다.

지금도 음력 정월 보름이면 소등섬에서 당제와 갯제가 열린다. 당제가 끝나면 사람들은 풍악을 울리며 섬에 들어가 제물을 뿌리고 당할머니에게 소원을 비는 갯제를 행한다. 당제는 마을사람들에게 안녕과 행복을 비는 축제다.

남포마을을 여행하며 영화 이야기를 하지 않을 수 없다. 임권택 감독의 <축제>는 죽음이라는 소재를 다루지만 무겁지 않은 영화다. 장례 절차가 자세하게 묘사되고 사람들이 분주하게 움직이는 장면들은 엄숙한 의식을 보여 주기보다 장례를 행하는 것, 그것을 보는 사람들에게 초점이 맞춰져 있다. 할머니의 장례식에 모인 가족과 친척들은 갈등을 일으키기도 하지만 속마음을 터놓는 과정을 통해 서로를 이해하게 된다. 할머니의 죽음은 화합의 장이고 그 의미에서 일종의 축제다. 죽은 자가 남긴 마지막 선물이다. 산 사람들은 죽은 사람을 위해 함께 축제를 연다. 화려하지 않지만 죽은 사람과 산 사람이 마지막으로 함께 즐기는 축제다.

영화의 장면을 떠올리며 마을 안에 있는 영화 <축제>가 촬영된 집으로 향한다. 마당에 서면 소등섬과 득량만이 아스라이 펼쳐진다. 아침이면 득량만을 붉게 물들인 해가 소등섬 위로 떠오르는 풍경을 볼 것이다. 죽음이 촬영된 곳에서 맞이하는 서정적인 풍경일 것이다.

매년 12월 31일에는 해맞이를 하기 위해 한적한 남포마을로 사람들이 모인다. 찬란하고 아름다운 일출을 본 사람들은 한 해를 설계하고 그들만의 행복한 축제를 마음속에 담을 것이다.

남포마을 해안도로에서 본 득량도, 남포마을 입구의 정남진 표지석

추천여행지

천관산

천관산은 호남 5대 명산 중 하나로 꼽힌다. 기암괴석과 가을 은빛 억새가 일품이다. 무엇보다 능선 어디서든 시원하게 펼쳐지는 다도해 풍경을 볼 수 있다는 점이 가장 큰 매력이다. 주변에 천년고찰 천관사가 있고 천관산 자연휴양림, 천관산문학공원이 있다. 산의 8부 능선까지 자동차로 이동 가능하다. 가을 억새 촬영은 연대봉이 좋고 성인봉에 오르면 9개의 암봉들을 볼 수 있다.

천관산도립공원관리사무소 061-867-7075

1박2일 추천코스

1일 ○ 보림사 — ○ 토요시장 — ○ 우드랜드 — ○ 남포마을

2일 ○ 천관산 — ○ 천관산 문학공원 — ○ 이청준생가 — ○ 선학동마을 — ○ 한승원생가

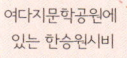

여다지문학공원에 있는 한승원시비

★여행정보
남포마을회관 전라남도 장흥군 용산면 남포길 13(상발리 110-1)
소등섬권역 070-4121-8439

★친절한 여행 팁
❶ 일출 촬영을 끝내고 마을 산책을 해보자. 영화 <축제>를 떠올리며 촬영지를 돌아보고 소등섬에도 들러본다. 좀 더 득량만의 잔잔한 바닷길을 거닐고 싶다면 사촌리의 한승원 시비공원이 있는 여다지해변으로 가보자. 장재도를 돌아보고, 해안 길을 따라 수문리로 가면 된다. 짧은 코스지만 득량만의 햇살에 반짝이는 바다와 득량도가 어우러지는 뭉근한 아름다움이 있다.
❷ 서해안고속도로를 타고 가다 죽림분기점에서 서영암IC 방향 우측 고속도로에 진입, 영암순천고속도로를 타고 장흥IC로 나와 남해고속도로를 따라 장흥읍을 지나 안양면으로 향한다. 수양삼거리에서 용산면 방향으로 진입하고 용산면 차동리에서 상발·남포 방향으로 좌회전, 덕암 풍길을 따라가면 남포마을에 들어선다.

★이것만은 꼭!
❶ 남포마을은 겨울 자연산 석화가 유명하다. 마을에 세워진 비닐하우스에서 맛보는 석화구이와 굴을 넣은 떡국은 제철 별미 중의 별미다.
❷ 겨울, 음력으로 11일과 26~27일이 소등섬 일출 보기가 가장 좋은 날이다. 이날을 전후로 3~4일도 괜찮다. 마을 방파제 어디서든 일출을 볼 수 있다.

★주변 맛집
바다하우스 : 키조개, 바지락요리 전문점이다. 장흥의 특산물인 키조개를 직접 만든 먹걸리 식초로 새콤매콤하게 무친 키조개무침이 인기다. 전라남도 장흥군 안양면 수문용곡로 139(수문리 150-1), 061-862-1021
만나숯불갈비 : 장흥삼합, 전라남도 장흥군 장흥읍 장흥대로 3482(건산리 770), 061-864-1818
탐마루장흥한우 : 한우, 전라남도 장흥군 장흥읍 장흥로 1(건산리 699-10), 061-862-8292

키조개 회무침

석화구이

경상도

- **036** 창녕 우포습지
- **037** 울진 불영사
- **038** 청송 주산지
- **039** 대구 근대문화유산 골목
- **040** 예천 회룡포
- **041** 경주 주상절리
- **042** 경주 남산
- **043** 문경 진남교반
- **044** 통영 미륵산
- **045** 밀양 위양지
- **046** 창원 주남저수지
- **047** 하동 악양 평사리
- **048** 남해 물건 방조어부림
- **049** 영덕 지품면 복사꽃
- **050** 동구 슬도 등대
- **051** 안동 하회별신굿탈놀이
- **052** 함양 상림

036
경상남도 창녕군 유어면
창녕 우포습지

우포늪에서 들려오는 생명의 노래
사전에 의하면 늪은 '땅바닥이 우묵하게 움푹 빠지고
늘 물이 괴어 있는 곳'이라고 나와 있다.
상당히 건조한 표현이다. 늪은 수많은 생명체의
서식처이고 환경에 중요한 허파 역할을 한다.
늪은 수많은 생명이 순환하며 존재하는 곳이다.

우포의 역사는 1억 4천만 년 전으로 거슬러 올라간다. 영화 <쥬라기 공원>에 등장하는 공룡이 살던 시절이다. 우포는 창녕을 포함한 영남지방 일대를 안고 있는 거대한 호수였다. 지금보다 온난했고 강수량도 많아 대홍수도 빈번했다. 현재의 모습이 갖춰진 것은 6천 년 전 즈음의 일이다.

우포는 지금의 모습이 갖춰지기 전 자연의 힘으로 변화를 겪어 왔는데 일제강점기를 거치면서 인위적인 변화를 겪게 된다. 일본은 1930년 우포늪 동쪽에 있는 대대제방을 축조하면서 농지로 개간한다. 이 기간 우포늪은 1/3가량 줄어든다. 군사정권시절에는 산업화와 새마을운동으로 낙동강과 토평천에 제방이 만들어지면서 크고 작은 늪이 농경지로 변한다.

제정신을 차린 것은 생태보전지역으로 지정한 1997년 즈음의 일이고 뒤늦게 가치를 인정해 1998년 람사르 협약에 등록한다. 1억 4천만 년 전의 가치를 16년 전에야 인정한 셈이다.

현재 우포늪은 소벌이라 부르는 우포늪과 나무벌 목포늪, 모래펄 사지포와 쪽지벌로 나뉜다. 행정구역으로는 창녕군, 유어면, 이방면, 대합면 일대에 약 70만 평에 걸쳐 있다. 우포가 가진 가치나 생태계는 말하면 입이 아플 정도다. 가시연꽃, 부들, 창포, 갈대 등 수생식물과 수생식물에 기대어 사는 곤충, 물고기, 새와 이들과 붙어사는 사람 등 톱니바퀴처럼 서로가 연결된 순환의 고리를 가지고 있다.

흔히들 우포는 원시 자연이 숨 쉬는 곳이라고 말한다. 국내 유일한 늪이고, 늪의 눈부신 풍경을 생생하게 목격할 수 있는 곳이다. 부정적이고 두려움을 주는 어감과 달리 늪은 생명의 공간이다.

소목나루에서 생태체험 중인 아이들, 대대제방에서 본 우포의 일몰
민물고기를 잡으러 가는 우포민박집 주인, 우포의 대표 식물인 가시연

경상도

추천여행지

교동고분군

창녕읍 교리에 있는 삼국시대의 대형 고분군이다. 제12호분이 경주에 있는 신라 적석목곽분인 것을 제외하면 모두 가야식 고분이다. 가야식은 장방형의 횡구식 석곽분이며 제7, 11호분은 다량의 유물이 출토되었다. 대부분의 유물은 일본으로 반출되었다.

1박2일 추천코스

1일: 교동고분군 ○ 우포늪생태관 ○ 우포습지 ○ 부곡온천

2일: 부곡온천 ○ 화왕산관룡사 ○ 교동고분군

여름에 피는 노랑어리연꽃

★ 여행정보
우포늪생태관 경상남도 창녕군 유어면 우포늪길 220(세진리 232)
우포늪관리소 055-530-1551
우포늪사이버생태공원 www.upo.or.kr

★ 친절한 여행 팁
① 우포늪 생명길 도보코스가 있다. 우포의 생태계를 살펴보며 늪지를 산책하는 코스로 2시간 소요된다. 소목마을 주차장에서 출발, 숲탐방로 3길→제2전망대→목포제방→우만제방→왕버들군락→푸른우포사람들→소목마을 주차장 도착.
② 우포늪의 수생식물들은 또 다른 볼거리이자 주요 피사체다. 5~6월 사이 개구리밥이 늪을 채우며 7~8월에는 모든 수생식물이 개화를 한다. 9~10월에는 사지포제방과 목포입구, 우포와 쪽지벌 중간에 가시연꽃이 핀다.
③ 중부내륙고속도로를 타고 창녕IC로 나와 창녕IC사거리에서 우회전, 유어면 방면으로 진행, 5.8km 지점 회룡마을에서 우회전해 약 2km 더 가면 우포늪 세진주차장에 닿는다. 대중교통으로는 창녕 시외버스터미널 하차 후 택시를 이용해야 한다.

★ 이것만은 꼭!
① 우포에는 주영학 선생이 있다. 우포 환경지킴이로 공로를 인정받아 대통령 표창을 받았다. 주 선생은 우포의 대표 모델이다. 많은 사진가들을 위해 기꺼이 모델이 되어준다. 모델을 서주는 대신 약간의 사례비를 받는다. 우포 환경지킴이로 자부심을 갖는 주 선생과 우포에 대해 이야기를 나눠보자.
② 대대제방은 일몰 포인트다. 푸른우포사람들에서 우포만박을 지나면 우만리 소목나루다. 소목나루는 나룻배와 일출, 잔잔한 새벽 물안개가 멋진 장소다.

★ 주변 맛집
도리원: 청와대에도 납품하는 장아찌를 만드는 곳이다. 기본 장아찌 밥상에 추가로 유황오리훈제나 삼겹살을 함께 먹는다. 경상남도 창녕군 영산면 온천로 103-25(죽사리 373-1), 055-521-6116
진짜순대원조집: 순대전골, 경상남도 창녕군 도천면 일리새긴길 8(일리 532), 055-536-4388
시래기밥상: 시래기밥상, 경상남도 창녕군 영산면 온천로 63(동리 323-2), 055-536-4555

삼겹살

037
경상북도 울진군 서면
불영사

아름다운 사찰에서 마음을 씻는다
심산유곡의 길을 걷는다. 천년고찰 불영사로
향하는 길은 마음을 씻으러 가는 길이다.
마음을 씻고 나면 불영계곡의 우렁찬
때로는 자박한 물소리를 배경음악 삼아
망중한을 보내는 것, 나에겐 진심 어린 휴(休)이다.

불영사는 불가에 입문한 여승인 비구니가 수행하는 사찰이다. 신라 의상대사가 창건한 사찰로 알려져 있다. 불영사가 있는 천축산에는 세 개의 바위가 있는데, 그중 작은 바위가 큰 바위를 향하고 있다. 그 모양이 마치 부처님을 향해 인사를 하는 형상처럼 보인다. 그 형상이 불영사 경내의 연못에 비춰진 모습을 두고 '부처님의 그림자' 즉 불영사라는 이름이 붙게 되었다. 원래는 부처님이 돌아오신 곳이라는 뜻의 불귀사라 불렸다 한다.

연못의 이름인 불영지에는 노랑어리연꽃이 가득하다. 소박한 불영사를 단번에 아름다운 사찰로 변하게 만든 연꽃이다. 노랑어리의 어리는 '작고 어리다'에서 나온 말이다. 귀엽고 작은 노랑어리연꽃의 꽃말은 순결과 청순이다. 불영사와 잘 어울리는 꽃이라는 생각이 든다. 조선 후기 대학자로 이름을 떨친 김창흡은 불영사를 두고 '마음 맑아져 속심 씻긴다'라고 노래했을 만큼 불영사는 마음을 편안케 하는 매력이 있다.

불영지를 지나면 보물 제1201호인 대웅보전이 나타난다. 대웅보전 안에는 석가모니가 인도의 영취산에서 설법하는 장면을 묘사한 <영산회상도>가 있다. 색채를 화려하고 세밀하게 묘사한 것으로 보물 제1272호다. 대웅보전에는 돌거북 한 쌍이 기단을 받치고 있다. 불영사가 있는 자리가 불기운이 강해 그것을 누르기 위해서 만들었다. 마치 거북이 위를 건물로 꾹 눌러 놓은 것 같은데 자꾸 보고 있으면 거북이가 불쌍해 보일 정도다. 그 밖에 눈여겨볼 것은 경내 건물 중 가장 오래된 보물 제730호인 응진전이다.

불영사 앞에는 불영사의 이름을 딴 불영계곡이 있다. 우리나라의 3대 계곡 중 하나로 꼽히며 제6호 명승지다. 계곡의 큰 물길은 작은 바위틈을 채우며 순식간에 휘돌아 왕피천으로 향한다. 불영계곡은 오랜 세월 동안 형성된 자연으로 천혜의 풍광을 지닌 곳이다. 불영계곡은 늦게 해가 비추고 일찍 해가 질 만큼 깊다. 풍화에 다져진 화강암 바위틈으로 적송이 그림처럼 자라고 이른 아침이면 자욱하게 피어난 안개가 계곡을 따라 흐른다.

불영사는 깨끗한 계곡과 나무가 뿜어내는 신선한 향으로 가득한 사찰이다. 한갓지게 산책하는 것만으로 선한 기운이 몸과 마음에 가득해진다.

∧ 불영사 대웅전과 삼층석탑
< 노랑어리연꽃이 가득한 불영지와 요사채와 범종각

경상도

추천여행지

소광리 금강송 군락지

소광리 금강송 군락지는 크고 작은 다리 20여 개를 넘어야 닿을 수 있는 오지에 있다. 그곳에 가면 하늘을 향해 높이 솟은 금강송들을 만날 수 있다. 그 자태에 홀릴 정도로 으뜸만 모아 놓았다. 껍질은 붉은색을 띠는데 껍질을 벗겨 내도 붉은색을 띠어 황장목이라고도 불렸다. 조선시대에 왕궁이나 종묘 등의 건축물을 보수할 관목으로 사용되었던 금강송으로, 소광리 금강송 숲은 엄격하게 관리되어 왔다. 이곳에는 500년 이상 된 엄청난 크기의 금강송을 비롯해 평균 수령 150년 이상 된 금강송 8만여 그루가 자라고 있다.

1박2일 추천코스

1일 죽변항 — 망양해변 — 망양정 — 덕구온천

2일 망양정 — 불영사 — 소광리금강송군락지

불영사 대웅전 돌거북

★ 여행정보

불영사 경상북도 울진군 서면 불영사길 48(하원리 120), 054-783-5004
울진군청문화관광 www.uljin.go.kr

★ 친절한 여행 팁

❶ 여행의 피로를 씻어줄 곳으로 북면 덕구리에 있는 덕구온천과 온정면 온정리의 백암온천이 있다. 덕구온천은 원탕까지 덕구계곡을 트레킹하고 자연 용출되는 온천에 발을 담그는 재미가 있다.

❷ 금강소나무숲길이 있다. 소나무숲길은 총 70km에 4개 구간이지만 현재 1구간(하루 80명)과 3구간(하루 100명)만 개방하고 있다. 산림보호를 위해 탐방은 예약제로 운영된다.
울진금강소나무숲길 054-781-7118,
www.uljintrail.or.kr

❸ 중앙고속도로를 타고 풍기IC에서 나와 영주 방향으로 향한다. 영주시를 지나 36번 지방도를 따라 소천면을 지나 울진 통고산 자연휴양림을 지나고 서면사무소를 지나면 불영사에 닿는다.

★ 이것만은 꼭!

❶ 부처님이 비추는 곳인 만큼 불영지 속의 부처님을 찾아보자. 대웅보전을 등에 지고 있는 축대 밑 돌거북을 찾아 카메라에 담아보자.

❷ 불영지의 노랑어리연꽃의 개화 시기는 날씨에 따라 다르지만 대체로 6월에서 8월 사이다. 또 여름엔 배롱나무에서 피는 백일홍이 경내를 채운다.

★ 주변 맛집

불영사식당 : 불영사 일주문 앞에 있는 산채비빔밥 전문점이다. 감자전이나 도토리묵을 곁들여 막걸리 한 잔 마시기에도 괜찮은 식당이다. 경상북도 울진군 서면 불영사길 23(하원리 130-20), 054-782-9455

죽변우성식당 : 가자미조림, 경상북도 울진군 죽변면 죽변중앙로 160-46(죽변리 390-163), 054-783-8849

충청도횟집 : 물회, 경상북도 울진군 죽변면 죽변중앙로 236-1(죽변리 10-16), 054-783-6651

038
경상북도 청송군 부동면
주산지

깊고 그윽한 사색의 공간
가을바람이 멈추고 산과 나무가 물 위에서 합쳐진다.
한 편의 시와 같은 아름다운 침묵이다.
그 침묵은 우리에게 사색을 하라 말한다.
깊고 그윽한 사색의 시간은 아름답다.
말하지 않아도 느낄 수 있는 시간이다.

고즈넉한 주산지는 가을이 제일이다. 물속에 잠긴 고사목의 반영을 보는 관광객들

청송은 고즈넉한 매력이 있다. 300년 역사를 지닌 저수지 주산지의 풍경은 한 폭의 아름다운 진경산수화이다. 가을바람이 멈추면 산과 나무가 물 위에서 합쳐진다. 어디에서나 볼 수 없는 주산지만의 신비로운 반영이다. 반영은 나를 바라보는 거울이 되고 우리는 말 없이 사색에 몰입하게 된다.

소설가 김주영은 청송으로 가는 길을 독도 가는 길에 비유했다. 그만큼 청송은 찾아가기가 쉽지 않았다. 청송은 82%가 산지로 둘러싸여 있고 어디에서 가든 고개를 넘지 않고는 닿을 수 없는 곳이다. 이러한 지리적인 조건 때문에 자연이 잘 보존되어 있고 느리게 갈 수밖에 없다. 청송 여행은 한 박자 느린 느긋함이 필요하다.

주산지는 주왕산과 더불어 청송의 대표적인 풍경으로 조선 경종 때 만들어졌다. 주산지 제방 위에는 가뭄을 해소하기 위해 이공(李公)과 성공(成功)이 땅을 파고 둑을 쌓았다는 기록이 적혀 있는 송덕비가 있다. 주산지는 오랜 세월 아무리 가뭄이 들이닥쳐도 바닥을 한 번도 드러낸 적이 없어 농민들이 믿고 의지하던 저수지다.

산책로를 따라 안쪽으로 들어가면 물속 한가운데 뿌리를 내리고 자라는 왕버드나무를 만난다. 왕버드나무 중 10여 그루는 3~5백 년 된 고목들이다. 긴 세월 동안 주산지를 지키는 신목 역할을 해왔는데 그 어떤 곳에서도 찾기 힘든 매력을 느끼게 된다.

주산지는 새벽 동이 틀 무렵이 아름답다. 수면 위를 물안개가 뒤덮고 동이 트면, 마치 새로운 생명이 태어나는 태초가 이런 모습이 아닐까 하는 놀라운 광경을 안겨준다. 주산지는 거울 같은 반영이 유명하다. 산과 물과 숲이 그림자로 하나가 된 수면은 한 폭의 그림 같기도 하고 한 편의 시 같기도 하다. 멍하니 바라보다 보면 마음이 고요해지고 평화로워진다. 그 때문일까? 2004년 김기덕 감독의 영화 〈봄 여름 가을 겨울 그리고 봄〉은 주산지에서 촬영했다. 인생의 순환을 담담하게 그려낸 이 영화는 호평을 받았다. 당시 물 위에 오롯이 떠 있던 절 세트는 철거되었지만 주산지만의 서정적인 풍경은 지금도 여전하다.

주산지를 돌아보고 난 후 반드시 들러야 할 곳은 주왕산이다. 깊어 가는 가을이면 많은 사람들이 주왕산의 기암과 폭포를 보기 위해 찾아온다.

경상도

추천여행지

주왕산

주왕산은 청송군 부동면 일대에 솟아 있는 높이 720m의 산이다. 설악산, 월출산과 함께 우리나라 3대 암산, 바위산으로 꼽힌다. 주왕산은 병풍처럼 늘어진 기암괴석과 시원한 폭포, 세월의 흔적이 묻어나는 대전사를 품고 있다. 주왕산은 보통 대전사 쪽으로 올라 제1폭포, 제2폭포, 제3폭포 순으로 둘러보고 내려오는 코스가 무난한데, 이 코스는 산을 오르기보다 산을 걷는다고 표현할 만큼 아이들도 힘들이지 않고 돌아볼 수 있는 코스다. 가벼운 산책만으로도 근사한 풍경 속에 푹 빠져 볼 수 있다.

1박2일 추천코스

1일: 묵계서원 — 백석탄계곡 — 달기약수탕 — 송소고택

2일: 주산지 — 주왕산트레킹(대전사~용연폭포)

풍경 자체가 그림처럼 느껴지는 주산지

★여행정보
주산지 경상북도 청송군 부동면 주산지길 163(이전리 87-1)
청송군관광안내 054-873-0101
청송군문화관광 tour.cs.go.kr
주왕산국립공원 juwang.knps.or.kr

★친절한 여행 팁
① 주산지는 사계절 언제든 찾아가기 좋은 곳이다. 10월 말부터 11월 중순경의 가을과 연둣빛 신록의 5월이 가장 아름답다. 봄에는 연초록의 왕버드나무, 여름에는 짙은 녹음, 가을에는 단풍의 반영, 그리고 겨울에는 눈꽃이 쌓인 설경을 자랑한다.

② 청송에서 포항 쪽으로 가는 31번 국도를 타고 가다 청운리에서 이전 방면 914번 지방도를 탄다. 상이전마을에서 주산지와 절골계곡으로 가는 갈림길이 나오는데 주산지로 향하면 큰 주차장이 나온다.

③ 대중교통을 이용해 주산지로 가려면 청송시외터미널 주왕산행 버스를 타고 주왕산정류소에서 이전리행 버스로 환승해야 한다. 이전리 부동정류장에서 하차 후 도보로 40분 정도 가야 주산지다. 이른 아침 주산지를 보려면 주산지 주변 민박집에 하루 묵는 것이 좋다.

★이것만은 꼭!
① 주산지에서 주왕산으로 향하는 절골트레킹이 있다. 주산지에서 나와 절골로 향한 후 절골매표소에서 출발, 대문다리→가메봉→내원마을→제1폭포 상의매표소까지 향하는 코스다. 총 14.9km에 5시간 30분 소요된다.

② 주산지의 깨끗한 반영은 이른 아침, 바람이 불지 않고 맑은 날이 좋다. 주산지전망대에서 카메라에 담을 수 있는데 전망대는 나무 덱이기 때문에 미세한 진동으로 흔들릴 수 있어 주의해야 한다.

★주변 맛집
서울여관식당: 달기약수물로 조리한 닭백숙 전문점이다. 달기약수 토종닭 백숙과 닭을 다져 양념을 한 후 구워낸 닭떡갈비가 인기 있는 메뉴다. 경상북도 청송군 청송읍 약수길 18-1(부곡리 299-5), 054-873-2177

수달래식당: 닭백숙·산채정식, 경상북도 청송군 부동면 공원길 202(상의리 205-11), 054-873-3052

송암가든: 토종닭백숙·오리산채정식, 경상북도 청송군 부동면 공원길 64(상의리 652-4), 054-873-0606

닭떡갈비

039
대구시 중구 일대
근대문화유산 골목

다 같이 돌자 골목 한 바퀴

유형의 가치는 변한다. 근대 건축물이 그렇다.
사람의 필요에 따라 건축물은 언제든 세워지고 무너진다.
근대 건축물이 많은 대구의 근대문화유산 골목은
무척이나 반갑다. 태풍처럼 급변하는 와중에도 끝끝내
살아남은 민들레 같아서 고맙기도 하다.

김원일의 소설 『마당 깊은 집』의 주인공 동상
진골목에 있는 벽화

여름철 대구를 좋아한다. 후덥지근한 날씨에 발걸음 옮기기도 힘들고 갈증에 현기증마저 도는 도시가 좋다. 여름의 뜨거움을 제대로 느낄 수 있고, 대구라는 도시 특유의 공간성 그리고 녹아내릴 듯한 사투리를 구사하는 예쁜 대구 아가씨들을 볼 수 있기 때문이다.

그중에서도 대구의 공간은 다가갈수록 매력적이다. 대구는 6·25 전쟁 당시 타 지역에 비해 피해를 거의 보지 않아 옛 건축물과 골목 등이 잘 보존돼 있다. 급격한 도시화가 가져다 준 도시 공동화로 경제적 쇠락을 거듭한 대구에 근대문화유산은 빛으로 다가왔다. 근대문화유산이라는 자산을 관광의 자원으로 활용한 것은 얼마 되지 않는다.

대구에는 오랜 역사가 묻어 있는 골목들이 즐비하다. 조선시대 한약재를 다룬 3대 시장 중 하나인 약령시가 있던 약전골목, 대구 유지들이 살았던 진골목, 대구의 역사가 살아 숨 쉬는 지금의 계산동 일대의 성밖골목이 있다. 6·25 전쟁 당시 피난민들이 난전으로 떡을 팔아 생계를 유지했던 과거 염매시장이었던 떡전골목 등 크고 작은 골목만 2,000개가 넘는다.

대구 근대문화 골목 투어를 시작하는 지점은 반월당역 현대백화점 뒤편의 약전골목 입구다. 조선시대 약령시의 모습을 사실적으로 그린 벽화를 시작으로 한의학박물관을 지나 약전골목을 지난다. 이어 「빼앗긴 들에도 봄은 오는가」의 민족시인 이상화의 고택, 국채보상운동의 민족운동가 서상돈의 고택을 둘러본다. 100년 역사의 계산성당에서 대구 제일교회 옆 동산의료원으로 향하는 언덕에 이르면 3·1운동길 또는 90계단으로 불리는 계단을 만난다. 이 계단은 당시 학생들이 독립만세를 부르며 일본 경찰의 눈을 피해 서문시장으로 향하던 길이다. 이 길을 넘으면 대구 최초의 서양식 건물로 선교사 주택이었으나 현재는 의료박물관이 된 챔니스 주택과 교육역사박물관(블레어 주택), 선교박물관(스위츠 주택)이 모여 있다. 언덕 아래의 동산의료원을 거쳐 투어는 서문시장으로 향하게 된다.

대구에는 3대 시장이 있다. 서문시장, 방천시장, 칠성시장이다. 서문시장은 근대문화유산 골목과 연계해 활력을 되찾고 있으며 방천시장은 예술 프로젝트와 접목해 김광석 벽화거리 등 다양한 문화활동을 펼치고 있다.

대구 골목마다 이야기가 묻어 있다. 하나하나 가슴속에 담기에도 하루가 벅차다. 하루가 멀다 하고 쓰러지고 묻혀가는 우리의 근대 이야기가 남아 있다는 것이 얼마나 다행인지, 예쁜 대구아가씨들만큼이나 대구 골목은 아름답다.

진골목의 상징인 2층 양옥의 정소아과의원, 고딕양식의 계산성당
대구 약령시에 있는 한의학박물관, 「빼앗긴 들에도 봄은 오는가」의 시인 이상화 고택

경상도

추천여행지

방천시장
방천시장에는 김광석 다시 그리기 길이 있다. 대구는 가수 김광석의 고향이다. 대봉 2동 방천시장 골목에서 태어나고 5살까지 살았다고 한다. 벽화는 방천시장 옆 100m 남짓한 길이의 제방길 벽에 빼곡히 그려져 있다. 늘 가슴을 울리는 노래를 남기고 간 김광석을 추억하기에 좋은 곳이다.

1박2일 추천코스

1일 ○─────────────○
　　　근대문화유산골목 투어　　　　　앞산 야경

2일 ○──────────○──────────○
　　수송못유원지　　　방천시장　　　불로동고분군

계산성당 건너편에 있는 음악다방 쎄라비

★ 여행정보
경상감영공원공영주차장(유료) 대구시 중구 경상감영길 99(포정동 21)
중구청문화관광과(골목투어안내) 053-661-2194
경상감영공원 053-254-9404
대구중구청 gu.jung.daegu.kr

★ 이것만은 꼭!
골목 곳곳에 사실적으로 그려진 벽화들이 있다. 숨은 그림 찾듯 골목에서 벽화를 만나는 재미를 준다. 아는 만큼 보인다는 말처럼 벽화는 골목에 담겨진 이야기와 관련이 있다. 골목 투어를 하기 전에 골목에 담긴 이야기와 역사를 알면 훨씬 즐거워진다.

★ 친절한 여행 팁
❶ 드라마 <사랑비>의 촬영지였던 음악다방 쎄라비는 오고 가며 쉬기 좋은 곳이다. 옛날 다방의 느낌을 충실히 재현했다.
❷ 근대문화유산 골목길에서 사진 촬영하기 좋은 곳으로는 현대백화점에서 약령시로 들어가는 골목에 그려진 옛 약령시장 재현벽화, 진골목의 정소아과 앞 골목과 벽화, 이상화 고택, 천주교 계산성당 앞, 동인의료원 선교박물관 앞 포토존이 대표이다.
❸ 서대구IC에서 나와 서대구공단 방면 우측으로 향한 후 북비산사거리를 지나 약 5.5km 정도 더 간다. 태평사거리를 지나 GS태평주유소를 끼고 우회전한 후 500m 더 가다 대구근대역사관에서 좌회전하면 감영공원이다.

★ 주변 맛집
봉산찜갈비 : 동인동 찜갈비 골목은 대구식 갈비찜 전문점이 모여 있다. 삶은 갈비를 매운 양념을 해 졸여 양푼에 담겨 나온다. 적당히 매운맛이 괜찮다. 대구시 중구 동덕로36길 9-18(동인동 1가 332-3), 053-425-4203
미성당납작만두 : 납작만두, 대구시 중구 남산로 75-1(남산 4동 104-13), 053-255-0742
종로초밥 : 초밥, 대구시 중구 중앙대로 77길 12(종로 2가 60), 053-252-0621

매운 갈비찜

040
경상북도 예천군 용궁면
회룡포

커다란 항아리처럼 강물 돌아가는 곳
회룡포마을을 두고 사람들은 육지 속 섬이라 부른다.
올챙이 마냥 꼬리만을 남긴 모습의 마을이다.
마을 앞 강물은 순리대로 흐른다. 굽이치는 정도에 따라
모래톱의 모양만 바뀔 뿐 이 커다란 풍경은
세월을 휘감고 저 멀리 나아간다.

회룡포 마을로 가는 뿅뿅다리, 안개에 묻힌 회룡포마을 앞 내성천
회룡대 가는 길에 있는 비룡산 장안사, 회룡포 제2전망대 가는 길목에 있는 봉수대

회룡포 제2전망대서 사진을 찍는데 3명의 등산객이 점심을 준비하고 있었다. 코를 찌르는 돼지불고기 냄새도 냄새지만 유난히 눈에 띄는 것은 얼음과 함께 아이스박스에 쟁여진 맥주와 소주였다. 촬영이 끝나면 갈 법도 하지만 뭉그적거리며 버텼다. 솔직한 심정은 '시원한 맥주와 밥 좀 나눠 주세요'였다. 바람이 통했는지 불쌍해 보였는지는 모르겠지만 3번 거절 후 자리를 함께했다. 등산객은 초등학교 동창들로 산에 올라 도시락을 먹는 맛 때문에 주말이면 함께 다닌다고 했다. 이야기를 나누며 먹다 보니 생각보다 많이 마셔버렸다. 감사하다는 인사를 하고 용궁면으로 향했다.

예천군 용궁면에 위치한 회룡포는 육지 속 섬이다. 비룡산 회룡포전망대인 회룡대에서 바라보면 내성천이 비상하는 용처럼 휘감아 도는 모습을 하고 있다. 이 비경은 2005년 명승 제16호로 지정됐다. 회룡포를 보려면 용궁면 향석리에 위치한 장안사로 가야 한다. 장안사는 김천 직지사의 말사로, 전설에 따르면 통일신라 때 의상대사의 제자인 운명대사가 창건한 절이다.

살랑대는 바람이 얼굴을 간질이고 살짝 땀방울이 맺힐 즈음 회룡대에 이른다. 여기서 오롯이 떠 있는 회룡포가 한눈에 들어온다. 회룡포는 예부터 오지 중의 오지였다. 회룡포에 사람이 들어와 산 것은 조선 고종 때다. 지금의 경북 의성에 살던 경주김씨 일가가 논밭을 개간하며 살기 시작했다. 이 때문에 회룡포는 의성포로 불렸다. 회룡포가 물돌이동으로 유명해지자 사람들이 의성에서 회룡포를 찾는 일이 많아졌다. 예천군에서는 이름을 회룡포로 바꾸었다. 회룡포의 물돌이동은 산과 물이 서로 감싸 안은 형상이다. 앞만 바라보며 달려온 물줄기는 회룡포마을 앞 비룡산에 이르러 숨고르기를 한다. 그리고 크게 휘둘러 천천히 나아간다. 이 조화로운 어울림이 회룡포의 아름다움은 아닐까.

경상도

추천여행지

석송령

예천에서 재산세를 납부하는 부자 나무다. 1927년 아들이 없던 마을주민이 석송령에 자신의 토지를 상속 등기했다. 이후로 마을사람들이 석송령의 토지를 공동으로 경작하고 소작료로 장학금도 주고 소나무가 낼 재산세를 대신 내고 있다. 석송령은 마을의 안녕과 평화를 지켜주는 동신목으로 높이 10m, 둘레 4.2m의 웅장한 크기를 자랑한다. 천연기념물 제294호로 예천군 감천면 천향리에 있다.

1박2일 추천코스

1일 ○ 석송령 ─ ○ 예천천문과학문화센터 ─ ○ 곤충생태체험관 ─ ○ 금당실전통마을

2일 ○ 용궁면 ─ ○ 회룡포 ─ ○ 삼강주막

★여행정보
장안사 경상북도 예천군 용궁면 향석리 산 54, 054-655-1400
용궁면사무소 054-650-6789
예천문화관광 tour.ycg.kr

★친절한 여행 팁
❶ 회룡포는 일교차가 큰 시기에 운해를 만날 확률이 높다. 특히 가을이 좋은데 구름 사이로 회룡마을과 황금빛 들판이 어우러지는 풍경이 아름답다.
❷ 예천군은 재미있는 체험을 할 수 있는 곳이 많다. 곤충의 모든 것을 살펴볼 수 있는 예천곤충박물관과 우주인 체험을 할 수 있는 예천천문우주센터, 양궁체험을 할 수 있는 예천진호국제양궁장이 있다. 아이들과 함께라면 더 좋은 곳들이다.
❸ 장안사는 차로 주차장까지 갈 수 있으며, 여기에서 회룡포를 볼 수 있는 회룡대까지는 4000여m 오르막길을 따라가면 된다.
❹ 중앙고속국도를 이용 예천IC에서 나와 예천군청을 지나 문경 방향으로 34번 국도를 타고 가다 용궁면 방향으로 좌회전한 후 회룡교 건너 비룡산 장안사에 차를 주차하면 된다.

★이것만은 꼭!
❶ 회룡포 물돌이동을 다른 각도에서 볼 수 있는 곳으로 회룡포 제2전망대인 용포대가 있다. 회룡대에서 1.3km 떨어져 있으며 능선을 따라 봉수대와 원산성을 지나면 나온다. 온전한 물돌이동은 아니지만 내성천의 줄기를 볼 수 있다.
❷ 회룡포가 속한 용궁면은 정겨운 풍경을 간직한 곳이다. 용궁시장을 둘러보고 가는 길에 용궁양조장도 들러보자. 인심 후한 주인장의 막걸리 한 사발로 목을 축일 수도 있다.

★주변 맛집
흥부네 : 토종한방순대 막창에 선지, 당면, 찹쌀 등을 넣어 만드는 순대를 이용한 순댓국 전문점이다. 한방 재료를 첨가해 잡냄새를 없앴다. 곁들여 오징어 석쇠구이도 인기 있다. 경상북도 예천군 용궁면 용궁로 134(읍부리 153-4), 054-653-6220
삼강주막 : 막걸리·지짐이, 경상북도 예천군 풍양면 삼강리길 91(삼강리 219), 054-655-3132
예천궁 : 궁중비빔밥·궁중갈비찜, 경상북도 예천군 예천읍 시장로 97(남본리 223-3), 054-652-9898

제2전망대에서 본 회룡포마을과 물돌이동

토종한방순댓국

041
경상북도 경주시 양남면
주상절리

붉은 바다 위에 핀 재돌
바다에 동심원을 그리며 빙그르 꽃이 피었다.
무한의 시간 동안 파도와 바람을 벗 삼은
주상절리는 만개한 꽃처럼 생겼다.
찬란한 아침의 태양이 해변을 비추고 파도가
출렁이며 활짝 핀 해국이 반짝반짝 빛난다.

푸른 동해바다 위에 부채꼴 주상절리
파도소리길에서 만날 수 있는 누워 있는 주상절리

읍천리 사람들은 주상절리를 '재돌'이라 부른다. '재'는 지붕을 이는 기와의 경상도 방언이다. 가만히 보면 기와를 닮은 것 같기도 하다. 주상절리 위에는 해국이 피어 있다. 거친 풍파에 아랑곳하지 않은 모습이 주상절리와 닮았다. 참으로 굳세 보인다. 해국은 가을에 꽃을 피우기 위해 바닷가 돌 틈에서 스스로 버티고 이겨낸다. 제 키를 최대한 낮추고 사는 해국을 보며 주상절리도 스스로 눕지는 않았을까? 해국의 꽃말이 기다림이라는데 어쩌면 주상절리도 자신의 존재를 드러내기 위해 많은 시간을 기다렸을지도 모른다. 그에 화답하듯 많은 사람들이 주상절리를 찾는다.

주상절리란 지표로 뿜어져 나온 용암이 식으면서 만들어진 현무암 덩어리다. 용암이 바다와 만나 냉각되면서 수축을 하게 되고 육각형 모양을 만들게 된다. 그런데 대부분의 주상절리가 수직의 형태를 보여주는데 읍천리 주상절리는 바다 위에 누워 있는 형태를 가지고 있다. 어떤 이는 부채꼴이라고 말한다. 학계에 따르면 전 세계에서도 그 유례를 찾아보기 힘든 모습이라고 한다. 그 가치를 인정해 문화재청은 2012년 천연기념물 제536호로 지정했다.

읍천리 주상절리는 신생대 제3기에 형성된 것으로 추정되고 있다. 신생대는 공룡이 멸종하고 다양한 동식물이 등장하고 인류의 기원이 시작되는 시기다. 지금으로부터 2,000만 년 전이라고 하니, 어림잡기도 힘든 세월 동안 주상절리는 바다 위에 피어 있는 셈이다.

읍천 주상절리의 인기가 높아지면서 '파도소리길'이 만들어졌다. 읍천항과 하서항을 잇는 1.7km의 바닷길이다. 파도소리길에는 쉼터와 전망대, 산책로가 있어, 읍천리와 하서항 사이의 주상절리를 감상하기에 좋다. 해변을 따라가면 다양한 모습의 주상절리를 만난다. 누워 있는 것, 우뚝 선 것, 부채꼴인 것 등 다채로운 주상절리가 푸른 바다와 조화를 이룬다. 부채꼴 주상절리를 감상할 수 있는 전망대에는 '느림우체통'이 있다. 주상절리 전경을 담은 엽서에 사연을 적어 우체통에 넣으면 매달 첫째 주 월요일에 회수해 한 달 뒤 배달된다. 일상 속에서 여행의 추억을 전달받는 것이다.

가을 하늘보다 더 푸른 바다를 본다. 귓전을 파고드는 파도소리를 듣는다. 오래전 불덩이가 솟아오른 뒤 차갑게 식어 있는 주상절리들을 밟는다. 절리와 절리 사이에 고인 바닷물 위에 햇살이 반짝인다. 그 앞으로 거친 파도가 연신 주상절리를 때린다. 단단한 주상절리의 흔들리지 않는 고고함에 마음을 둔다. 여행을 마치고 다시 일상으로 돌아가도 쓰러지지 않을 희망을 얻는다.

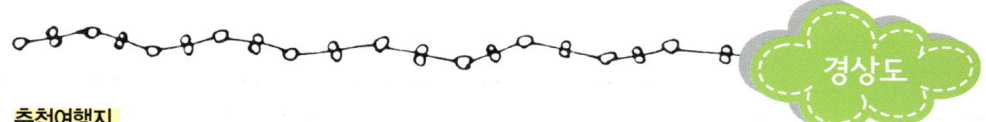

경상도

추천여행지

문무대왕 수중릉

봉길해변에는 삼국통일의 위업을 이루고 죽어서도 용이 되어 나라를 지키 겠다는 문무왕의 수중릉이 있다. 낮에는 평범한 풍경이지만 아침 일출 때 는 전국 최고의 일출 명소가 된다. 해무에 뒤덮이고 갈매기와 작은 어선이 만든 풍경 때문에 한바탕 몸살을 앓는다. 일출 감상은 봉길해수욕장 해변 이 좋고 주변에 감은사지와 이견대도 좋다.

1박2일 추천코스

1일 감포항 → 기림사 → 골굴사 → 감은사지 → 이견대 → 문무왕수중릉

2일 읍천리주상절리 → 읍천항 → 원원사지 → 원성왕릉(괘릉)

★**여행정보**
쿠페모텔 경상북도 경주시 양남면 동해안 로 494(읍천리 415)
경주시해양수산과
054-779-6320~6323
경주문화관광 guide.gyeongju.go.kr

★**이것만은 꼭!**
주상절리가 있는 곳은 군사 구역이다. 2009년 군은 철수했지만 지금도 군의 작 전 구역이다. 일몰 후와 일출 전까지 군의 경계는 계속된다. 일출 촬영은 가능하나 야경은 촬영이 어렵다.

읍천리의 이야기가 있는 벽화골목

★**친절한 여행 팁**

❶ 읍천항은 그림이 있는 어촌마을로 유 명하다. 읍천항 벽화를 둘러보는 것도 하 나의 재미다. 마을 담벼락을 화려하게 수 놓은 벽화는 공모전 당선작들이다. 용궁 을 형상화한 그림부터 읍천리의 이야기를 담은 벽화까지 다양하다. 우리나라에 거주 하고 있는 외국인이 한국 사랑을 표현한 작품도 눈에 띈다.

❷ 읍천리 주상절리에서 일출을 촬영하려 면 전망대의 진동에 주의해야 한다. 전망 대는 나무 덱으로 만들어져 있기 때문에 삼각대를 놓아도 흔들리게 마련이다. 촬 영하는 동안 주변 사람에게 움직이지 말 것을 정중하게 부탁하자.

❸ 쿠페모텔 옆 작은 골목을 따라 들어가 면 산책로다. 이 길을 따라 나타나는 군부 대 입구의 작은 전망대가 부채꼴 주상절 리 감상 포인트다.

★**주변 맛집**
토속옛날보리밥 : 냉면 그릇에 보리밥과 쌀밥이 반씩 나온다. 각종 나물과 된장에 비벼먹는데, 열무 물김치와 가자미구이 등 밑반찬이 정갈하다. 추어탕도 별미다. 경 상북도 경주시 양남면 동해안로 474(읍 천리 409-1), 054-744-3955
골목횟집 : 모둠회 · 매운탕, 경상북도 경 주시 양남면 양남로 231-4(수렴로 141-2), 054-744-0553
가정횟집 : 모둠회, 경상북도 경주시 양남 면 양남항구길 23-2(읍천리 261), 054-744-0445

보리밥

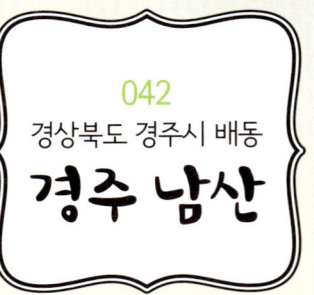

042
경상북도 경주시 배동
경주 남산

늠비봉 석탑 앞에서 잠든다
남산은 신라의 정신이고 우리에게 남겨진 보물이다.
남산에 산재한 불상과 석탑은 신라인들의
염원이고 희망이며 삶이다. 얽히고설킨 삶의
실타래를 풀어줄 대상이다. 그것은 지금 오늘을
살아가는 우리에게도 적용된다.

경주의 역사는 현재진행형이다. 신라 천 년 이전과 이후 경주는 많이 달라졌을 것이다. 눈에 보이지 않지만 경주는 신라만의 역사와 문화로 이루어진 도시는 아닐 것이다. 신라에서 통일신라를 지나 고려와 조선을 거쳐 현대의 문화와 문명이 책장의 책들처럼 차곡차곡 쌓여 있기 때문이다. 그 속에 담긴 수많은 이야기는 세월 속에 묻히고 사라지고 다시 발굴되며 새롭게 조명된다.

남산은 천 년 신라의 진산이다. 남산은 신라를 수호하는 산이었다. 남산의 북쪽으로는 금오봉이 있고 남쪽에는 고위봉을 중심으로 깊은 골과 기암이 있다. 그리고 핏줄처럼 천 년 신라의 숨결이 묻혀 있다. 신라 시조인 박혁거세의 탄생 신화가 있는 나정을 비롯해 남산에는 왕릉 13기, 산성지 4개소, 사지 147개소, 불상 118체, 탑 96기, 석등 22기, 연화대 19점 등 총 672점의 문화유적이 남아 있다. 숱한 보물들과 신라의 정신이 담겨 있는 남산은 그 가치를 인정해 2000년 12월 세계유산에 등재되었다.

남산의 보물을 일일이 다 돌아보려면 3박 4일도 모자랄 지경이다. 탐방로를 따라가다 보면 여기저기 숨어 있는 불상과 탑을 보느라 걸음은 더디기만 하다. 남산 트레킹을 하며 가장 보고 싶었던 문화재는 늠비봉 오층석탑이다. 탑 앞에 서면 시원하게 펼쳐진 배리평야와 멀리 선도산이 보인다. 늠비봉의 오층석탑은 통일신라시대인 9세기 무렵에 세워진 것으로 추정하고 있다. 양식은 백제의 것을 닮았다. 그러니까 신라의 땅에 백제계의 탑이 우뚝 서 있는 것이다. 그 증거는 기단에 있다. 남산의 자연석 위에 그랭이 기법을 사용했다. 자연석을 훼손하지 않고 바위표면에 꼭 맞도록 돌을 깎아서 세운 탑이다. 이렇게 만든 탑은 튼튼하게 고정된다. 신라의 전형적인 석탑과는 확연히 다른 점이다. 탑신 또한 신라의 것은 하나의 돌로 이뤄진 반면 늠비봉 오층석탑은 여러 개의 돌로 짜 맞추어져 있다. 따라서 통일신라 이후 경주로 이주한 백제유민에 의해 만들어진 것으로 추측한다.

늠비봉 오층석탑은 다른 석탑들에 비해 날씬하다. 미끈한 몸매에 옥계석의 처마들림은 섹시해 보이기까지 하다. 따뜻한 오후의 햇살을 받으며 오층석탑에 기대어 있는 시간은 평안하다. 마치 아름다운 여인의 무릎에 머리를 기댄 것 같다.

∧ 선각마애불상 앞에서 본 경주시내
< 삼릉계곡 마애석가여래좌상

경상도

추천여행지

괘릉

괘릉은 신라 제38대 원성왕의 능이다. 괘릉에서 특이한 점은 무인상과 사자상이다. 무인상은 서역인의 모습인데 고대 신라가 무역의 중심에 있었다는 사실을 증명하는 것이라 한다. 무덤 앞에 사자상 두 쌍은 몸은 정면을 보고 있지만, 고개를 돌려 동서남북을 바라보고 있다. 무인상과 사자상은 해학적인 표정과 조각의 정교함이 여느 왕릉과는 구별된다.

1박2일 추천코스

1일
- 배리석불입상
- 남산트레킹 (삼릉숲-금오봉-전망대-능비봉오층석탑-포석정지)

2일
- 불곡마애여래좌상
- 탑곡마애조상군
- 미륵곡석조여래좌상
- 선덕여왕릉
- 임해전지

★ 여행정보
배동삼릉 또는 포석정 경상북도 경주시 배동 73-1
경주역관광안내소 054-772-3843
경주문화관광 guide.gyeongju.go.kr
경주남산연구소 www.kjnamsan.org

★ 친절한 여행 팁
❶ 경주 남산 여행은 봄이 좋다. 진달래와 봄빛으로 물든 숲이 아름답다. 봄에는 경주 시내가 벚꽃으로 환하고, 여름에는 월성 주변으로 연꽃이 지천이며, 가을에는 불국사의 단풍과 무장산의 억새가 아름답다.
❷ 능비봉 오층석탑은 포석정 주차장에서 남산 임도를 따라 약 3km 정도 거리에 있다. 부흥사와 능비봉 석탑으로 가는 안내판을 따라 언덕을 오르면 능비봉 오층석탑이다.
❸ 경주 시내에서 오릉을 지나, 35번 국도를 따라 1.3km 거리의 왼쪽에는 포석정이 있다. 포석정에서 더 가면 있는 삼릉숲 부근에 서남산 주차장이 있다.

★ 이것만은 꼭!
❶ 능비봉에서 금오산 정상으로 가는 길목에 금오산전망대가 있다. 이곳도 경주시를 조망하기 좋은 장소다. 경주 삼릉숲은 제멋대로 휘어진 소나무가 아름다운 곳이다. 봄철 진달래 피고 안개가 끼는 날이면 많은 사진가들이 찾는다.
❷ 능비봉은 일몰 때와 일몰 이후가 촬영하기 좋다. 태양의 은은한 붉은 기운이 드리워지는 시간이다. 일몰 후에는 능비봉 뒤로 달이 떠오른다.

★ 주변 맛집
감포일출복어 : 감포일출복어는 경주시민들만 가는 식당이다. 신선해야 먹을 수 있는 아귀수육은 물론 아귀찜과 탕, 복어지리와 탕도 깔끔하고 맛나다. 경상북도 경주시 북성로 65(서부동 61-2), 054-741-7455
교리김밥 : 김밥, 경상북도 경주시 교촌안길 27-40(교동 69), 054-772-5130
현대밀면 : 물밀면 · 비빔밀면, 경상북도 경주시 화랑로 61(서부동 232), 054-771-6787

삼릉계곡 마애관음보살상

복매운탕

043
경상북도 문경시 마성면
진남교반

길도 아름다울 수 있다

길은 여러 종류가 있다. 굽이치는 길과 곧게 난 길,
걷기 좋은 조붓한 오솔길과 자동차만 달리는 길이 있다.
길을 인생에 비유한다면 걷는 자의 선택에 따라
달라진다는 것이다. 인생은 노력하는 자의 것이 아닌
길고 긴 방황을 무사히 끝마친 자의 것일 테니까.

'아무도 가지 않은 길은 없다. 다만 내가 처음 가는 길일 뿐이다' 도종환의 시「처음 가는 길」의 한 대목이다.

우리는 인생을 긴 여행을 떠나는 것으로, 오랫동안 가야 하는 길로 비유하곤 한다. 또한 여행을 떠나 낯선 곳에 섰을 때 '길 위에 서 있다'고 말하기도 한다. 길에는 수많은 길이 있고 그 길에 사람들은 자신의 처지를 대신하곤 한다. 길은 스스로 선택을 해야 하는 고독이 담겨 있고 누군가와 나누는 소통의 끈이며 떠나는 것과 돌아오는 것의 경계이기 때문일 것이다. 길에는 역사가 있고 그 역사에는 수많은 이야기가 담겨 있다. 지금도 누군가가 길을 걷는 순간 또 다른 이야기가 만들어진다.

문경읍에서 점촌으로 가는 길목에 진남교반이 있다. 진남교반은 다리 근처라는 뜻으로 총 4개의 길이 있다. 진남교반을 잘 보려면 고모산성에 올라야 한다. 고모산성 위에 오르면 진남교반의 시대를 반영하는 길들을 조망할 수 있다. 크게 가로지르는 신국도 3호선과 구국도 3호선이 보이고, 그 옆의 좁은 다리는 일제강점기 때 건설된 구 진남교이며 왼쪽에 있는 것이 문경선 철교다. 신국도 3호선은 영남대로 옛길인 토끼비리길이 있는 병풍바위를 관통하는데 산허리를 잘라 건설된 것이 아쉽다. 고모산성은 2세기 말 축조된 것으로 추정되며 삼국시대 때 삼국이 팽팽히 맞서던 곳이었다. 고모산성은 석현성과 연결되어 있고 고모산성에 오르면 사방으로 탁 트인 풍경에 가슴이 시원해진다.

고모산성 아래에 있는 신현리고분군

진남교반에서 제일 아름다운 길은 토끼비리다. 석현성 진남문에서 오정산과 영강으로 이어지는 산 절벽에 아슬하게 걸려 있는 길로 약 600m쯤 된다. 토끼비리는 영남대로 옛길 중

∧ 고모산성에서 본 석현성은 서로 연결되어 있다
< 새로 복원된 고모산성

가장 험난한 길이고, 옛 모습이 가장 잘 남아 있는 길이다. '비리'는 벼랑의 사투리고, 토끼가 뛰어간 벼랑이 토끼비리다. 수많은 걸음에 닳아 반질거리는 바위에는 '천도(遷道)'라는 글자가 음각되어 있다. 천도란 하천변의 절벽을 파내고 건설한 길을 뜻한다.

고모산성은 새가 날개를 펼친 형태의 익성으로 남쪽으로부터 침투하는 적을 차단하기 위해 축조했다. 임진왜란 중인 1596년에 축조했다는 기록이 남아 있다.

고모산성 옆에 있는 석현성 안에는 오래된 서낭당이 있고 경북 예천의 삼강주막과 문경 영순의 달지주막도 재현해 놓았다. 고모산성 앞 탐방로를 따라가면 6세기 무렵에 축조된 신현리 고분이 있다.

진남교반은 1933년 대구일보에서 주최한 경북 8경에 1위로 선정되었다. 당시와는 많이 달라졌을 진남교반이다. 진남휴게소 옆 폭포 위에는 '경북팔경지일(慶北八景之一)'이라 새겨진 석비가 세워져 있다. 모든 길에는 이야기가 담겨 있다. 그 이야기에 따라 길이 아름다울 수 있고 명승이 될 수도 있다.

경상도

추천여행지

문경새재

문경새재는 조선시대 영남지역에서 한양으로 향하는 중요한 관문이었다. 과거 영남대로의 중요한 교통로였고 전략적 요충지였다. 또 선비들이 과거시험을 보기 위해 반드시 거쳐야 했던 길이다. 조선 후기 한글 비석인 산불됴심비와 조령원터, 교구정터 등이 남아 있고 제1관문인 주흘관에서 제3관문인 조령관까지의 6.5km 길은 걷기에 좋다.
문경새재도립공원 saejae.gbmg.go.kr

1박 2일 추천코스

1일 문경새재박물관 → KBS촬영장 → 문경새재트레킹(1관문~3관문) → 문경온천

2일 고모산성 → 진남교반 → 불정자연휴양림 짚라인 → 가은역

★ 여행정보
진남휴게소 경상북도 문경시 마성면 문경대로 1356(신현리 132-10)
마성면사무소 054-550-8733~7
문경시문화관광 tour.gbmg.go.kr

★ 친절한 여행 팁
① 고모산성 일대와 토끼비리길은 봄이면 진달래와 철쭉이 많은 양은 아니지만 숲을 채운다. 가을에는 진남교반 일대가 단풍으로 물든다. 진남교반을 기념 촬영한다면 강과 철길, 구도로, 신도로 등이 모두 드러나게 촬영하는 것이 중요하다.
② 진남문으로 들어가면 문경의 마지막 주막인 영순주막과 예천의 삼강주막을 복원한 주막거리를 만난다. 조금 더 들어가면 성황당이 보이고, 왼쪽으로 난 길을 따라가면 고모산성에 오를 수 있다.
③ 중부내륙고속도로를 타고 문경새재IC에서 상주·문경 방면 우측으로 진행한 후 3번 국도를 이용한다. 약 7km 지점에서 좌회전하면 진남휴게소다.

★ 이것만은 꼭!
문경 철로자전거는 국내 최초 철로자전거로, 자연스럽게 문경의 역사와 풍광을 만날 수 있는 교육적인 체험 프로그램이다. 진남교반 주변에 있어 경치가 좋고 운치가 있다. 진남역에서 출발해서 불정역을 돌아오는 왕복 4km 코스부터 불정역, 가은역에서 출발하는 코스까지 총 4개의 코스가 운영되고 있다.
문경관광진흥공단 054-553-3107~8,
www.mgtpcr.or.kr

★ 주변 맛집
새재할매집 : 문경에서만 생산되는 약돌(거정석)을 먹여 키운 돼지고기에 고추장 양념을 해 숯불에 구운 돼지양념석쇠구이 식당이다. 더덕구이정식과 묵조밥도 인기가 있다. 경상북도 문경시 문경읍 새재로 922(상초리 288-60), 054-571-5600
원조진남매운탕 : 메기매운탕, 경상북도 문경시 마성면 진남1길 210(신현리 128), 054-552-8888
소문난식당 : 묵조밥, 경상북도 문경시 문경읍 새재로 876(하초리 344-15), 054-572-2255

'천도'라는 글자가 새겨진 토끼비리길

돼지양념석쇠구이

044
경상남도 통영시 도남동
통영 미륵산

이곳에 오르면 통영이 보인다
이 땅에 미륵산이라는 지명은 여럿 있다. 통영 미륵산,
익산 미륵산, 원주 미륵산, 울릉도 미륵산 등이다.
미륵산 지명의 유래가 되는 미륵불은 구세주와 같다.
미륵산은 고통 받는 민중들의
희망의 신앙인 미륵에서 이름을 땄다.
지역은 달라도 곳곳에서 민중을 보듬고 있다.

통영의 새벽은 활력으로 넘친다. 강구안 항구로 쉴 새 없이 어선들이 드나들고 서호시장과 중앙시장은 흥정으로 떠들썩하다. 통영의 항구 주변은 소도시의 정겨움이 가득하다. 통영을 처음 찾는 사람들은 풍경에 반해 여행이 끝난 후에도 '통영앓이'를 한다.

통영은 볼거리가 많다. 일몰이 멋진 달아공원, 통영운하와 동양 최초의 해저터널, 한산도와 매물도, 욕지도, 연화도, 비진도 등 열거하기 힘들 정도의 섬들이 있다. 맛있는 먹거리도 많다. 통영의 대표 특산물인 굴과 멍게, 제철 회와 장어구이는 물론 충무김밥, 오미사꿀빵, 졸복국, 해물탕 등도 있다. 통영만의 독특한 술인 다찌는 통영에서 살고 싶을 만큼 매력적이다. 모두가 풍요로운 남해를 낀 덕분이다. 또 통영은 예향의 고장이다. 박경리 선생을 비롯해 윤이상, 김춘수, 유치환, 전혁림 등 많은 예술가들이 통영에 기대어 수많은 작품을 쏟아냈다.

이러한 통영을 한눈에 살필 수 있는 곳이 있다. 바로 미륵산이다. 미륵산은 해발 461m로 2008년 3월 한려수도조망케이블카가 설치되었다. 케이블카는 1,975m의 국내 최장 길이로 불과 10여 분만에 상부 역사에 닿는다. 상부 역사의 전망대에서 다도해를 조망하는 기분도 좋지만 15분 정도 발품을 팔아 정상에 올라야 한다. 정상에서 주변 섬들이 어깨를 나란히 하며 바다 위에 떠 있는 모습을 볼 수 있기 때문이다. 맑은 날에는 일본 대마도까지 보인다.

미륵산은 한국의 100대 명산 중 하나다. 용화사가 있어서 '용화산'이라고도 부른다. 미륵산에는 용화사 외에 관음암과 도솔암, 미래사가 있다. 미륵산은 울창한 숲과 계곡, 기암괴석과 편백나무 숲이 있어 웅장하지는 않지만 풍경이 뛰어나다. 약 250여 개의 섬을 품고 있는 통영의 섬을 다 둘러보기란 어려운 일이다. 그러나 미륵산에 오르면 다는 아니더라도 총총히 박혀 있는 통영의 섬들을 눈에 담을 수 있다. 통영 최고의 멋이 미륵산에 있다.

미륵산 정상으로 향하는 한려수도조망케이블카
정상에서 바라본 봉수대 쉼터와 관광객들, 정상에서 본 통영시내

경상도

추천여행지

달아공원

달아공원은 통영의 대표적인 일몰 촬영지다. 통영 앞바다 위에 떠 있는 한산, 욕지, 사량 등 다수의 섬들 사이로 해가 진다. '달아'란 명칭은 코끼리의 어금니와 닮았다 해서 붙은 이름이지만 달구경하기 좋은 곳이란 뜻도 있다. 달아공원에는 관해정이라는 정자가 동백나무 사이에 세워져 있으며 느긋하게 일몰을 보기에 좋다. 달아공원은 산양일주도로 중간에 있다.

1박2일 추천코스

1일 강구안 — 동피랑마을 — 통영문화기행 도보코스 — 달아공원

2일 미륵산조망케이블카 — 미륵산정상 — 통영옻칠미술관

미륵산 정상에서 본 산양읍 야솟골의 다랭이논

★**여행정보**
통영관광개발공사 경상남도 통영시 발개로 205(도남동 349-1), 055-649-3804~5(케이블카 문의), www.ttdc.kr
통영관광 www.utour.go.kr

★**친절한 여행 팁**
❶ 한산대첩전망대는 통영시내를 촬영하기에 좋다. 그 위의 신선대전망대는 섬들이 줄지어 서 있는 풍경을 만나게 된다. 통영상륙작전전망대를 지나면 미륵산 정상으로 사방이 탁 트여 섬의 장관을 볼 수 있다. 미륵산 정상은 산양읍과 모내기철 물이 가득한 곳에 햇빛이 반사되어 아름다운 풍경으로 이름난 야솟골을 만날 수 있다.
❷ 봄에 핀 매화와 진달래, 연둣빛 풍경이 아름답다. 가을에는 야솟골의 논과 미륵산의 단풍이 괜찮고 여름과 겨울은 푸른 풍경이 장관이다.
❸ 통영대전중부고속도로를 타고 북통영IC로 나와 통영시를 지나 충무교를 건너 봉평오거리에서 미륵산 용화사 방면으로 우회전, 도남관광지 방면으로 가다 왼편에 한려수도조망케이블카 승강장이 있다.

★**이것만은 꼭!**
미륵산에서 하산할 때 케이블카를 이용하지 않고 미륵을 기다리는 절이자 법정스님이 출가한 사찰인 미래사와 편백나무 숲을 둘러보자. 편백의 짙은 향을 맡으며 걷는 기분이 좋다. 또는 용화사와 도솔암을 둘러보고 하산하는 것도 괜찮다.

★**주변 맛집**
호동식당 : 작은 크기의 졸복으로 끓여낸 졸복국 전문 식당이다. 군더더기 없는 깔끔하고 시원한 맛을 자랑한다. 미나리와 콩나물 졸복이 어우러진 맛은 아침 해장용으로 그만이다. 경상남도 통영시 새터길 47(서호동 177-102), 055-645-3138
오미사꿀빵 : 꿀빵, 경상남도 통영시 충렬로 14-18(항남동 270-21), 055-645-3230
항남뚝배기 : 해물뚝배기, 경상남도 통영시 무전3길 32(무전동 1060-2), 055-643-4988

졸복국

045
경상남도 밀양시 부북면
위양지

하얀 쌀밥 수북이 쌓였네
봄이 오면 생기 어린 꽃들이 활짝 피어나고 솔솔
불어오는 바람을 따라 길을 나서고 싶어진다.
벚꽃과 개나리, 진달래의 향기를 듬뿍 맡으며
여유를 느끼고 싶다. 위양지는 빛으로 가득한
봄날의 산책지로 제격이다.

밀양의 한자를 풀어보면 빽빽할 '밀(密)'에 볕 '양(陽)'을 썼다. 즉 햇빛 가득한 고을이란 뜻이다. 밀양에서 빛으로 가득한 곳은 위양지다. '양양지'라고도 불리며 양민을 위한다는 뜻을 지녔다. 위양지는 축조 시기가 신라시대로 거슬러 오를 만큼 유서 깊다. 이후 임진왜란 당시 무너진 제방을 밀양도호부사 이유달이 1634년에 다시 축조한 것으로 전해진다.

위양지는 농사를 위한 수리 시설인 동시에 경승지 역할도 했다. 권력자들에 의한 경승지 기능은 저수지 가운데에 있는 완재정을 들 수 있다. 안동권씨 가문이 소유한 완재정은 맞춤형 풍경으로 자리하고 그 주변으로 이팝나무를 비롯한 왕버드나무 등이 무성하게 자라고 있다. 완재정의 역사는 100년 정도다. 지어진 지 이제 100년 남짓이지만, 이름이 지어지고 시로 읊어진 것은 500년이 넘었다.

위양지의 아름다움은 수줍은 여인의 머릿결을 늘어뜨린 것 같은 왕버드나무와 하얗게 피어난 이팝나무가 어우러진 풍경에 있다. 이팝나무는 '이밥나무'에서 유래했다. 이밥은 쌀밥을 뜻한다. 이팝나무는 고봉에 수북이 담긴 윤기 자르르 흐르는 쌀밥 같다. 또 입하 때 핀다고 해서 '입하나무'로 불리다 이팝나무로 변했다는 설도 있다. 사람들은 이팝나무에 꽃이 잘 피어나면 그해 풍년이 들고, 제대로 피어나지 않으면 흉년이 온다고 믿었다. 그러니까 위양지의 이팝나무는 풍년과 흉년을 미리 점검해 보는 기준인 셈이다.

위양지는 빛이 풍부한 오전에 사진작가들이 찾는다. 잔잔한 수면 위로 나무와 완재정이 비치는 풍경이 아름답다. 또 한갓지게 제방 길을 거닐며 산책을 해도 좋고 가만히 앉아 도란도란 이야기꽃을 피워도 좋을 곳이다.

위양지 서쪽에서 본 완재정과 옥교산

경상도

추천여행지

영남루

진주의 촉석루, 평양의 부벽루와 함께 우리나라 3대 누각으로 꼽힌다. 영남루는 낙동강의 지류인 밀양강변에 우뚝 서 있으며 능파당과 누각, 누각과 월랑으로 층층이 이어진 침류각이 조화롭게 어우러진 모습이 아름답다. 누각에는 목은 이색 등 당대의 명필가들의 글귀가 남아 있다. 영남루 앞에는 천진궁이 있고 아래에는 드라마 <아랑사또전>의 모티브가 된 아랑낭자의 아랑각이 있고 주변에 무봉사, 박시춘 생가, 밀양읍성이 있다.

1박2일 추천코스

1일 ○ 사명대사유적지 — ○ 표충비각 — ○ 영남루

2일 ○ 위양지 — ○ 표충사 — ○ 만어사

삼랑진읍에 있는 만어사의 만어석

★ 여행정보
위양지 경상남도 밀양시 부북면 위양리 294
밀양관광안내소 055-359-5582
밀양시문화관광 tour.miryang.go.kr

★ 친절한 여행 팁
❶ 매년 5월경 밀양아리랑축제가 열린다. 아랑규수선발대회를 비롯한 다양한 행사가 진행된다.
밀양아리랑대축제 055-353-3550, www.arirang.or.kr
❷ 위양지는 5월 중순 이후 연둣빛 새싹이 만발하는 나무와 이팝나무, 완재정이 어우러진 풍경이 아름답다. 시간 때는 이른 아침이 좋다. 바람이 불면 저수지의 반영도 흔들린다. 비가 많이 온 후에도 고인물의 탁도가 심해지고 잎이나 이팝나무 꽃이 떨어져 수면이 깨끗하지 않다.
❸ 밀양 시내에서 부북면 방향으로 가다 부북면사무소를 지나 춘화삼거리에서 우회전한다. 58번 국도를 타고 약 2.5km 가면 왼쪽에 위양지가 있다.
❹ 밀양시외버스터미널→위양버스정류장(농어촌버스 약 17분, 7km)→목적지(도보 약 7분, 0.5km)

★ 이것만은 꼭!
밀양은 풍경도 훌륭하지만 신비한 볼거리도 많은 곳이다. 산내면 남명리의 얼음골, 무안면 무안리의 땀 흘리는 표충비각과 함께 밀양의 3대 신비인 만어사를 찾아가 보자. 특히 만어사의 만어석은 특이한 비경으로 눈길을 사로잡는다.

★ 주변 맛집
동부식육식당 : 밀양에서 돼지국밥을 처음 만든 곳이다. 처음 장터에서 양산식당으로 출발해 3대째 이어져 내려왔다. 소뼈 육수에 암퇘지 수육이 들어간 돼지국밥은 담백하다. 경상남도 밀양시 무안면 무안중앙길 5(무안리 825-8), 055-352-0023
아줌마우동 : 우동 · 즉석떡볶이, 경상남도 밀양시 중앙로 289-24(삼문동 219-22), 055-354-7510
밀양콩나물해장국 : 콩나물해장국, 경상남도 밀양시 호수장 여관 옆, 055-356-3604

영남루 아래에 있는 아랑사당

돼지국밥

046
경상남도 창원시 의창구
주남저수지

깃털만의 세상

주남저수지에 가면 축제를 여는 수많은 새들의 날갯짓이 있다. 볼을 간질이는 바람이 불고 파란 하늘 아래 물억새가 손짓하는 곳, 서쪽으로 백월산과 구룡산이 감싸고 동쪽으로 아득한 평야가 펼쳐지는 주남저수지. 그곳에 서면 가슴을 녹이는 장관이 있다.

주남저수지는 철새들의 낙원이다. 10월 중순부터 쇠기러기와 큰기러기, 청둥오리, 재두루미, 노랑부리저어새가 날아들고 천연기념물인 큰고니가 주남저수지에서 따뜻한 겨울을 맞는다. 이맘때면 철새들의 아름다운 비행을 보려는 여행자들로 북적인다.

주남저수지는 용산저수지, 동판저수지, 산남저수지 3개의 저수지를 통틀어 일컫는다. 주남저수지는 철새들이 살아가는 데 중요한 환경을 갖추고 있다. 늪지와 갈대가 풍성하고 한겨울에도 얼지 않는다. 인근의 논과 밭에 있는 풍부한 먹이도 한몫한다.

주남저수지에는 람사르 문화관이 있다. 제10차 람사르 총회의 창원 개최를 기념하기 위해 만들어졌다. 람사르 협약은 습지와 습지에 서식하고 있는 다양한 생물을 보존하기 위해 1971년 2월 2일 이란의 람사르에서 채택한 국제환경협약이다. 우리나라는 1997년에 협약에 가입했다. 람사르 문화관 앞 제방 길은 가을이 되면 은빛 물억새의 향연이 펼쳐진다. 키가 1~5m 정도 되는 물억새는 10월이 되면 은빛 꽃을 피운다.

주남저수지의 아름다움은 낙조에 있다. 제방을 따라 곳곳에 낙조를 감상하기 위한 전망대가 세워져 있다. 해 질 녘이 되면 우아한 붉은 빛이 저수지에 드리우고 그 빛은 어미의 품처럼 부드럽고 따뜻하다. 반짝이는 수면 위로 작은 점처럼 보이는 새들이 자맥질을 하며 먹이를 먹는 모습도 볼 수 있다.

낙조대에서 제방을 따라가면 주남저수지가 얼마나 넓은지 알 수 있다. 한쪽은 새들의 안식처이고 한쪽은 너른 논이 펼쳐진다. 벼로 가득한 들판은 가을걷이가 한창이다. 주남저수지의 은빛 풍경과는 달리 들판은 황금빛으로 채워졌다. 겨울이 다가오면 이곳은 새들의 먹이 터가 된다.

주남저수지에서는 생태탐방코스로 돌아보는 것을 추천한다. 생태탐방코스는 거리에 따라 생태학습관에서 출발해 제방 → 전망대 → 연꽃단지를 둘러보는 0.8km 코스와 생태학습관에서 출발해 제방 → 전망대 → 철새촬영지 → 낙조대 → 주남돌다리 → 주남수문 → 연꽃단지를 둘러보는 4.1km 코스로 나뉜다. 이 외에 자전거, 마라톤 코스가 있어서 다양하게 주남저수지를 탐방할 수 있다.

주남저수지는 자연의 장엄함이 있다. 수많은 생명들의 삶을 목격할 수 있기 때문이다.

주남저수지 동쪽에 있는 동읍들의 황금 들판, 주남저수지생태학습관 앞에 있는 생태탐방로

경상도

추천여행지

주남돌다리

주남수문 근처에 주남돌다리가 있다. 동읍의 판신마을과 대산면 고등포마을의 경계에 있는 주천강에 놓여 있다. 주남돌다리는 강에 간격을 두고 돌을 쌓아 그 위에 평평한 돌을 얹어 놓은 형태다. 약 800여 년 전 마을주민들이 정병산 봉우리에서 길이 4m가 넘는 돌을 옮겨와 다리를 놓았다는 전설이 전해진다. 지금의 모습은 1996년에 복원한 것이다.

1박2일 추천코스

1일 ○ 주남저수지 — ○ 주남저수지생태학습관 — ○ 성주사 — ○ 진해 경화역

2일 ○ 팔용산 봉암수원지 — ○ 마산어시장 — ○ 마창대교

주남저수지의 람사르 문화관

★ 여행정보

주남저수지생태학습관 경상남도 창원시 의창구 동읍 주남로 101번길(월잠리 303-7), 055-225-3491, junam.changwon.go.kr

★ 친절한 여행 팁

❶ 주남저수지는 바람이 많이 불기 때문에 방한 점퍼를 준비하는 것이 좋고, 철새들의 모습을 관찰하기 위해서는 고배율 망원경이 필수다.

❷ 새들을 촬영한다면 70~200mm 렌즈로는 부족하다. 2배 컨버터를 사용하면 140~400mm로 확장돼 조금 더 크게 담을 수 있다.

❸ 남해고속도로를 타고 동창원IC에서 나와 의창대로를 타고 간다. 동읍삼거리에서 우회전한 후 동읍로를 따라 계속 직진한다. 창원다호리고분군을 지나 주남저수지 이정표를 보고 우회전해 주남로를 이어 달린 후 가월교를 건너 좌회전하면 주남저수지생태학습관이다.

★ 이것만은 꼭!

❶ 탐조나 새 사진 촬영에는 용산저수지가 좋고, 강둑이나 숲에 사는 겨울 철새를 관찰하기 위해서는 동판저수지나 산남저수지가 괜찮다.

❷ 주남저수지에 온 수많은 철새들과 만나고 싶다면, 11월에서 3월 초 사이에 주남저수지를 찾아보자. 이 중에서도 12월과 1월이 더욱 좋다.

★ 주변 맛집

주남오리궁: 청둥오리를 재료로 생바비큐와 오리탕을 전문으로 하는 식당이다. 식사는 점심때만 판매하는 물밀면과 비빔밀면, 콩국수가 있다. 경상남도 창원시 의창구 동읍 주남로 17번길 3-10(월잠리 497), 055-252-5292

자연농원: 오리탕, 경상남도 창원시 의창구 북면 천주로 201-12(지개리 676-3), 055-298-8856

혜훈가든: 향어회, 경상남도 창원시 의창구 동읍 주남로 105(월잠리 270), 055-253-7835

주남저수지의 겨울 일몰

047
경상남도 하동군 악양면
악양 평사리

섬진강과 무딤이들이 낳은 풍요
고개가 무거운 벼이삭이 물결을 이룬다.
긴 밤 서러워 울었는지 이슬 잔뜩 머금고
들판에서 햇살을 기다린다. 새떼들이 아침
만찬을 위해 새벽부터 울어댄다.
아침이 오면 햇살은 부부송(夫婦松)을
비추고 여행자의 뺨을 어루만진다.

대하소설 『토지』는 1969년부터 《현대 문학》에 첫 연재를 시작한 이래 25년 만인 1994년 8월 15일에 완성되었다. 『토지』는 지주였던 최치수 일가와 그들을 둘러싼 7백여 명에 달하는 인물들의 다양하고도 끈질긴 생애를 그렸다. 『토지』의 배경이 됐던 악양은 민족의 영산 지리산의 남쪽 능선 끝의 형제봉 아래 위치한 평야지대다. 동쪽으로는 칠성봉, 구제봉이 둘러쳐져 있고 남쪽으로는 섬진강의 은빛 물결이 흐른다. 정확하게는 악양면 평사리 일대고 옛날 이름은 '무덤이들'이었다. 물이 많다고 해서 붙은 이름이다. 그 들판 한가운데에는 '부부송'이라고 불리는 소나무 두 그루가 사이좋게 서 있다. 사람들은 부부송을 두고 서희와 길상나무라고도 부른다. 『토지』를 이끌었던 두 주인공을 두 나무에 투영한 것이다.

악양 들판은 한눈에 봐도 규모가 크다. 만석지기 최참판의 들이라 할 만하다. 가을 벼가 누렇게 익을 때면 새삼 하늘이 내린 풍요에 대해 생각하게 된다. 이 풍요는 전북 진안에서 발원한 섬진강 덕이다. 섬진강은 3개 도 12개 군을 거쳐 5백 리를 내려와 남해로 흘러드는데, 악양면 평사리는 그 줄기에 있다. 오늘날의 너른 들판은 일제강점기 시절 둑을 쌓으면서 만들어졌다. 그 이전은 모래톱으로 뒤덮인 척박한 환경에 논과 밭이 전부였다. 이 풍경을 본 당의 소정방은 중국의 지명인 '악양'과 닮았다 하여 악양이라 이름 지었다. 악양 평사리 강변의 모래는 금당이라 하고 모래톱 안에 있는 호수를 동정호라 불렀다.

계획적으로 잘 그어진 농로가 거미줄처럼 쳐져 있는 들판은 노랗게 익은 벼가 가득하다. 벼는 고개를 숙이고 바람에 이리저리 흔들린다. 만삭의 벼는 악양 사람들의 마음을 든든하게 해줄 터이다. 소설 『토지』는 동학혁명에서 근대사까지 다룬 우리 민족의 대서사시다. 평사리 상평마을에 들어서면 최참판댁이 있다. 드라마 <토지>의 촬영 세트장이다. 최참판댁 앞마당에서 평사리 일대를 바라본다. 최참판댁은 들판을 바라보는 좋은 뷰포인트이기도 하다. 지리산 자락을 둘러싸고 멀리 섬진강이 햇살에 반짝인다. 박경리 선생은 화개의 친척집에 방문했다가 악양 들판을 접하고 토지의 무대로 삼았다. 박경리 선생의 공간을 보는 탁월한 안목에 감탄하며 무르익는 가을을 만끽한다.

∧ 신라시대 산성인 고소성에서 본 악양들판과 섬진강
> 드라마 <토지> 촬영지인 최참판댁

경상도

추천여행지

광양 매화마을
매화마을은 봄이면 마을과 산자락에 심어진 매화나무에 핀 꽃으로 장관을 이룬다. 아직 봄의 기운이 느껴지지 않을 시기에 하얀 꽃 세상이 된다. 매화꽃이 지고 6~9월이 오면 매실을 수확한다. 매화마을에서 가장 유명한 곳은 청매실 농원이다. 마당 한가득 장독대가 있고 산책로를 따라 이동하면 영화 세트장이 있다. 꽃향기 맡으며 산책하기 좋다. maehwa.invil.org

1박2일 추천코스

1일 쌍계사 — 불일폭포 — 하동차문화센터 — 화개장터

2일 최참판댁 — 고소성 — 악양평사리

튤립 가득한 동정호

★ 여행정보
최참판댁 경상남도 하동군 악양면 평사리길 76-23(평사리 497)
악양종합관광안내소 055-880-2950
하동투어 tour.hadong.go.kr

★ 친절한 여행 팁
❶ 평지에서 바라보는 부부송은 최참판댁 주차장으로 가기 전 논길로 들어서 섬진강변을 향해 촬영하거나 동정호에서 들판 안으로 들어가면 지리산 자락을 배경으로 촬영할 수 있다.

❷ 하동 악양은 슬로시티다. 슬로시티에는 토지 길이 나 있어 즐겁다. 평사리공원에서 출발, 부부송→최참판댁→입석마을→조씨고가→취간림→악양천제방→평사리공원으로 회귀하는 13km의 4시간 소요 코스다. 평사리의 들판을 마음에 담으며 걷는 길이다.
하동슬로시티 www.slowcityhadong.or.kr

❸ 순천완주고속도로를 타고 구례, 화엄사IC로 나와 용방교차로에서 우회전 후 직진한 다음 냉천교차로에서 하동 방향으로 좌회전하고 토지면을 지나 섬진강변을 따라 직진, 화개를 지나 평사리삼거리에서 악양 방면으로 좌회전하면 최참판댁이다.

★ 이것만은 꼭!
❶ 형제봉 중턱에 위치한 고소성은 신라시대 때 축성한 것으로 섬진강 뷰포인트다. 평사리 문학관과 함께 꼭 둘러보기를 추천하며 평사리공원은 섬진강을 곁에 두고 캠핑하기 좋은 곳이다.

❷ 평사리 들판의 부부송은 아침 일찍 찾는 것이 좋겠다. 지리산 능선을 넘어온 햇살이 들판을 비추는 모습이 아름답기 때문이다.

★ 주변 맛집
평산각 : 재첩국으로 유명하다. 부추를 넣어 재첩에 부족한 영양을 보강했다. 재첩회덮밥을 주문하면 재첩국이 곁들여 나오기 때문에 회덮밥을 주문하는 것이 좋겠다. 경상남도 하동군 하동읍 섬진강대로 2638(화심리 1398-3), 055-884-6262
아씨국수 : 물국수·비빔국수, 경상남도 하동군 악양면 평사리길 28(평사리 415-15), 010-2933-5091
동백식당 : 참게탕, 경상남도 하동군 화개로 17(화개면 탑리 669-3), 055-883-2439

한산사 전망대에서 본 악양들판

재첩국

048
경상남도 남해군 삼동면
물건 방조어부림

나무와 바다와 사람이 어우러지는 곳
숲에는 어머니가 있다. 나무와 나무 사이를 돌아
풀 섶을 어르고 꽃에 바람을, 땅에 습기를,
숲에 햇살을 불어 넣어준다. 이렇게 생명이 넘치는
숲에 사람이 들어서면 어머니는 온기로 감싸준다.

나란히 앉아 있는 할머니들의 파마머리 같은 몽실몽실한 숲이 있다. 사람들은 이 숲을 '방조어유림' 또는 '물건 방조어부림'이라 부른다. 숲의 앞은 바다이고 뒤는 마을과 논밭이 펼쳐져 있다. 숲은 세찬 바닷바람과 해일로부터 마을과 농작물들을 보호하기 위해 조성됐다. 지금으로부터 370년 전 전주이씨 후손들이 정착하며 나무를 심어 가꿨다. 숲은 길이 약 1,500m, 폭 30m로 낙엽활엽수, 상록수, 덩굴식물 등이 자란다.

인공적인 숲이지만 바다의 물고기 떼를 유인하는 어부림의 구실도 한다. 나무가 물고기를 유인하는 것이 쉽게 이해되지는 않는다. 숲의 나뭇가지가 해안가로 뻗어 그늘을 만들면 그늘이 물고기가 서식하기 좋은 환경을 만들어줘 물고기를 불러 모으는 것이다. 마을사람들은 그물을 쳐 물고기를 잡는다. 숲과 사람이 합작한 전통어업방식이다.

하지만 숲과 바다 사이에 제방이 생기면서 제 구실을 잃었다. 더 이상 푸른 숲을 따라 물고기가 모이는 일은 없어졌다. 푸른 숲은 사람들만이 가끔 휴식을 취하며 산책하는 곳이 되었다.

숲 안에는 당산목이 있다. 원래 숲에서 가장 큰 이팝나무가 당산목 역할을 했는데 이팝나무가 죽자 옆에 있던 팽나무가 당산목이 되었다. 약 200년 전 숲의 일부를 벌채한 다음 폭풍우를 만나 엄청난 피해를 입었다. 그 뒤로 마을사람들은 숲의 중요성을 깨닫고 지금까지 잘 보호하고 있다. 매년 당산목에 제를 지내며 마을의 안녕을 빌고 있다. 물건 방조어부림과 쉼터에 주술적인 의미까지 더해진 것이다.

숲은 아늑하다. 철썩이는 파도소리가 숲에는 들리지 않는다. 오직 나뭇잎이 바람에 스치는 소리가 숲에 있을 뿐이다. 높다란 나무가 하늘의 햇살을 먹으며 살고 땅에 붙은 꽃들은 그 빈틈에서 햇살을 받으며 살아간다. 사람들은 숲의 정기를 먹으며 살아간다.

산책하는 즐거움이 있는 물건 방조어부림
남송가족관광호텔 앞에서 본 물건 방조어부림, 물건 방조어부림을 가득 채운 들꽃

경상도

추천여행지

금산 보리암

우리나라 3대 기도처의 하나로 이성계는 이곳에서 백일기도를 하고 조선 왕이 되었다. 보리암은 금산의 온갖 기암과 푸른 남해의 풍경을 한눈에 볼 수 있는 절이다. 금산의 화엄봉에 오르면 남해와 금산에 걸친 보리암을 담을 수 있다.

1박2일 추천코스

1일
이충무공전몰유허지 — 다랭이마을 — 보리암

2일
물건방조어부림 — 원예예술촌 — 지족면 죽방렴 — 창선삼천포대교

★ 여행정보
물건방조어부림 경상남도 남해군 삼동면 동부대로 1030번길 59(물건리 39-3)
남해군청문화관광과 055-860-8605
남해군청문화관광 tour.namhae.go.kr

★ 친절한 여행 팁
❶ 남해바래길 5코스인 화전별곡길의 마지막은 물건 방조어부림이다. 천하마을에서 출발해 내산편백숲→편백휴양림→바람흔적미술관→화천길→원예예술촌→독일인마을을 거치는 총 17km 6시간 걸리는 코스다.
남해바래길 www.baraeroad.or.kr
❷ 물건 방조어부림은 봄과 여름, 가을이 괜찮다. 숲에 햇살이 들어오는 날씨라면 오전 10시경과 오후 4시경이 제일 좋고 구름이 잔뜩 긴 날씨나 비가 오는 날씨도 운치 있다.
❸ 남해고속도로를 타고 하동IC로 나와 19번 국도를 타고 남해대교를 건넌다. 남해읍을 지나 이동면 무림삼거리에서 좌회전 후 삼동면 지족삼거리에서 우회전해 직진한다. 독일인마을 앞 어부림횟집을 지나 물건리 방향으로 좌회전해 가면 물건 방조어부림이다.

★ 이것만은 꼭!
물건리에서 창선도로 넘어가면 지족리에 닿는다. 지족리 앞 지족해협은 거센 물살이 지나는 좁은 물목으로 멸치를 잡는 고기잡이 시설인 죽방렴이 있다. 원시어업의 형태로 남해에서 꼭 봐야 하는 풍경이다. 명승 제71호다.

★ 주변 맛집
평산횟집 : 자연산 생선회와 매운탕 그리고 직접 담근 젓갈의 맛이 깔끔하고 괜찮다. 특히 식사 메뉴인 전복죽은 담백하고 고소하며 부드러운 전복 맛이 일품이다. 경상남도 남해군 남면 남로 1739번길 55(평산리 1783-3), 055-863-1047
우리식당 멸치쌈밥, 경상남도 남해군 삼동면 대로 1876번길 7(지족리 288-7), 055-867-0074
시골할매막걸리 : 유자잎막걸리·해물파전, 경상남도 남해군 남면 남로 679번길 31-8(홍현리) 856 가천 다랭이마을), 055-862-8381

지족해협의 원시적 멸치잡이인 죽방렴

전복죽

049
경상북도 영덕군
지품면 복사꽃

봄날 마음을 달뜨게 하는 복사꽃
봄이 흐르면 오십천변 복사꽃도 흐른다.
푸른 물결이 굽이치면 연분홍 꽃잎도
울렁울렁 굽이친다. 마음이 요동친다.
몸이 달궈진다. 사랑의 묘약처럼 뜨거워진다.
봄날의 복사꽃은 그렇다.

4세기 무렵 중국의 무릉이라는 지역의 어부가 물고기를 잡기 위해 강을 따라 계곡 깊숙이 들어갔다. 너무 깊숙이 들어가는 바람에 길을 잃어버렸다. 헤매다가 정신을 차리고 보니 물가를 따라 나무들이, 꽃들이 만발해 있었다. 나무는 모두 복숭아나무였다. 달콤한 향이 계곡을 채우고 복숭아 꽃잎은 눈처럼 바람을 타고 날아가고 있었다. 이 이야기는 중국의 시인 도연명이 쓴 『도원화기』의 도입부다. 중국 낙원 사상의 진수인 무릉도원에 관한 이야기다. 복숭아는 선계의 과일로 무병장수를 나타내고 복숭아나무는 귀신을 물리치는 힘을 가지고 있다고 믿었다. 여기에 건강하고 평안하게 살고 싶은 사람들의 속내가 담겨 있다.

우리나라에도 물가의 복숭아꽃이 흩날리는 풍경을 만날 수 있는 곳이 있다. 영덕 지품면 일대의 오십천변이다. 오십천과 인접한 마을과 산, 들녘에는 복숭아꽃이 만발해 있다. 흡사 도연명이 그리던 무릉도원의 도입부와 비슷하다.

향과 꽃이 만발한 지품면 일대의 원래 모습은 무릉도원이 아니었다. 1959년 전국을 강타한 태풍 '사라'의 영향으로 영덕의 논밭은 쑥대밭이 됐었다. 고민 끝에 복숭아나무를 심었고 지품면 사람들은 열심히 가꿨다. 이제는 복사꽃 필 무렵이면 상춘객들이 지품면 일대를 찾는다. 4월이면 전국의 복숭아산지는 꽃 잔치가 열린다. 그중에서도 지품면은 풍광만으로 단연 으뜸이다.

지품면 삼화리 일대는 구불구불 산자락을 따라 화려한 복사꽃이 수를 놓는다. 복사꽃을 보며 산책하는 기분이 좋다. 문득 시인 이생진의 「홀랑 벗은 복사꽃」이라는 시가 떠오른다.

임자 없는 복사꽃 상사병에 걸려
눈부신 햇살에 뒤틀리고 있다
모두 홀랑 벗었다
복사꽃 피는 날

이생진의 시처럼 복사꽃은 마음을 달뜨게 만든다. 봄날에 맞는 복사꽃은 미모의 여인처럼 치명적인 매력이 있다.

짙은 분홍색이 매혹적인 복사꽃, 파란 하늘과 복사꽃의 대비가 매력적이다, 복사꽃이 장관인 지품면 언덕

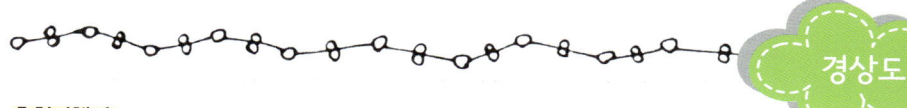

경상도

추천여행지

풍력발전단지

영덕읍 창포리에 위치한 해맞이공원의 창포말등대는 영덕의 랜드마크다. 해맞이공원 위쪽 언덕에 조성된 풍력발전단지는 동해를 배경으로 풍력발전기가 바람개비처럼 돌아가는 풍경이 아름다운 곳이다. 사시사철 사진 촬영하기 좋은 곳으로 이곳에서 맞이하는 일출이나 일몰이 근사하다.

1박2일 추천코스

1일 괴시리전통마을 — 축산항 — 영덕블루로드(축산항~차유마을)

2일 영덕해맞이공원 — 영덕풍력발전단지 — 강구항 — 지품면복사꽃단지

★ 여행정보
삼화1리마을회관 경상북도 영덕군 지품면 삼화리 60
영덕군문화관광과 054-734-2121
지품면사무소 054-730-7502
영덕관광 tour.yd.go.kr

★ 친절한 여행 팁
❶ 복숭아꽃은 다른 봄꽃들보다 개화 시기가 짧고 빨리 진다. 일주일 남짓한 절정기를 즐기려면 정확한 개화기를 체크하고 가야 한다. 대체로 4월 중순이 피크다. 지품면사무소나 복사꽃마을에 문의한 후 가는 것이 좋겠다.
❷ 영덕 블루로드의 영덕 구간 중 '푸른 대게의 길' 코스가 인기 있다. 축산도에서 경정리를 지나 석리마을까지 가는 동해의 푸른 바다를 옆에 끼고 바람을 가르며 가는 길이다.
❸ 중앙고속도로를 이용 서안동IC에서 빠져나와 안동 방면 34번 국도를 타고 안동, 진보, 황장재 고개를 지나면 지품면에 들어선다. 용수교를 지나면 바로 삼화리마을이다.

★ 이것만은 꼭!
❶ 식물은 꽃을 피운 후 열매를 맺는다. 지품면 일대의 복사꽃은 모두 과수용으로 키우는 것이기 때문에 꽃을 따거나 가지를 꺾는 행위를 하면 안 된다.
❷ 영덕에서 오십천변을 따라 번져 오는 복사꽃은 지품면 삼화리 언덕에서 절정을 이룬다. 삼화리 언덕은 완만한 구릉 사이로 난 흙길을 따라 복사꽃 밭이 한눈에 들어오는 곳이다.

★ 주변 맛집
경정횟집 : 제철 회를 잘게 썰어 시원한 살얼음 육수와 매콤한 소스를 넣어 먹는 물회가 인기다. 소면과 공깃밥과 함께 나오며 반찬도 정갈하다. 경상북도 영덕군 축산면 영덕대게로 1759-1(경정리 297), 054-734-1768
정직한바다횟집 : 영덕대게 · 자연산 회, 경상북도 영덕군 병곡면 병곡1길 88(병곡45), 054-733-2037
죽도산 : 영덕대게, 경상북도 영덕군 강구면 강구대게길 47-1(강구리 545), 054-733-4148

인기 있는 트레일인 영덕 블루로드

물회

050
울산시 동구 방어동
슬도 등대

이제 더 이상 외롭지 않은 등대
방어진항 남쪽으로 작은 섬이 있다.
섬을 이루는 바위에는 구멍이 송송 나 있다.
이를 두고 곰보섬이라고 부르기도 한다.
송송 나 있는 구멍으로 바닷물이 드나든다.
하나의 구멍이 하나의 음으로 바뀌며 소리를 낸다.
사람들은 그 소리가 거문고를 타는 소리라고 했다.

처음 슬도를 찾은 것은 2008년 초여름이었다. 슬도로 향하는 길에서 만난 동네 주민은 "뭐 볼게 있다고 아침부터 찾아 쌌노."라며 말을 건넸다. 당시에는 그저 외로이 등대 하나 있는 무인도였다. 방파제를 건너면 몇몇 낚시꾼들만 지키던 섬이었다.

다시 슬도를 찾았을 때는 많은 것이 변해 있었다. 슬도와 방어진을 연결하던 방파제는 새로이 단장되어 있었고, 11m 높이에 새끼 고래를 업은 어미 고래조형물이 들어서 있었다. 슬도 주변도 깨끗하게 정리되어 있었다. 방파제 초입의 어수선하던 공간은 주차장으로 바뀌었다.

무엇보다 크게 바뀐 것은 '슬도명파(瑟島鳴波)'가 쓰인 노래비다. 슬도는 거문고 '슬(瑟)' 자와 섬 '도(島)' 자를 따서 슬도라 부른다. 구멍이 송송 나 있는 바위에 바닷물이 드나들면서 거문고 소리를 낸다고 해 슬도명파라 불렀다. 노래비에 '슬도의 노래'라는 거문고로 연주한 국악 곡도 만들고 감지센서로 거문고 연주가 들리게 했다. 사실 가만히 앉아 바위에 귀를 기울여도 거문고 소리는 들리지 않는다. 다만 기억나는 것은 학창시절 자주 불렀던 가수 김원중이 불렀던 「바위섬」의 노랫말 배경이 슬도라는 것. 광주민주화운동 당시 광주를 외부와 단절된 고립무원의 바위섬으로 비유했던 노래다. 슬도는 이제 더 이상 외롭지 않은 곳이 됐다. 많은 사람들이 슬도를 찾아 파도 소리를 들으며 마음 편히 쉬는 곳이 되었다.

슬도에서 나와 방어진으로 향한다. 방어진항은 방어가 많이 나는 곳이라 해서 방어진이라는 이름이 붙었다. 방어진항 앞바다는 오래전부터 황금어장이었다. 일제강점기 시절 어업의 근거지로 흥하던 곳이었다. 지금도 곳곳에 당시의 흔적을 만날 수 있다. 근처 방어진초등학교는 100년의 역사를 자랑한다. 학교에서 만난 지현이는 "할머니도, 엄마, 아빠도, 다 방어진초등학교를 나왔어요." 참 재미있다. 가족은 물론 친척 모두가 동문이고 동창이다. 방어진초등학교는 옛 정취는 남아 있지 않지만 명맥은 시간을 타고 이어지고 있다.

∧ 슬도 방파제에서 낚시를 즐기는 가족
< 슬도의 특징 중 하나인 곰보바위
  백 년 된 방어진초등학교와 아이들

경상도

추천여행지

간절곶

정동진, 호미곶과 함께 동해안 최고의 일출 여행지로 꼽히는 간절곶은 동해안에서 가장 먼저 해가 뜨는 곳이다. 정동진보다는 5분 먼저, 호미곶보다는 1분 먼저 일출의 장관이 연출된다. 고기잡이 나간 어부들이 먼 바다에서 이곳을 바라보면 긴 간짓대처럼 보인다 해서 간절곶이란 이름이 붙었다.

1박2일 추천코스

1일: 태화강공원 십리대밭 → 강동하암주상절리 → 주전해변 → 무룡산 야경

2일: 대왕암 → 방어진항 → 슬도등대 → 장생포고래박물관 → 처용암 → 개운포성지

★여행정보

방어진슬도공원 울산시 동구 방어동 산 5-3
울산종합관광안내소
052-229-6350, 052-258-8830
울산동구문화관광
donggu.ulsan.kr/kor/donggu_tour

★친절한 여행 팁

❶ 해는 입구에서 봤을 때 등대 왼쪽인 동해에서 떠오르고, 그 반대편인 방어동 방향으로 진다. 계절은 어느 때도 상관없이 찾아도 된다.

❷ 방어진항의 전체 풍경은 방파제 쪽에서 항구를 봐야 한다. 방어진항은 골목과 어촌을 둘러보는 재미가 있다. 방어진초등학교를 비롯해 골목 구석구석을 구경해보자.

❸ 경부고속도로 언양JC를 빠져나와 울산고속도로를 이용, 울산IC로 나온다. 신복로타리에서 좌회전, 삼호교를 건너 다운사거리에서 종합운동장 방향으로 우회전한 후 태화강을 따라 계속 간다. 현대중공업을 지나 문재사거리에서 꽃바위 방향으로 우회해 들어가면 방어진항이고 더 들어가면 방어진슬도공원이다.

★이것만은 꼭!

슬도에서 방어진순환도로로 나와 오른쪽으로 1km쯤 가면 대왕암공원이 있다. 신라 문무대왕비의 전설이 깃든 대왕암은 기암괴석과 동해가 어우러진 비경을 간직하고 있다. 대왕암 주변의 울기등대는 1906년에 만들어진 우리나라 등대 가운데 두 번째로 오래된 것이다.

★주변 맛집

언양진미불고기 : 떡갈비식 언양 불고기집이다. 다진 고기를 두툼하게 반대떡처럼 만들어 석쇠에 구워 나온다. 양념석쇠불고기라는 이름으로 나오며 생고기즉석양념구이도 있다. 울산시 울주군 삼남면 중평로 33(교동리 1597-7), 052-262-1375

떡바우횟집 : 멍게비빔밥, 울산시 울주군 서생면 간절곶해안길 43(대송리 416-1), 052-238-3136

방어가 많이 잡혀 이름 붙여진 방어진항

051
경상북도 안동시 하회마을
하회
별신굿탈놀이

걸지게 한판 놀아보세

하회별신굿탈놀이는 굿이고 축제이며 예술이다.
풍년과 마을의 안녕을 기원하는 주술적인
행위이면서 공연자와 관객이 함께 어우러지는
놀이이기도 하다. 또 탈이라는 가면을 통한 공연은
대사와 춤과 노래가 이어지는 점에서 극적이다.

안동 하회탈(국보 제121호)은 우리나라에서 가장 오래된 탈이다. 12세기 중엽에 제작된 것으로 추정된다. 보통의 우리나라 탈이 종이로 만든 것에 비해 하회탈은 오리나무를 재료로 썼기 때문에 지금까지 별 탈 없이 보존되어 왔다. 하회탈은 처음 14개가 있었으나 총각, 별채, 떡달이를 제외한 주지(2), 각시, 중, 양반, 선비, 초랭이, 이매, 부네, 백정, 할미 11종만이 남았다. 하회탈은 허도령이 만들었다는 전설이 전해진다. 하회탈은 변화무쌍한 탈이다. 고정된 표정의 탈이면서 움직임과 보는 사람의 방향에 따라 표정이 바뀐다. 탈 속에 희로애락이 스며들어 있다.

"아따, 이 양반들아 공자도 자식을 놓고 살았어."
"자식을 볼라 카먼 양기가 있어야 하고 양기가 쎌라면 이 소 불알을 먹어야지."
하회별신굿탈놀이의 백정마당에서 소를 잡은 백정이 우랑(소 불알)을 들고 관객들에게 하는 대사 중 일부다. 이는 겉과 속이 다른 유교사회와 양반들의 위선을 향한 신랄한 비판을 백정을 통해 보여주는 한 장면이다. 공연 시작부터 마지막까지 시종일관 눈을 뗄 수 없을 만큼 매력적인 공연이 하회별신굿탈놀이다.
하회별신굿탈놀이 놀이마당은 총 8마당으로 구성되어 있다. 무동마당, 주지마당, 백정마당, 할미마당, 파계승마당, 양반선비마당, 혼례마당, 신방마당이다. 흥겨운 놀이마당에서 단연 눈길을 끄는 역할은 이매다. 이매탈은 바보탈 또는 병신탈로도 불리며 양반의 바보 하인을 연기한다. 파계승마당과 양반선비마당에 등장하고 요즘의 공연에서는 축제를 리드하는 역할을 하기도 한다. 악의 없는 표정과 느리고 우스꽝스러운 말투, 절름거리는 다리와 굽은 팔 덕분에 행동은 부자연스럽다. 얼굴은 숙이면 어둡고, 젖히면 밝게 웃는 모습이지만 턱이 없어 더욱 희극적이다. 마치 조선시대의 힘없는 백성의 모습을 보는 것 같다.
하회별신굿탈놀이에는 강력한 신분사회에서 세상과 양반들을 향해 행하는 거침없는 풍자가 담겨 있다. 백성들의 놀이이

관객에게 우랑을 파는 이매

지만 그 이면에는 백성들의 억눌린 감정을 해소해준 양반들의 묵인과 지원이 있었다. 이는 계층 간의 갈등을 풀어주고 조화를 이루고자 하는 의도가 담겨 있다.

하회별신굿탈놀이가 있는 하회마을은 풍산류씨가 600여 년간 대대로 살아온 집성촌이다. 조선시대 유학자인 겸암 류운룡과 서애 류성룡 형제가 태어난 곳이기도 하다. 하회마을을 조망하려면 강 건너에 있는 부용대로 가야 한다. 마을 송림 앞의 나룻배를 이용해 건너가 화천서원 뒷길로 오를 수 있다. 부용대에 서면 S자 물길이 고요히 흐르는 하회마을 풍경이 운치 있다. 유교적 전통이 강하게 남아 있는 하회마을에는 서민이 즐겼던 하회별신굿탈놀이와 양반들이 즐겼던 선유줄불놀이가 지금까지 전해온다.

하회별신굿탈놀이가 재미있는 이유는 공연자들의 사투리 섞인 즉흥적인 대사들과 당시 사회상을 반영하는 탈의 캐릭터, 흥겨운 풍물가락, 그리고 관객과 함께 어우러지는 호흡 때문이다. 마지막에 모두가 함께 참여하는 대동놀이는 하회별신굿탈놀이를 흥겨운 축제로 만든다.

대동놀이에 흥겨워 하는 외국인들, 하회마을의 가훈 써주는 체험
하회별신굿탈놀이의 공연 초반, 부용대에서 바라본 하회마을

경상도

추천여행지

병산서원
안동시 풍산면 병산리에 위치한 병산서원은 뒤로 화산과 앞의 낙동강의 빼어난 풍광 사이에서 자연스럽게 배치된 곳이다. 병산서원의 대표적인 건물로 만대루가 있다. 정면 7칸의 기둥 사이로 보이는 낙동강과 병산의 풍경은 아름다운 병풍처럼 보인다. 여름철 만대루에서 보는 백일홍이 만발한 복례문의 풍경도 멋지다. www.byeongsan.net

1박2일 추천코스

1일 안동하회마을 → 부용대 → 병산서원

2일 이촌동석불입상 → 봉정사 → 도산서원 → 퇴계종택

하회세계 탈박물관은 볼 것이 많다

★ **여행정보**
안동하회마을 경상북도 안동시 풍천면 하회종가길 40(하회리 749-1), www.hahoe.or.kr
하회마을관광안내소 054-852-3588
하회별신굿탈놀이보존회
www.hahoemask.co.kr

★ **이것만은 꼭!**
하회마을과 주변에는 서애 류성룡의 종택인 충효당을 비롯해 겸암정사, 옥연정사, 병산서원 등 고택과 서원이 많다. 전통 한옥의 아름다움을 조금씩 다른 공간 속에서 만나게 된다.

★ **주변 맛집**
솔밭식당 : 안동 하회장터에 위치한 식당이다. 적당하게 간이 잘 배어 있는 숯불구이 간고등어정식과 찜닭이 유명하다. 경상북도 안동시 풍천면 하회강변길 55(하회리 698), 054-853-0660
까치구멍집 : 헛제삿밥, 경상북도 안동시 석주로 203(상아동 513-1), 054-855-1056
신세계찜닭 : 안동찜닭, 경상북도 안동시 변영길 10(남문동 178-8), 054-859-5484

★ **친절한 여행 팁**
❶ 하회세계탈박물관에도 들러보자. 하회탈을 비롯해 세계의 다양한 탈들이 전시되어 있다.
하회세계탈박물관 054-853-2288, www.mask.kr
❷ 하회별신굿탈놀이의 상설공연은 하회마을 탈춤공연장에서 1월부터 2월까지는 매주 토·일요일 14:00~15:00까지 공연하며, 3월부터 12월까지 매주 수·금·토·일요일 14:00~15:00까지 공연된다. 관람료는 무료다.
❸ 중앙고속도로 서안동IC에서 나와 경서로를 따라 경북북부청사를 지나 안교사거리에서 '지보, 하회마을, 병산서원' 방면으로 좌회전한다. 지풍로를 따라가다 하회삼거리에서 '하회마을, 병산서원' 방면으로 좌회전해 들어가면 된다.

헛제삿밥

간고등어

052
경상남도 함양군 함양읍
함양 상림

함양사람들이 부럽다
숲은 늘 움직인다. 환경에 맞추어 살아남으려는
숲속 생명들의 몸부림이 숲에 있다. 때로는
앉아서 때로는 머리를 들어 숲을 바라본다. 사람을
위해 만들어진 숲은 사람에 의해 상처를 받았다.
살아남은 숲은 지금 사람들을 위로한다.

∧ 상림의 단풍은 그 어느 숲보다 곱다
　최치원을 추모한다는 뜻의 사운정
< 상림공원을 산책 중인 가족

내가 사는 동네는 선유도공원과 하늘공원이 가까운 편이다. 아쉬움이라면 인공적인 공원이라는 사실이다. 거주지 옆에 숲이 있다는 것은 행복한 일이다. 만약 사는 곳이 어느 산의 숲이라면 그 산이 작고 크고는 상관없다. 흙이 있고 나무의 싱그러움이 있다면 매일같이 그 숲을 거닐며 위로 받을 테니까.

함양 상림에 가면 아름다움이 먼저 가슴에 닿는다. 그리고 풍성한 숲의 싱그러움에 부러움도 크다. 함양사람들에 대한 부러움이다. 읍내의 어느 구멍가게 아저씨는 "그 숲이 다 똑같은 숲이지, 뭐."라고 했다. 매일 같이 거닐던 숲은 무척 익숙해서 왜 부러움의 대상이 되어야 하는지 알지 못함이다.

함양 상림은 통일신라시대인 9세기 말, 함양 태수 최치원이 조성한 숲이다. 당시 함양은 읍내를 관통하는 위천의 잦은 범람으로 피해가 많았다. 최치원은 수해 방지를 위해 물길을 바꾸고 둑을 쌓은 다음 나무를 심었다. 태수로서 마땅히 해야 할 일이지만 이는 치적공사를 하는 요즘의 윗사람들을 생각하면 훨씬 아름다워 보인다.

조성할 당시에 상림은 대단히 큰 숲이었다. 그러나 함양의 도시화와 경작지 확대로 허리가 잘리더니 상·하림으로 나뉘었다. 1.6km의 상림은 옛 모습 그대로 남아 있고 하림은 2005년부터 2009년까지 복원공사를 했다. 하림은 옛 모습을 찾아 볼 수 없지만 먼 미래에는 푸름을 간직한 숲이 될 것이다.

상림의 아침이면 선생님의 구령에 맞춰 생태학습을 나온 아이들을 심심치 않게 만난다. 연인들은 서로의 손을 꼭 잡고 숲길을 걷는다. 어떤 이는 운동복 차림으로 숲길을 가른다.

예전부터 상림을 매일같이 보고 느끼고 마시고 만졌던 함양사람들이 부러웠다. 그들은 계절마다 옷을 달리 입고 아름다운 축제를 여는 숲에 초대받기 때문이다. 한편으로는 함양사람들에게 감사하다. 멀리 상림을 그리워하는 사람들을 대신해 상림을 아껴주고 있으니까.

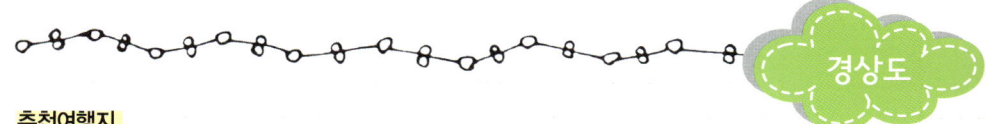

경상도

추천여행지

거연정

1613년에 중추부사를 지낸 전시숙을 기리기 위해 건립한 정자다. 정자로 가려면 구름다리처럼 생긴 화림교를 건너야 한다. 계곡의 물줄기가 아름답다. 거연이란 중국 주자의 시의 한 대목인 '거연아천석'에서 따온 것으로 물과 돌이 어울린 자연에서 편하게 산다는 뜻을 가졌다. 함양의 수많은 정자들 중 하나이다. 함양에 정자가 많은 것은 사화 이후 정계 진출이 막힌 영남의 선비들이 계곡과 강변에 정자를 지었기 때문이다.

1박2일 추천코스

1일
화림동계곡 (선비문화탐방길-거연정~농월정) → 지곡면개평마을

2일
상림 → 지안재 → 오도재 → 벽송사

한국의 아름다운 길로 선정되었던 지안재 야경

★ 여행정보
함양상림공원 경상남도 함양군 함양읍 대맛길 49(운림리 349-1), 055-960-5756
함양군관광안내소 055-960-5756
함양군문화관광 tour.hygn.go.kr/main

★ 친절한 여행 팁
① 상림은 봄의 싱그러움, 여름의 신록, 가을의 단풍, 겨울의 설경 등 사시사철 절경을 만날 수 있다. 봄에는 벚꽃이 피고 여름이면 연꽃들이 만발하고 9월이면 붉은 꽃무릇이 숲을 채운다.
② 상림은 위천을 끼고 있어 일교차가 큰 봄과 가을이나 장마철인 여름 아침이면 물안개가 은은히 피어오른다.
③ 함양읍에서 마천면으로 가는 길에 지안재가 있다. 지리산 칠선계곡과 백무동계곡에 닿는 길이다. 옛날 지리산 장터목으로 가기 위해 넘어야 했던 고개인데 뱀처럼 구부러진 도로로 바뀌었다. 차량 불빛 궤적 촬영으로 유명한 길이다.
④ 대전통영고속국도를 타고 함양IC로 나와 함양 읍내를 지나 함양여자중학교를 지나면 상림이다. 대중교통으로는 함양읍에서 상림까지 도보로 500m 거리다.

★ 이것만은 꼭!
① 함양에는 선비문화탐방로가 있다. 농월정터에서 동호정, 군자정, 거연정을 이은 6.2km 길로 선비들의 문화를 느끼며 숲과 계곡을 따라 걷는다. 총 3시간 정도 소요된다.
② 숲 사진은 빛이 부족하므로 빛을 많이 받아들이도록 ISO를 높이거나 조리개를 개방해 촬영하는 것이 좋다.

★ 주변 맛집
늘봄가든 : 오곡밥 정식 식당이다. 오곡으로 지어낸 밥을 쌈밥 형식으로 만든 오곡밥 정식을 사람들이 많이 찾는다. 수육이나 불고기와 같은 메뉴도 인기 있다. 경상남도 함양군 함양읍 필봉싱길 63(교산리 945), 055-962-6996
조센집 : 어탕국수, 경상남도 함양군 함양읍 학사루길 36(운림리 35-5), 055-963-9860
안의원조갈비집 : 갈비찜, 경상남도 함양군 안의면 광풍로 127-2(당본리 12-1), 055-962-0666

충청도

- **053** 괴산 화양구곡
- **054** 단양 온달산성
- **055** 보은 삼년산성
- **056** 서산 마애삼존불
- **057** 보령 외연도
- **058** 태안 꽃지해변
- **059** 서천 한산 모시
- **060** 예산 예당지
- **061** 태안 신두리 해안사구
- **062** 부여 궁남지

053
충청북도 괴산군 청천면
화양구곡

속세를 떠난 이상향
중국의 주희가 무이산의 아홉 굽이 계곡을 두고
「무이구곡가」를 불렀다. 이를 본떠 송시열은
괴산의 화양계곡에 화양구곡을 두고 주희를 흠모했다.
화양구곡은 송시열이 빚은 이상향이다.

화양구곡 중 가장 아름다운 곳인 암서재, 화양서원 앞에 있는 읍궁암

괴산에서 75% 이상을 차지하는 것이 산이다. 산이 많은 덕분에 아름다운 숲과 계곡이 많다. 시원한 바람이 들고 얼음장보다 더 차가운 계곡의 물이 가슴을 적셔준다. 계곡에는 구곡의 이름이 붙어 있다. 옛 선비들이 자연을 있는 그대로 받아들이며 그곳에서 자신의 열정을 조용하게 발산했다. 이 점을 생각하면 계곡에서의 휴식은 생명의 에너지를 깊게 받아들이는 과정이다.

예로부터 중국 주자학의 대가 주희를 칭송했던 조선의 선비들은 앞다투어 경관이 수려한 계곡과 강에 구곡의 이름을 붙였다. 주희가 푸젠성 우이산(武夷山, '武(무)'는 중국식 발음으로 '우'라고 한다) 계곡을 우이구곡이라 부르며 그곳에서 정자를 짓고 학문을 닦았던 것을 그대로 따라했던 것이다. 괴산의 계곡도 마찬가지였다.

화양구곡은 청천면 화양리에 위치한 계곡으로 우암 송시열이 이곳의 풍경에 반해 경천벽, 운영담, 읍궁암, 금사담, 첨성대 등 구곡의 위치를 정하고 그의 제자 수암 권상하가 이름을 붙였다. 그중에 제4곡인 금사담은 화양구곡에서 가장 아름다운 곳으로 청명한 계곡 주변의 바위 사이로 금빛 모래가 펼쳐진 풍경이다. 송시열은 1666년 이곳에 암서재를 지어 학문을 연마하고 후진양성을 했다. 계곡 맞은편 숲에는 우암을 기리기 위해 지은 화양서원이 있고 명나라 신종과 의종의 위패를 모신 만동묘가 있다.

송시열은 조선을 대표하는 인물이다. 조선 후기 정치와 사상을 떡 주무르듯이 호령했던 인물이며 생존했을 때뿐만 아니라 사후에도 조선사회에 많은 영향력을 끼쳤다. 『조선왕조실록』에 3,000번이나 그 이름이 등장할 정도다. 조선 후기 최고의 유학자로 훗날 송자로까지 칭송됐다. 문정공이란 시호를 받고 문묘에 배향되었으며 전국 23개 서원에 제향되었던 인물이다. 예컨대 조선 후기는 우암의 조선이었다.

재미있는 것은 화양구곡과 가까운 곳에 이웃하고 있는 선유구곡은 조선시대 유명한 학자 퇴계 이황의 세계였다는 점이다. 이황은 선유구곡의 절묘한 경치에 반해 곳곳에 구곡의 이름을 지어 새겼다. 화양계곡이 장쾌한 맛이 있다면 선유계곡은 소박한 아름다움이 있다.

주희는 주자학의 대가였다. 주자학을 높이 받든 조선시대의 선비들은 그를 흠모하고 따르고자 했다. 송시열도 그랬다. 그는 주희를 닮아 성인이 되고자 했다. 이상적인 인간 그의 꿈이 화양구곡에 담겨 있다.

추천여행지

산막이 옛길

속리산에서 발원해 충주와 단양을 거쳐 남한강으로 흘러드는 괴강 상류에 산막이마을이 있다. 마을사람들이 외부와 소통하던 길이 산막이 옛길이다. 산막이 옛길은 괴산 수력발전소 앞에서 시작된다. 산막이 옛길은 2개의 코스에 26가지의 이야기가 담긴 볼거리가 즐겁다. 남녀노소 편하게 걸을 수 있을 정도로 부담 없는 길이기도 하다. 전망이 좋은 곳엔 어김없이 작은 전망대가 들어서 있다. 1코스의 끝인 산막이 선착장에 이르면 괴강 유람선이 수시로 다녀 산책과 강 유람을 동시에 즐길 수도 있다.

1박2일 추천코스

1일 각연사 ― 쌍곡구곡 ― 산막이옛길

2일 선유구곡 ― 화양구곡

당시 위세가 등등했던 화양구곡의 화양서원

★여행정보
속리산국립공원화양동분소 충청북도 괴산군 청천면 화양동길 202(화양리 402-2), 043-832-4347, songni.knps.or.kr
괴산군 www.goesan.go.kr

★친절한 여행 팁
① 암서재는 화양구곡의 백미다. 우암 송시열이 효종 6년에 지은 서재 겸 정자다. 이곳에서 우암은 화양구곡의 경치를 보며 후학을 길러냈다. 계곡과 절묘한 조화를 이루는 유산이다.
② 봄에는 화양계곡 입구에 벚꽃 잔치가 열린다. 단풍이 화려하지는 않지만 소담한 가을도 괜찮다. 하지만 계곡의 참맛은 여름이다. 신록과 푸른 계곡이 시원하게 가슴을 뚫어준다.
③ 중부고속도로를 타고 증평IC로 나와 510번 지방도를 타고 증평군을 지나 화정IC교를 지난다. 청천을 지나면 화양동이다. 34번 국도를 타고 유평터널을 지나 대사삼거리에서 보은 방면 우회전, 괴산군 문광삼거리에서 좌회전, 치재터널과 송면터널을 지나 송면삼거리에서 화양계곡 방면으로 우회전해 들어가면 화양계곡이다.

★이것만은 꼭!
화양구곡으로 향하는 여정은 9개의 보물을 찾는 과정이다. 송시열이 일일이 위치를 정했던 경천벽, 운영담, 읍궁암, 금사담, 첨성대, 능운대, 와룡암, 학소대, 파곶까지 가보자. 그곳에 담긴 유래를 되새김질하며 돌아보는 길은 넉넉잡고 왕복 4시간 정도면 충분하다.

★주변 맛집
기사식당 : 올갱이는 다슬기의 충청도 말이다. 괴산읍에 있는 기사식당이 유명하다. 다듬는 데 손이 많이 가지만 진한 된장국에 넣어 팔팔 끓여 내어 놓는 올갱이국 한 그릇이면 무척이나 든든하다. 충청북도 괴산군 괴산읍 괴강로 8(동부리 637-4), 043-833-5794
다래정 : 자연산버섯찌개, 충청북도 괴산군 괴산읍 동진천길 165(서부리 207-12), 043-832-1246
오십년할머니집 : 쏘가리찜, 충청북도 괴산군 괴산읍 괴강로느티울길 8-1(대덕리 93), 043-832-2974

화양구곡의 물길 트레킹

올갱이국

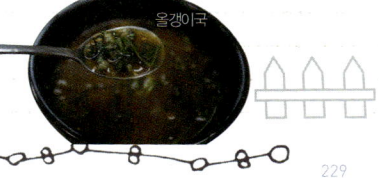

바보 온달의 거대한 배
뱀처럼 굽이치는 남한강의 푸른빛이 아름답다. 차곡차곡 포개어진 산줄기와 영춘면 일대가 나란하다. 산성은 기울어가는 고구려를 태운 배와 같다. 배의 선장은 온달이다. 그는 여기서 자신의 아내를 두고 전사했다. 온달산성이라는 배는 지금도 남한강을 바라보며 사람들에게 온달과 평강의 이야기를 들려준다.

온달은 비루하고 남루했다. 하찮게 보는 주변 시선에 온달은 주눅이 들고 말투는 더 어눌했을 것이다. 심성만큼은 고와서 많은 사람들이 놀려도 반항 한 번 하지 않았을 것이다. 그래서 온달은 확고한 바보의 반열에 올랐을 것이다.

이런 온달에게 왕의 딸인 평강공주가 시집을 간다는 것은 아무리 고쳐 생각을 해봐도 현실적으로는 불가능한 일이다. 사람을 일평생 지배하고 있는 가치관은 변하기 쉽지 않기 때문이다. 철저한 계급사회에서 공주는 공주대로 바보는 바보대로 지배와 피지배의 가치관을 안고 살아가야만 하는 것이다. 그래서 온달의 이야기는 매우 의심스러웠다. 바보와 공주의 신분을 넘어선 극적인 이야기 속에 숨겨진 상징이 있을 것 같았다.

온달산성은 단양군 영춘면 하리에 있다. 산성은 산 정상 부근을 테처럼 성곽으로 두른 형태의 테뫼식 산성이다. 이 지역은 고구려와 신라가 한강 유역의 패권을 놓고 치열하게 싸운 곳이다. 고구려의 온달 역시 한강 유역을 장악하기 위해 신라와 혈전을 벌였으나 끝내 뜻을 이루지 못하고 전사했다. 온달산성에 관한 안내문에는 온달이 하루 만에 성을 쌓고 거기서 싸우다 장렬하게 전사했다고 한다. 하루 만에 산성을 쌓을 수는 없는 일이다. 이는 온달이 신화화 된 성격이 짙다.

어쨌든 바보 온달은 고구려의 장수였고 그의 아내는 공주였다. 이 둘의 결혼은 드라마적 요소가 강하다. 성공과 사랑이 있기 때문이다. 온달은 바보가 아니라 귀족의 세력 싸움에 희생된 장수였을 것이다. 역사는 싸움에서 이긴 자의 것이다. 싸움에 진 자는 역사의 그늘 속으로 사라진다. 온달은 이긴 자에 의해 평가 절하되어 바보가 되었을 뿐이다. 바보는 평강공주와 결혼해 신분상승을 하고 진정한 사랑을 전해 백성들에게 새로운 영웅으로 신화화되었다.

온달산성 정상에 오르면 뛰어난 풍경이 눈에 들어온다. 과거 전쟁터라는 것을 믿기 어려울 정도로 풍경은 따뜻하고 아름답다. 뱃머리 같은 성 아래에는 남한강이 유유히 흐르고, 단양의 수려한 산들이 줄달음한다. 고구려의 위대한 영웅은 이곳에서 자신의 아내를 뒤로하고 죽었다. 온달은 갔지만 그의 이야기는 산성에 남아 있다.

온달이 전사한 곳으로 알려진 온달산성

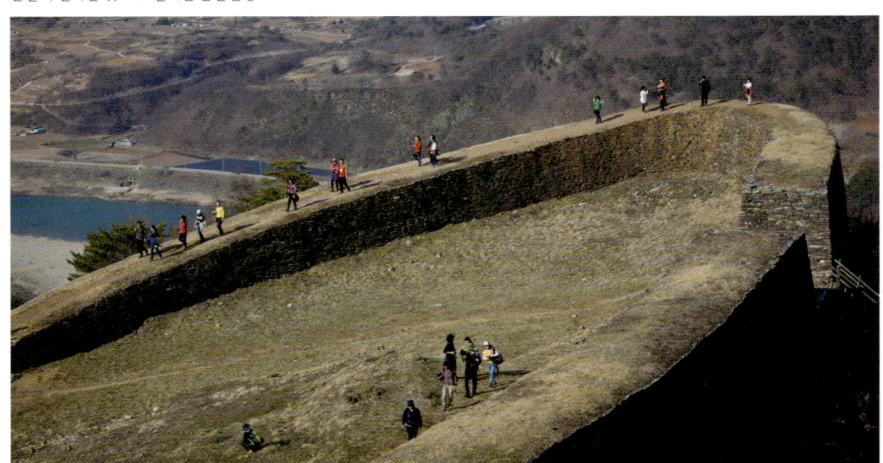

충청도

추천여행지

도담삼봉

도담삼봉은 단양의 상징이다. 조선의 개국 공신 정도전은 자신의 호를 삼봉이라 지을 만큼 도담삼봉을 좋아했다. 단양 8경 중 으뜸으로 강원도 정선 땅에 있던 삼봉산이 물길을 따라 흘러와 단양에서 멈췄다는 전설이 내려온다. 도담삼봉 주변에는 무지개 다리처럼 서 있는 석문이 있고 석문 사이로 남한강이 유유히 흐른다. 도담삼봉은 이른 아침 물안개와 일출이 유명하고 밤에는 불 밝힌 조명이 아름답다.

단양관광안내소 043-422-1146

1박2일 추천코스

1일: 단양신라적성비 – 하선암 – 중선암 – 상선암 – 사인암

2일: 도담삼봉 – 석문 – 온달관광지 – 온달산성 – 구인사

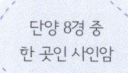
단양 8경 중 한 곳인 사인암

★ **여행정보**
온달관광지 충청북도 단양군 영춘면 온달로 23(하리 147)
온달관광지관리사무소 043-423-8820
단양관광 tour.dy21.net

★ **친절한 여행 팁**
❶ 촬영하기 좋은 계절을 추천하면 여름과 가을이 좋겠다. 파란 하늘을 배경으로 신록이 우거진 산성을 담을 수 있다. 남한강의 푸른 물길이 잘 드러나는 계절이기도 하다. 겨울에는 눈이 왔을 때가 좋다.
❷ 단양으로 여행을 한다면 단양 8경 중 몇 곳이라도 꼭 둘러보기를 권한다. 도담삼봉과 석문, 구담봉, 옥순봉, 상선암, 중선암, 하선암, 사인암은 자연경관이 수려한 곳이다.
❸ 중앙고속도로 단양IC에서 나와 단양에 들어선 후, 고수대교를 건너 59번 국도와 595번 지방도로를 따르고 영춘 들어가기 직전 삼거리 오른편으로 구인사 들어가는 길로 약 300m만 가면 온달관광지에 닿는다.

★ **이것만은 꼭!**
❶ 온달산성은 산길 따라 20여 분 올라야 한다. 가쁜 숨을 몰아 쉴 즈음 산성이 나타난다. 산성의 둘레는 972m로 작다. 산성 정상부에 오르면 성의 모습과 주변 풍경이 잘 드러난다.
❷ 온달산성 아래에는 온달동굴이 있다. 종유석과 석순이 잘 발달한 석회암동굴이다. 동굴 안에 지하수가 흐르고 동굴 탐방로가 다이내믹해 지루하지 않게 돌아볼 수 있다. 온달이 이 동굴에서 무예를 닦았다는 전설이 있다.

★ **주변 맛집**
장다리식당 : 단양 특산물인 마늘을 이용한 요리 전문점이다. 마늘을 이용한 코스 요리와 마늘목살수육, 마늘돌솥밥 등이 있다. 충청북도 단양군 단양읍 삼봉로 370(별곡리 28-1), 043-423-3960
박쏘가리 : 쏘가리매운탕, 충청북도 단양군 단양읍 수변로 99(별곡리 566-1), 043-423-8825
다원단양마늘갈비 : 마늘고기, 충청북도 단양군 단양읍 삼봉로 172(상진리 1018-1), 043-423-8050

055
충청북도 보은군 보은읍
삼년산성

천만 개의 돌로 쌓은 삼년산성
참으로 견고한 산성이다. 단 한 번도 패하지 않은 산성은 어쩔 수 없는 세월의 흐름에 따라 무너졌다. 무너진 돌 하나하나에는 역사 속으로 사라진 사람들의 손길이 묻어 있고 사람들은 돌무더기 사이를 바라보며 1,500년 전의 역사 속으로 들어간다.

∧ 삼년산성 남쪽의 무너진 성벽
< 산성입구 오른쪽 성벽에서 본 삼년산성

삼년산성은 1,500년 전 축성한 지 3년 만에 완공한 성이다. 산성의 이름에는 시간이 담겨 있다. 『삼국사기』에 따르면 신라 자비왕 13년에 처음 성을 쌓았고 소지왕 8년 실죽 장군이 3,000명을 동원해 개축했다고 한다. 산성은 신라가 삼국시대 당시 중원 지역의 거점을 확보하는 매우 중요한 위치에 있다. 전체 둘레 1.7km에 높이 약 13m에 이르는 규모다. 산성은 흙으로 내부를 채우는 다른 산성과 달리 내부까지 단단하게 돌로 채웠다. 성벽 또한 한 층은 가로 쌓기하고 한 층은 세로 쌓기를 해서 견고하다. 실제로 한 번도 함락된 적이 없는 기록을 가진 성이다. 신라는 삼년산성을 중심으로 삼국통일의 기틀을 잡았다.

신라 진흥왕은 551년 함께 손을 잡았던 백제와의 동맹을 깨고 백제의 한강 유역 6개 군을 취한다. 이에 분노한 백제성왕은 554년 삼년산성 인근의 관산성을 쳤다. 그러나 이 싸움에서 2만 9천 6백 명의 군졸과 함께 성왕은 목이 잘린다. 이후 백제와 신라는 피할 수 없는 철천지 원수가 된다. 그 싸움 통에 수많은 사람들이 죽어나갔을 것이다. 그 모두가 나라를 위해 싸워간 민초들이다. 왕의 명령으로 가족과 생이별하고 머나먼 전장에서 사라져간 무명씨들의 목숨만큼 성벽의 돌에 그들이 아로새겨졌을 것이다.

산성의 입구는 잘 다듬어져 있다. 옛 성곽과 복원한 성곽이 톱니바퀴처럼 잘 맞물려 있다. 삼년산성은 우리나라에서 가장 대표적인 석축산성이다. 성에는 서문, 북문, 동문터 등 4개의 문과 7개의 옹성, 5개의 우물터와 수구지 등이 있고, 성내에는 아미지란 커다란 연못이 있다. 산성은 전망이 뛰어나다. 적들의 동태를 살펴야 하는 성의 특성상 가장 조망이 좋아야 하기 때문이다.

나는 산성을 좋아한다. 그것도 잘 다듬어진 성이 아닌 허물어지고 무너진 산성을 좋아한다. 산성에 올라 풍경을 보는 것도 좋지만 돌무더기가 유난히 마음에 끌린다. 세월이 흘러 산성의 의미가 없어진 요즘 과거의 흔적을 돌아보는 것은 흥미로운 일이다. 돌 하나하나에 사람들의 땀과 눈물이 묻어 있다. 기어코 성벽에 오르려다 뭉개졌던 어느 병사의 손길도 닿았을 돌이다. 해가 기울며 점점이 붉어지는 빛은 무너진 성벽을 비춘다. 1,500년이 지난 오늘 이미 사라져간 무명씨들에게 따뜻한 온기가 전해졌으면 한다.

충청도

추천여행지

법주사

법주사는 신라 진흥왕 14년에 의신조사가 창건했다. 부처님의 법이 머문다는 뜻을 가지고 있는 속리산의 대표적인 사찰이다. 법주사는 대웅보전의 화엄신앙과 용화보전의 미륵신앙이 팔상전을 중심으로 직각으로 교차하고 있다. 그러나 1990년 높이 33m의 청동 미륵불을 세우면서 가람배치가 뒤틀렸다. 정유재란 당시 승병의 본거지였는데 왜군들의 방화로 불에 타 사명대사가 중건을 했다.

1박2일 추천코스

1일: 선병국가옥 — 서원리소나무 — 속리산말티재휴양림 — 삼년산성

2일: 속리산 정이품송 — 법주사 — 속리산문장대

산성입구 왼쪽의 성벽에서 본 일몰

★ **여행정보**
삼년산성 충청북도 보은군 보은읍 성주1길 104(어암리 산 1-1)
보은군관광안내소 043-542-3006
보은관광 www.tourboeun.go.kr

★ **친절한 여행 팁**
① 보은군 장안면 개안리에 있는 선병국가옥은 구한말의 건축양식을 잘 보여주고 있는 고택이다. 고택을 둘러보면 전국 명품항아리가 다 모여 있는 팔도장독대, 효열각, 사랑채 등을 만난다. 민초와 함께하는 양반의 대저택으로 남아 있다. 사람이 거주하는 곳이기 때문에 방문 시에는 미리 문의를 해야 한다.
② 삼년산성은 일출과 일몰이 아름다운 산성이다. 산성은 계절을 가리지 않고 언제든 방문해도 좋은 곳이다. 삼년산성의 규모를 알 수 있는 곳은 서남지와 남문지 사이 성벽, 서남지에서 북문지로 오르는 성벽이다.
③ 당진상주고속도로를 타고 보은IC에서 나와 보은IC교차로에서 속리산 방향으로 좌회전, 보은군청 가기 전 보은기상관측소 방향으로 우회전 후 보은기상관측소에서 우회전하면 삼년산성이다.

★ **이것만은 꼭!**
삼년산성에는 문화해설사가 상주해 있다. 만약 없다면 미리 보은군에 해설사 신청을 하면 된다. 해설사의 설명을 듣는 것은 중요하다. 삼년산성에 얽힌 이야기를 통해 보는 것이 달라지기 때문이다. 산성을 한 바퀴 도는 데는 1시간이면 족하다.
보은군청문화관광(해설사)
043-540-3394

★ **주변 맛집**
약초식당 : 인삼과 약초 나물이 들어간 약초 산채비빔밥으로 유명한 식당이다. 토종 죽염으로 만든 된장찌개 정식과 능이버섯 해장국도 인기 메뉴이다. 충청북도 보은군 속리산면 사내7길 4(사내리 280-1), 043-543-0433
김천식당 : 순대국밥, 충청북도 보은군 보은읍 삼산로1길 25-4(삼산리 19-1), 043-543-1413
경희식당 : 한정식, 충청북도 보은군 속리산면 사내7길 11-4(사내리 282), 043-543-3736

약초산채비빔밥

056
충청남도 서산시 운산면
마애삼존불

1,400년 전의 살인미소
국보급 유물 중에 발견한 대표적인 미소로는
부드럽고 온화한 신라의 수막새와
금동미륵보살반가사유상의 은은하며 품위 있는
미소가 있다. 그리고 서산 마애삼존불의 미소가 있다.
소리 없이 방긋 웃는 것을 미소라고 하는데
서산 마애삼존불의 미소는 해맑은 아름다움이 있다.

조각을 하는 친구가 말했다. "다르게 만든다고 하는데 이상하게 닮더라." 그는 신진작가 등용을 위한 공모전에 출품하기 위해 조각을 작업하는 중이었다. 그의 작업실에는 여러 인물상이 있었고 대체로 그와 닮은꼴이었다. 모델을 쓰지 않고 자신과 닮게 만든다니 자신의 에너지가 돌덩어리에 전달되었는지도 모른다. 조각가는 뼈와 근육을 만들고 그 위에 살을 붙이는 작업을 한다. 말하는 것, 보는 것 등 온갖 행동과 표정을 손끝으로 세밀하게 다듬을 줄 알아야 한다. 그러니까 모든 감각과 움직임을 기억하는 자신과 닮아갈 수밖에 없는 것이다.

서산시 운산면 용현리에는 현존하는 백제 불상 중 최고의 걸작으로 꼽으며 '백제의 미소'라 불리는 마애삼존불이 있다. 1959년 처음 알려진 후 조사를 거쳐 1962년 국보 제84호로 지정됐다. 바위에 새겨진 부처는 총 셋인데 가운데 있는 것이 석가여래입상이고 왼쪽이 제화갈라보살상, 오른쪽이 미륵보살이다. 이 중에 제일 눈길을 끄는 것이 석가여래입상이다.

살 오른 얼굴에 도톰한 입술, 둥글고 긴 눈썹, 납작하고 넓은 코를 하고 있다. 빛이 스며들면 석가여래입상의 미소는 살인미소로 변한다. 빛의 정도에 따라 미소는 장난기 가득한 아이 같고, 인자한 중년 여인처럼 보인다. 양쪽에 있는 보살상들도 석가여래입상 못지않은 미소를 보여준다.

처음 마애삼존불을 봤을 때는 개구쟁이 같은 얼굴이었다. 이를 보고 웃음을 참을 수 없었다. 삼존불 앞에 서면 불교의 종교적 위엄이나 권위는 느낄 수 없었다. 그저 정감 어린, 좀 심하게 말하면 귀여운 불상이 앞에 있는 것 같았다. 할 수만 있다면 움푹 들어간 입꼬리와 통통한 볼을 어루만지고 싶었다.

삼존불을 보면서 바위에 마애불을 조각한 조각가가 궁금해졌다. 당시에는 예술로써 조각을 한다기보다 종교로써 조각을 했을 것이고 조각가는 신앙심이 높았을 것이다. 조각가는 주변에 많은 불상을 봐왔겠지만 막상 조각을 할 때는 얇은 기억에 의지해 자신을 지배하는 상상력으로 바위에 한 땀 한 땀 새겨 넣었을 것이다. 그는 언제나 긍정적이고 밝으며 천진난만한 사람이었는지 모른다. 혹 마애삼존불의 석가여래입상은 그를 닮지는 않았을까? 내 상상이 맞는다면 천 년도 훨씬 넘는 어느 조각가를 만난 셈이다.

∧ 불이문을 통과해야 마애삼존불을 만날 수 있다
> 마애삼존불은 기도처이기도 하다

충청도

추천여행지

해미읍성

해미읍성은 우리나라에 남아 있는 읍성 중 가장 원형이 잘 남아 있는 성이며 천주교 성지이다. 탱자성이라고도 한 해미읍성은 평시에는 행정중심지가 되고 비상시에는 방어기지가 되었다. 해미읍성은 병인박해 때 천주교 신자 1,000여 명을 처형시켰던 곳이다. 김대건 신부의 증조부도 이곳에서 순교했다. 해미읍성 가운데 있는 회화나무에는 당시 신자들의 머리채를 묶었던 흔적을 지금도 볼 수 있다. 동헌 뒤편에 있는 송림에 오후의 빛이 들 때 사진 촬영하기 좋다.

해미읍성관리사무소 041-660-2540

1박2일 추천코스

1일: 마애삼존불상 — 보원사지 — 개심사 — 서산한우목장

2일: 해미읍성 — 서산A지구방조제 — 간월암 — 부석사

마애삼존불 주변에 있는 신라시대 사찰 보원사터

★여행정보

서산마애삼존불 충청남도 서산시 운산면 마애삼존불길(용현리 2-2)
서산시청문화관광과(문화재) 041-660-3244, 3023
운산면사무소 041-663-4005
서산문화관광 seosantour.net

★친절한 여행 팁

❶ 서산 마애삼존불 주변에 보원사지가 있다. 법인국사 보승 탑비에 승려 1,000명이 머물렀다는 기록이 있어 매우 큰 사찰이었던 것으로 추정하고 있다. 석조와 당간지주 등 보물 5점을 확인할 수 있다. 또 마애삼존불 가는 길목에 길가의 돌무더기 위에는 미륵불이 있다.

❷ 서해안고속도로를 타고 서산IC로 나와 운산면에 들어선 후 운곡삼거리에서 우회전, 숙용별삼거리(가아주유소)에서 좌회전해 직진 후 고풍저수지를 지나 용현교를 건너 우회전해 들어가면 서산 마애삼존불이다.

★이것만은 꼭!

❶ 하루 종일 열리는 것은 아니지만 간혹 법회가 열리기도 한다. 많은 사람들이 찾아오고 사진을 찍는다는 사실을 잘 알고 있다. 급하다고 무리하게 사진 촬영을 하다 법회의 경건함을 깨뜨려서는 곤란하겠다.

❷ 마애삼존불을 만나기 가장 좋은 시간대는 오전 10시에서 오후 1시 사이다. 마애불의 양각에 빛이 들어와 입체감도 살고 미소도 잘 드러난다. 화창한 날씨도 한몫한다.

★주변 맛집

산골마을 : 펜션 겸 식당이다. 정갈한 찬과 함께 나오는 산채비빔밥이 괜찮다. 닭볶음탕과 한방토종백숙 등의 요리 외에 파전, 묵, 더덕구이 등도 있으며 잘 꾸며진 정원에서 야외식사를 할 수 있다. 충청남도 서산시 운산면 개심사로 326-9(신창리 11-9), 041-688-1112

용현집 : 어죽, 충청남도 서산시 운산면 마애삼존불길 66(용현리 5-3), 041-663-4090

시장순대 : 순댓국, 충청남도 서산시 해미면 읍성마을3길 37-19(읍내리 172-5), 041-688-4370

산채비빔밥

057
충청남도 보령시 오천면
외연도

망망대해 위 안개에 가려진 섬
안개에 가려 언제나 아득한 섬,
때로는 무(無)가 되고 때로는 유(有)가 되는 섬.
대천항에서 53km, 그곳에 외연도가 있다.

외연도 마을 뒤편에 있는 큰명금, 외연도 당산 숲에 있는 연리지
망재산에서 본 외연도 마을과 항구, 외연도 마을 골목에 그려진 벽화

외연도를 찾은 이유는 당산과 상록수림 때문이다. 당산이란 마을의 구심점이고, 수호신을 섬기는 신앙의 장소며, 제의를 치르는 곳이다. 외연도 당산의 상록수림은 마을을 지켜주는 서낭림이다. 후박나무, 동백나무, 식나무, 붉은가시나무 등의 상록수림과 팽나무, 상수리나무, 고로쇠나무 등의 낙엽활엽수림이 숲을 채웠다. 그 안에 중국 전횡 장군의 사당이 있다. 천연기념물인 숲 안에 중국인 사당의 조합은 매우 흥미롭다.

기원전 200년경 춘추전국시대에 제나라 왕 전제의 동생이었던 전횡이 나라가 멸망하자 군사 500명을 데리고 흘러들어온 섬이 외연도였다. 외연도에 정착하며 살던 전횡은 제나라를 이은 한나라의 고조 유방의 부름을 받는다. 훗날 반란이 의심되는 전횡을 가까이 두려는 유방의 속셈이었다. 이에 전횡은 자결하고 그를 따르는 500명의 군사 역시 자결했다. 당시 외연도에 심한 기근이 들었을 때 원주민을 도왔던 전횡은 섬 주민들에게 영웅이었다. 섬 주민들은 전횡을 기려 당산에 사당을 짓고 수호신으로 모셨다. 음력 2월 보름이면 주민들의 안녕과 풍어를 기원하는 풍어당제가 열린다.

외연도 당산 상록수림은 물고기를 유인하는 어부림의 구실도 한다. 지난 2010년 태풍 '곤파스'로 입은 상처받은 나무가 상록수림 곳곳에 남아 있는데 그중 숲 안쪽에 두 그루의 동백나무가 이어진 연리지가 있다. 사랑나무다. 사랑나무도 태풍에 붉은 동백을 떨어뜨리고 제 몸도 떨어뜨렸다. 안타깝게 여긴 사람들이 정성스럽게 이어주었다. 나무는 죽었지만 사랑의 표식은 남았다. 사람들의 염원이 죽은 나무를 일으켜 세운 것이다. 사랑은 영원해야 한다는 믿음이 새겨진 셈이다. 당산은 사랑이 아려 있는 공간이다.

충청도

추천여행지

고래조지

외연도 최고 절경으로 망재봉 너머 서쪽 해안에 있다. 고래조지는 초지 아래 절벽 바위가 고래의 생식기처럼 생겼다 해서 붙은 이름이다. 초지에서는 확인하기 어렵고 바다에서 잘 보인다. 초지는 빛이 좋은 오후에 찾는 것이 좋다.

1박2일 추천코스

1일 대천해변 — 대천항 — 외연도

2일 외연도 — 대천항 — 보령머드체험관

외연도 당산 숲과 전횡 사당

★여행정보
대천항여객터미널 충청남도 보령시 대천항4길 60-2(신흑동 912-9), 041-930-5020
보령문화관광 ubtour.go.kr

★친절한 여행 팁
❶ 봄과 가을의 외연도는 철새 탐조의 계절이다. 쉽게 볼 수 없는 황금새를 비롯한 여러 새들을 만날 수 있다. 유리막새, 검은딱새, 호랑지빠귀 등 찾아오는 새들도 다양하다.

❷ 외연도 마을의 벽은 스케치북이다. 초등학교를 포함해 마을에 그려진 벽화가 눈길을 잡는다. 외연도는 백패킹하기 좋은 섬이다. 캠핑은 고라금해변의 전망 덱이 가장 괜찮다.

❸ 당진상주고속도로를 타고 예산수덕사 IC로 나와 보령항으로 향한다. 보령항에서 외연도행 여객선이 하루 1회(10:00), 주말과 성수기(08:00, 13:00)는 2회 출항한다. 2시간 10분 정도 걸린다. 시기별로 출항시간이 달라질 수 있으니 해당 해운사에 배 시간을 문의하는 것이 좋겠다.
신한해운 041-934-8772,
www.shinhanhewoon.com

★이것만은 꼭!
❶ 외연도의 일몰은 동북쪽 끝의 노랑배와 고라금이 있다. 망재봉과 봉화산도 일몰과 일출 보기에 좋고 낮에 섬과 외연도 항구, 마을을 조망하기 좋다.

❷ 외연도는 산책로가 잘 나 있어서 섬을 둘러보기에 좋다. 동북쪽에 있는 해안기의 노란빛을 띤 바위가 멋진 노랑배, 몽돌이 펼쳐진 해변인 큰명금, 작은명금이 있고 고라금, 누적금, 녹사금의 해안 비경들과 섬을 조망하기 좋은 망재봉과 봉화산이 있다.

★주변 맛집
외연도어촌계식당 : 외연도어촌계식당은 끼니마다 달라지는 백반과 제철 자연산 활어회를 맛볼 수 있다. 외연도의 다른 식당들도 비슷하다. 충청남도 보령시 오천면 외연도1길 88(외연도리 160-87), 041-931-5750

바다식당 : 매운탕·회. 충청남도 보령시 오천면 외연도1길(외연도리 220), 010-7270-8948

장미식당 : 제철회. 충청남도 보령시 오천면 외연도1길 59(외연도리 160-36), 010-4418-4566

058
충청남도 태안군 안면읍
꽃지해변

나를 붙들어 준 바다
철썩이는 파도 따라 마음도 출렁인다.
그것이 행복이라면 담아두고 슬픔이라면 묻어 두어라.
태양이 저 너머로 사라진다 해서 슬퍼하지 마라.
내일이면 다시 빛이 되어 줄 테니.

나를 붙들어준 바다, 꽃지해변의 기억은 그렇다. 젊은 시절 몸은 불같았지만 마음은 아직 말랑 말랑해서 작은 일에도 상처받던 날이 있었다. 꽃지해변은 스스로를 위로하기 위해 자주 찾았던 바다다. 예전에는 지금처럼 요란한 펜션도 없었고 해변에 방파제도 없었다. 있는 그대로의 자연 해변이었다.

꽃지해변에 가려면 태안읍에서 하루에 2~3대밖에 없는 버스를 타고 가야 했다. 서해 3대 낙조로 유명한 꽃지해변이 과거에는 오지나 다름없었다.

꽃지란 이름은 붉은 해당화가 많이 펴 '화지(花池)'로 불리던 것을 꽃지로 바꾸면서 불리게 됐다. 처음 갔을 때는 참 예쁜 이름의 해변이라고 생각했다. 마을에는 수박밭이 있었고 MT를 온 대학생들이 다 익지도 않은 수박을 몰래 서리해 먹기도 했다. 구멍가게에서 대학생들이 익었는지 안 익었는지 알아보기 위해 애먼 수박 구멍을 냈다며 화풀이 하는 농부를 상대로 밤새 술 마신 적도 있었다. 태풍이 몰아치는 날에 바닷가에서 비를 쫄딱 맞으며 두려움 가득한 파도를 만난 적도 있다.

꽃지해변은 할미·할아비 바위 사이로 떨어지는 낙조가 아름다운 곳이다. 그러나 당시에는 할미·할아비 바위까지 가지 않고 마을과 해변을 이어주는 언덕 넘어 바다에서만 머물렀다. 지금은 명승 제69호로 지정될 정도로 인기가 많은 곳이 됐다. 순전히 근사한 낙조 덕분이다.

해안 길을 따라 걸으면 모노톤의 은빛 바다는 점점 색을 갖춘다. 누렇게 변하다가 점점 붉어진다. 물 빠진 갯벌에서 사람들이 산책을 하고 조개를 캔다. 해변 뒤에는 촘촘하게 심어진 곰솔이 긴 그림자를 드리운다. 바다에 취해 추억을 붙들고 상념을 놓아 주기를 반복하다 보면 태양은 할미·할아비 바위에 걸려 있다. 젊은 시절에 찾았던 바다는 많이 바뀌었지만 여전히 한결같은 바다다.

제방에서 바라본 꽃지해변의 일몰

충청도

추천여행지

간월암

무학대사가 득도한 후 창건했다는 간월암이 있는 간월도는 일몰 명소다. 하루에 두 번 찾아오는 간조 때에 걸어 들어갈 수 있다. 간월암은 세월의 향이 묵혀 있는 암자의 모습은 아니지만 바다에 떠 있다는 것만으로도 이색적인 기분을 느낄 수 있는 여행지다. 간월암 주변은 어리굴젓이 유명해 무학대사가 임금께 진상을 했을 정도라고 한다. 주변에 서산 방조제와 천수만, 간월호가 있으며 매년 수많은 철새가 모여든다. 041-664-6624

1박 2일 추천코스

1일 백사장항 → 태안노을길 (백사장항~꽃지해변)

2일 안면도자연휴양림 → 승언저수지 → 영목항

노을길 구간인 백사장해변을 걷는 사람들

★ **여행정보**

꽃지해변 충청남도 태안군 안면읍 꽃지해안로(승언리 3114)
태안해안관리사무소 041-672-9737
태안해변길 ecotour.knps.or.kr/haebyeongil/index.asp

★ **이것만은 꼭!**

꽃지해변에서 약 2.5km 떨어진 곳에 안면도 수목원과 붉은빛을 띠며 안면도에만 자라는 소나무인 안면송 군락지가 있다. 봄과 여름, 가을에 꽃지해변을 방문했다면 안면도 수목원의 아름다운 꽃과 나무들을 곁에 두고 산책해보자.

★ **친절한 여행 팁**

① 일몰촬영은 방포와 꽃지해변을 연결하는 방포꽃다리 위에서 하거나 주차장 앞 꽃지해변 제방 위에서 촬영한다.

② 태안 해변길의 5코스인 노을길 구간은 안면판목운하에서 출발, 백사장항→삼봉탐방지원센터→기지포해안사구→해변길홍보관→밧개독살→방포 모감주나무군락지→꽃지 할미·할아비 바위에 닿는 코스로 12km의 거리에 4시간 정도 소요되는 아름다운 길이다.

③ 서해안고속도로를 타고 가다 홍성IC에서 나간다. 갈산면에서 서산 방향 40번 국도를 타고 서산AB지구 방조제를 지나 원청삼거리에서 안면도 방향으로 좌회전하고 안면대교를 건너 77번 국도를 타고 안면읍을 지나면 꽃지해변이다.

★ **주변 맛집**

창리꽃게장굴밥집 : 영양굴밥과 꽃게장, 예능 프로그램 <1박 2일>에 소개되어 유명세를 탄 게국지가 주요 메뉴다. 향긋한 바다 내음이 밥상 위에 가득하다. 충청남도 서산시 부석면 창리2길 26(창리 292-19), 041-663-9121

일송간장게장 : 간장게장정식, 충청남도 태안군 안면읍 안면대로 2676(승언리 755-5), 041-674-0777

털보선장횟집 : 활어회, 충청남도 태안군 안면읍 백사장항2길 95(창기리 1265-47), 041-672-1700

영양굴국밥

059
충청남도 서천군 한산면
한산 모시

인고의 세월 속에서 핀 단아함
한산 모시를 보면 고운 자태의 미인도가 떠오른다. 모시 속에 살짝 드러나는 가녀린 살결은 보는 이의 마음을 설레게 만든다. 단아하면서 은근한 아름다움을 주는 모시. 그 모시가 한산에 있다.

중요무형문화재 제14호인 방연옥 선생님
쐐기풀과에 속하는 모시

에어컨으로 여름을 날 수 없었던 시절, 선조들은 자연을 이용해 더위를 피했다. 담양의 죽부인과 지역마다 발전해온 부채, 그리고 모시옷이 대표적이다. 그중 모시는 까끌까끌한 질감 덕에 여름철 대표 옷감으로 사랑을 받아왔다. 벗은 것보다 더 시원하고 한 번 옷을 해 입으면 평생을 입어도 되는, 해를 거듭할수록 빛나는 옷감이 바로 모시다. 그러나 현실은 다르다. 과거 생활 속 전통은 세월 속에 묻히고 있다. 게다가 죽음이라는 부정적 이미지까지 각인되어 있다.

한산모시관의 시연 공방에 들어섰다. 시연 공방은 2곳으로 중요무형문화재 제14호 방연옥 선생, 충남무형문화재 제1호 나상덕 선생의 작업 공간이다. 그 뒤로 모시 공예가 김정옥 선생의 작업장이 있다.

방연옥 선생을 만나면 부드러운 성품이 느껴진다. 아침부터 방 선생을 촬영해간 방송사와 언론사 덕분에 고단했을 법도 한데 사진 촬영을 요청하자 한복으로 갈아입고 오겠다고 했다. 그림은 되겠지만 번거로움을 안겨 드리고 싶지 않았다. 장인의 평소 모습을 촬영하고 싶다고 했다. 한참을 선생이 작업하는 것만 보았다. 모시는 그녀에게 삶이다. 우리나라 최고 수준의 모시를 만드는 그녀의 눈과 손은 그만큼 닳아버렸다.

평생 동안 모시만을 짜온 나상덕 선생은 대뜸 "10년 전만 해도 5일장에 모시가 300필 정도 나왔는데 지금은 겨우 10필 정도 나온다."고 말했다. 까다롭고 힘든 모시짜기를 하려는 사람이 점점 줄어든다는 이야기다. 그녀의 한쪽 눈은 백내장으로 인해 고생을 하고 있다. 부디 건강하셔야 한다고 말했다.

나 선생의 작업장 뒤편에는 김정옥 선생의 작업장이 있다. 환한 미소로 여행자를 맞이한다. 김 선생은 완성된 모시를 가지고 모시옷, 밥상보, 작고 아름다운 소품 등을 만든다. 이른바 모시의 현대화 작업이다. 한 땀 한 땀 정성 들여 만든 공예품이 방안에 여기저기 걸려 있다. 그녀는 모두가 인정한 바느질 솜씨 하나로 이곳까지 오게 됐다. "어디 풀질하면서 입기가 쉽나. 그러니 자연스레 멀어지기는 해도 가끔씩 찾아와 옷을 부탁하는 사람들도 있어. 입어보면 아는 게지."라고 말한다. 바늘을 놓지 않는 그녀에게서 단아함이 느껴진다.

인터뷰를 마치고 나왔다. 그녀들은 내일도 여전히 모시를 짜고 옷을 지을 것이다. 터미널로 향하는 길옆에는 모내기를 준비하는 농부들이 부산하게 움직인다. 모시를 닮은 곱고 단정한 길을 따라 걷는다. 봄이 한창 무르익었다.

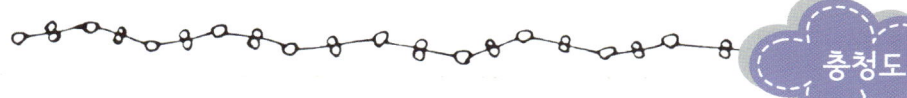

충청도

추천여행지

마량포구

마량포구는 풍요로운 갯벌이 있는 작은 포구로 사철 먹을거리들이 넘쳐난다. 또한 왜목마을과 함께 서해에서 유일하게 해돋이를 볼 수 있는 곳이다. 지구의 자전과 공전에 의해 12월 중순부터 약 60일간은 바다에서 떠오르는 해를 볼 수 있다. 마량포구에서 해돋이를 볼 수 있는 곳은 서천 해양박물관 초입의 제방길, 해양박물관 2층 전망대, 마량리 안쪽의 해돋이마을 앞 방파제다. 앉은 자리에서 고개만 돌리면 해가 뜨고 지는 과정을 볼 수 있는 매력이 마량포구에 있다.

1박2일 추천코스

1일: 문헌서원 – 한산모시관 – 신성리갈대밭 – 금강하구둑

2일: 마량포구 – 서천해양자연사박물관 – 동백숲 – 홍원항 – 춘장대해변

★ 여행정보

한산모시관 충청남도 서천군 충절로 1089(한산면 지현리 60-1), 041-951-4100, www.hansanmosi.kr

★ 친절한 여행 팁

❶ 전수교육관 내 전시실에는 모시에 관한 모든 것이 전시되어 있고 전통 공방에서는 모시째기, 모시삼기, 모시날기, 모시매기, 모시짜기 등의 공정을 재연하고 있다. 한산모시관에서는 중요무형문화재 제14호, 충남무형문화재 제1호를 직접 만나서 이야기를 듣고 시연도 볼 수 있다.

❷ 한산모시관은 한산 모시의 대중화를 위한 노력의 일환이다. 이에 명인들도 기꺼이 함께 동참했다. 때문에 사전에 충분한 예를 갖추는 것이 중요하다.

❸ 공주서천고속도로를 이용해 동서천IC에서 나와 동서천IC삼거리에서 좌회전 후 계속 직진한다. 광암삼거리에서 우회전 후 언덕을 넘으면 한산모시관이다.

★ 이것만은 꼭!

저산팔읍 길쌈놀이가 있다. 길쌈을 하는 부녀자들의 협동심을 높이고 고단한 노동을 흥겹게 하며 능률을 높이려는 목적으로 만들어진 축제다. 모시로 유명한 한산, 서천, 비인, 홍산, 임천, 남포, 정산, 보령 등 한산지방을 중심으로 8개 읍에서 발달했다. 한산모시문화제에서 볼 수 있으며 매년 6월경 열린다.

★ 주변 맛집

서산회관 : 마량포구에 있는 주꾸미 전문점이다. 적당히 매콤한 주꾸미 철판볶음은 감칠맛 나고 샤브샤브는 담백하다. 쫄깃한 주꾸미는 알이 꽉 찬 봄철이 제맛이다. 충청남도 서천군 서면 서인로235번길 10(마량리 311), 041-951-7677

불타는조개천국 : 조개구이, 충청남도 서천군 서면 서인로 299-1(마량리 86), 041-952-4389

갯바우횟집 : 박대정식, 충청남도 서천군 서천읍 충절로59번길 18(군사리 866-6), 041-953-8303

저산팔읍 길쌈놀이 전수회 회원들

주꾸미 철판볶음

겨울의 울림이 맴도는 호수

연정이란 누군가를 그리워하고 사모하는 마음이라고
한다지. 애틋함이 지나치면 열병에 걸린 것처럼
흐릿한 거리를 비틀거리며 걷게 만들기도 해. 예당호의
물 위와 아래를 가르는 풍경을 보면 마음을 들킨 것 같아
부끄러워지는 아침이야.

예당저수지를 산책하는 것은 즐거운 일이다. 제 몸의 잎을 다 떨군 나무는 겨울을 굳세게 이겨 내며 물가를 지킨다. 그 모습은 의연하기까지 하다. 나무 사이로 강태공의 좌대가 선상 집처럼 떠 있다. 아침 햇살이 좌대를 비추고 저수지를 채운다. 이 풍경만으로도 예당저수지는 가야 할 곳이 된다.

1962년 완공된 예당저수지는 대흥면과 응봉면 사이에 있는 저수지다. 우리나라 저수지 중 최대 크기로 여의도의 약 3.7배, 차로 한 바퀴 도는 데 2시간 정도 걸릴 만큼 크다. 무한천과 신양천 등에서 물이 흘러 들어와 저수지로 고인다. 예당저수지가 처음 만들어진 것은 일제강점기 시절인 1928년. 조선농지개발 사업의 하나로 조성됐다. 광복 후 잠시 중단됐다가 1962년 다시 착공, 1964년에 준공됐다. 예당저수지는 예산군과 당진군의 앞머리를 따 '예당'이라 이름 지었고, 지금은 예산과 당진에 농업용수를 공급하는 중요한 저수지다.

『택리지』의 저자 이중환이 '내포 땅이 충청도에서 가장 살기 좋은 곳'이라고 했을 만큼 예산은 풍요의 땅이다. 내포 땅은 예산을 포함해 서산, 홍성, 태안, 당진, 아산을 일컫는다. 예당저수지는 민물고기들의 먹이가 풍부해 낚시터로도 유명하다. 특히 붕어낚시의 천국으로 강태공들의 발걸음이 끊이질 않는다. 예당저수지 곳곳에는 집 모양의 좌대를 흔하게 볼 수 있고, 강태공들이 세월을 낚는 모습을 볼 수 있다.

몽환적인 풍경이 아름다운 예당지, 안개와 함께 은은한 일출이 아름답다

예당저수지는 반영이 아름다운 곳이다. 반영이란 빛이 반사하여 비치는 것을 말한다. 수면에 비친 세상은 또 다른 세상이다. 겨울, 잔잔한 바람이 도발한 작은 일렁임이 저수지를 맴돈다. 저수지에는 버드나무가 반쯤 잠겨 있고 옅은 구름과 하늘을 품은 풍경은 얇다. 빛에 의해 수면은 거울이 되어 세상을 비춘다.

반영이 아름다운 이유는 그 몽환적인 풍경에 있다. 수면 위는 눈에 보이는 것이 전부지만 수면 아래는 눈에 보이지 않은 부분까지 담긴다. 그렇게 한참을 보면 눈에 보이는 세상은 비현실적으로 느껴진다. 이는 보이는 것이 전부가 아니라는 것을 느끼게 해준다. 풍경 하나로 많은 것을 생각하게 한다.

예당지의 반영은 비현실적인 풍경이다

충청도

추천여행지

추사고택

추사 김정희의 생가다. 추사고택 안에는 추사 선생의 영정이 모셔진 사당이 있다. 고택 주변에는 추사 선생의 묘소와 증조부인 김한신과 화순옹주의 합장묘, 화순옹주의 열녀문이 있다. 고택 기둥에는 '춘풍대아능용물(春風大雅能容物)'이라는 글귀가 있다. '봄바람의 고운 아름다움은 만물의 모든 것을 용납하고'란 뜻인데 '용(容, 얼굴 용)'이란 글자가 재미있다. 상투를 튼 선비가 환하게 웃고 있는 모양인데 추사의 섬세한 마음을 보는 것 같다.

추사문화 www.chusatotal.or.kr

1박2일 추천코스

1일 수덕사 → 충의사 → 남연군묘 → 삽교오일장 → 덕산온천

2일 추사김정희고택 → 대흥슬로시티 → 예당국민관광지

추사가 쓴 웃는 얼굴 모습의 '얼굴 용(容)' 자

★ **여행정보**
예당레이크하우스 충청남도 예산군 응봉면 등촌길 1-10(등촌리 336-2)
예당국민관광지관리실
041-339-8281~5
예산군문화관광
www.yesan.go.kr/culture

★ **친절한 여행 팁**
❶ 예당저수지는 봄과, 가을, 겨울에 찾는 것이 괜찮다. 물안개와 계절에 특징이 드러난 풍경이 저수지에 있다.
❷ 예당저수지에서 잡을 수 있는 민물고기는 붕어, 떡붕어, 잉어, 메기, 가물치, 빙어, 동자개(빠가사리) 등이다. 동산교 부분은 초봄 입질이 좋고 평촌리는 여름 밤낚시가 괜찮다. 교촌리, 상중리, 신속, 대아리, 동서리 등 저수지 전역에 좌대가 설치되어 있다.
❸ 서해안고속도로에서 해미IC로 나와 덕산온천을 지나 삽교에서 예산 방향으로 진행 후 예당저수지 응봉 방향으로 향한다. 응봉에서 예당저수지로 들어서 좌회전하면 예당레이크하우스이고 더 직진하면 예당국민관광지다.

★ **이것만은 꼭!**
❶ 예산은 세계슬로시티협회가 선정한 121번째 슬로시티이다. 국내에서는 6번째다. 슬로시티 인증을 받은 곳은 예산군 대흥면이며 의좋은 형제의 이야기를 들으며 느린꼬부랑길을 걸으면 된다. 농촌마을의 한가로움을 느낄 수 있다.
❷ 예당저수지를 한눈에 볼 수 있는 곳으로 응봉면 후사리에 있는 예당관광지의 팔각정이 있다. 예당의 낙화암이라고 불리는 팔각정은 절벽 위에 있어 예당저수지를 조망하기 좋다.

★ **주변 맛집**
민물나라 : 예당저수지가 바로 보이는 위치에 있는 매운탕 전문점으로 붕어찜과 민물고기매운탕이 일품이다. 식사용인 어죽은 비린내 없이 담백하고 고소하다. 충청남도 예산군 응봉면 예당관광로 37(등촌리 34), 041-333-8485
한일식당 : 소머리국밥, 충청남도 예산군 삽교읍 두리3길 51(두리 604), 041-338-2654
또순이네밴댕이 : 밴댕이무침, 충청남도 예산군 덕산면 봉운로 25(읍내리 340-12), 041-337-4314

추사 김정희의 영정

어죽

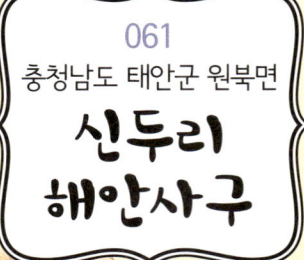

061
충청남도 태안군 원북면
신두리 해안사구

아파하지 마라
원형의 모습은 아니지만 신두리 해안사구는
여전히 아름답다. 시간이 흐르면 본래의
모습으로 돌아올 수도 있다. 하지만 그만큼
아름다운 자연유산은 아프다. 신두리 해안사구는
오늘만 아픈 사구였으면 한다.

신두리 해안사구는 한반도 최대 사구다. 우리나라의 대표적인 해안사구로는 대청도의 옥죽동사구와 신안군 우이도의 사구가 있다. 신두리 해안사구에는 바다에서 운반된 모래가 가늠할 수 없는 세월 동안 켜켜이 쌓여 있다. 자연유산으로 학술적 가치가 높아 정부는 천연기념물 제431호로 2001년 지정했다.

신두리 해안사구의 풍경은 바람에 의해 만들어졌다. 해안사구 앞 바닷속은 모래로 이루어졌다. 이 모래가 파도에 실려 해안가에 옮겨지면 바람이 날려 사구를 만들었다. 주로 겨울에 바람이 불어와 모래가 쌓이고 여름에는 반대로 육지에서 바다 쪽으로 바람이 불어 모래를 옮긴다. 신두리 해안사구는 끊임없이 움직여야 하고 이를 통해 살아 있는 사구가 된다. 바람과 모래는 함께해야만 하는 사이인 것이다. 엎친 데 덮친 격으로 2007년 12월 태안 기름유출은 바다에 기대 사는 사람에게도 생물에게도 치명타를 입혔다. 이때 많은 양의 모래를 걷어냈다. 모래는 신두리의 상징이 되었고, 그 모래 속에 많은 생명체가 산다. 장지뱀을 비롯해 갯메꽃, 갯방풍, 해당화 등 식물들이 모래에 기대어 산다.

신두리 해안사구는 사람의 손을 타기 시작한 이래로 많이 망가졌다. 바람을 타고 매섭게 들이닥치는 모래 때문에 농사를 지을 수 없었던 사람들은 소나무로 방풍림을 조성했다. 번식력 좋은 아까시나무는 모래를 덮었다. 위기에 처한 사구가 자연유산으로 조명되자 되살리려는 노력이 진행됐다. 지난 2012년 9월 27일 해안사구의 잡풀과 외래식물 제거를 위해 지자체는 굴착기로 모래 언덕의 풀들을 들어냈다.

신두리 해안사구는 사진을 찍는 이들에게 이색적인 촬영명소다. 아름다운 풍경이 있는 해안사구의 이면에는 치열한 생존의 현장이 있다. 오후의 빛이 그윽한 시간, 모래 언덕 위로 많은 발자국이 있다. 오늘의 신두리 해안사구는 과거의 사구도, 내일의 사구도 아니다. 아름다움을 이어가는 것은 우리의 몫이다.

∧ 사구 안에는 다양한 동식물이 기대어 산다
< 신두리해변은 모래가 단단해 걷기에 편하다
  모래 언덕은 일몰을 조망하기 좋은 장소다

추천여행지

천리포수목원
세계수목원협회에서 인증하는 아름다운 수목원으로 지정받은 곳이다. 귀화한 미국인 민병갈 이사장에 의하여 만들어졌다. 천리포의 풍경에 반해 주변의 도움을 받아가며 수목원을 가꾸었다. 1만여 종의 다양한 수종을 보유하고 있고, 4백여 종에 이르는 호랑가시나무와 목련류는 세계적인 가치를 지니고 있다. 수목원 내부에는 쉼터와 숙박시설도 운영하고 있다.
www.chollipo.org

1박2일 추천코스

1일 만대항 — 이원방조제 — 태안바라길 (학암포~신두리해안사구)

2일 신두리해변 — 소근진성 — 만리포해변 — 모항저수지 — 모항항

> 사구의 배후 습지인 두웅습지

★ **여행정보**
신두리해안사구 충청남도 태안군 원북면 신두리해변길 201-122(신두리 산 263-1)
태안군문화관광과 041-670-2768
태안군청 www.taean.go.kr

★ **친절한 여행 팁**
❶ 해안사구는 천연기념물이다. 음식물이나 쓰레기는 버리지 말아야 한다. 태안군 관광 홈페이지에는 일몰과 출몰, 물때에 관한 정보가 있다. 물때 표의 해당 저조 시간인 약 2시간 정도 갯벌 체험을 할 수 있다.
❷ 신두리 해안사구를 찾는 적기는 5월 말부터 6~7월이 가장 좋다. 겨울에는 바람이 많이 불기는 하지만 바람이 빚은 모래 물결을 만날 수 있다. 파란 하늘과 바다는 모래와 함께 어울리며 진한 아름다움을 만들어 낸다.
❸ 서해안고속도로 서산IC에서 빠져나와 32번 국도를 타고 서산시를 거쳐 태안으로 들어간다. 태안읍에서 603번 지방도를 타고 원북면을 지나 닷개삼거리에서 신두리 방향으로 좌회전해 신두리 방면으로 이어가면 해안사구에 닿는다.

★ **이것만은 꼭!**
해안사구 인근에 있는 두웅습지는 사구와 함께 꼭 돌아보면 좋을 곳이다. 두웅습지는 2007년 람사르 습지협약에 등록되었으며, 황금개구리가 발견돼 유명한 곳이다. 두웅습지는 사구 내륙의 중간에 있는 사구 배후 습지로 작지만 중요한 생태보호지역이다. 신두리 해안사구에서 1.8km 떨어져 있다.

★ **주변 맛집**
초가삼간 : 닭볶음탕과 묵은지삼겹이 대표 메뉴다. 묵은지는 3~4년 숙성한 것을 사용하며 아삭하고 시큼한 맛이 입맛을 돋워준다. 충청남도 태안군 안면읍 삼봉길 173(창기리 1303-16), 041-672-7288
원풍식당 : 박속탕 · 낙지, 충청남도 태안군 원북면 상리길 24-1(반계리 202), 041-672-5057
천리포횟집 : 갱개미무침, 충청남도 태안군 소원면 천리포1길 277(의항리 978-27), 041-672-9170

062
충청남도 부여군 부여읍
궁남지

선화를 위한 서동의 꿈꾸는 정원
궁남지에 서동과 선화의 전설이 담겨 있다.
여름이면 사랑스러운 연꽃이 만발한다.
노쇠한 백제의 마지막 모습 같은 탁한 노을이
포룡정 뒤로 지고 습지에 피어난 연꽃들이
어둠을 밝히려 한다. 무척이나 회화적인 풍경이다.

'선화공주님은 남몰래 정을 통하여 두고 맛동방(서동)을 밤에 몰래 안고 간다' 신라 진평왕 때 백제의 서동이 지었다고 하는 「서동요」다. 나중에 백제 제30대 무왕이 되는 서동은 진평왕의 셋째 딸 선화가 아름답다는 소문을 듣고 신라의 금성으로 몰래 찾아간다. 서동은 금성에서 아이들에게 마를 주며 「서동요」를 부르게 했고, 진평왕은 크게 진노해 선화를 궁에서 내쫓는다. 서동은 그 길로 선화를 백제로 데려가 아내로 삼는다.

서동과 선화의 이 로맨틱한 이야기는 백제의 가장 드라마틱한 전설이 되었다. 「서동요」가 사실인지 아닌지는 별개의 문제다. 역사를 떠나 서동과 선화의 이야기는 영화처럼 낭만적으로 다가온다. 백제 유적이 많은 곳에는 서동과 선화의 이야기가 숨어 있다. 익산의 미륵사지가 그렇고 여기 부여의 궁남지가 그렇다.

궁남지에 전해지는 서동과 선화의 설화는 다음과 같다. 백제로 온 선화는 향수병에 걸린다. 서동은 그녀의 향수병을 낫게 할 수 있는 방법을 고민하다가 인공연못을 만들어주기로 한다. 『삼국사기』 「무왕조편」에 따르면 '궁성 남쪽에 연못을 파고 20여 리 떨어진 곳에서 물을 끌어들이고 주변에 버드나무를 심었다. 그리고 연못 한가운데에 섬을 만들어 방장선산(方丈仙山)을 본떴다'라고 했다. 방장선산이란 바다 가운데 신선이 사는 3개의 산 중 하나를 말한다. 이는 도가의 이상향을 뜻한다.

어쨌든 서동은 어여쁜 아내에게 꿈 속 같은 이상향을 선물해준 것이다. 사랑하는 여인을 위한 마음이 아름다운 정원을 탄생시키는 것인지도 모르겠다. 궁남지가 경주의 안압지보다 40년 앞서 만들어진 우리나라 최초의 인공정원인 것을 보면 말이다. 기록에 의하면 옛 궁남지는 지금의 것보다 훨씬 광대해 바다를 연상케 할 만큼 크다고 한다. 현재의 궁남지는 고증을 거쳐 1965년 1/3 규모로 축소해 복원한 것이다. 궁남지는 주변의 서동공원과 함께 약 10만 평 규모로 이루어졌다. 궁남지 주변으로 여름이면 연꽃이 장관을 이룬다. 홍련, 백련, 수련, 가시연 등 50여 종의 아름다운 연꽃이 수를 놓는다. 연꽃밭 사이에는 귀여운 표정의 서동과 선화 캐릭터가 놓여 있다. 역사의 기록보다 사실인지 모를 서동과 선화의 이야기에 더 매료되는 곳이다.

궁남지 가운데 있는 정자 포룡정, 백련과 홍련이 가득한 궁남지, 궁남지 연꽃 단지 안에는 오리들도 산다

추천여행지

부소산성

부소산성은 산책하기 좋은 곳이다. 벚꽃으로 물든 봄, 신록이 우거진 여름과 가을 단풍은 자박자박 걷는 즐거움이 있다. 부소산성은 백제의 마지막을 함께한 곳이다. 의자왕과 삼천궁녀가 낙엽처럼 떨어졌다는 낙화암의 전설이 있는 곳이다. 부소산성에는 성충, 흥수, 계백의 위패를 모신 삼충사와 해맞이 명소 영일루, 부소산 가장 위에 있는 사자루와 낙화암을 지나면 고란사가 있다.

1박2일 추천코스

1일
백제역사문화단지 부소산성 정림사지 국립부여박물관

2일
궁남지 능산리고분군 가림성

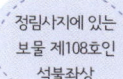
국보 제287호인 백제금동대향로

정림사지에 있는 보물 제108호인 석불좌상

★ 여행정보
서동공원 충청남도 부여군 부여읍 궁남로 52(동남리 117)
종합관광안내소 041-830-2330
부여문화관광 buyeotour.net

★ 친절한 여행 팁
❶ 7월 중순이면 서동공원 일대에 '부여 서동, 연꽃축제'가 열리고 궁남지 주변에는 국립부여박물관과 능산리 고분군, 정림사지가 있어 귀중한 백제의 문화유산을 만날 수 있다. 특히 화려한 장식과 뛰어난 조형미를 갖춘 금동대향로도 국립부여박물관에서 볼 수 있다.

❷ 연꽃을 예쁘게 촬영하고 싶다면 모양이 좋은 연꽃을 찾는 것이 우선이다. 망원렌즈를 사용하는 것이 좋다. 디테일을 잘 살릴 수 있고 배경이 흐려져 꽃이 강조되는 효과가 있기 때문이다.

❸ 천안논산고속도로를 타고 남공주IC로 나와 부여·이인 방면으로 좌회전한다. 이인을 지나 대향로로터리에서 1시 방향으로 진출, 부여초등학교 앞에서 부여박물관 방향으로 좌회전하고 궁남사거리에서 서동공원 방면으로 좌회전해 들어가면 서동공원이다.

★ 이것만은 꼭!
❶ 궁남지는 비 온 날도 날씨가 화창한 날도 괜찮은 곳이다. 비 온 날, 물기를 머금은 연꽃은 더 싱그러워 보이고 빛에 의한 산란도 적어 서정적 느낌이 잘 표현된다. 반면 날씨가 좋으면 전체적으로 화사한 풍경이 돋보인다.

❷ 봄에는 싹이 돋은 버드나무와 개나리가 궁남지 주변을 두르고 여름이면 궁남지 주변에 창포와 연꽃이, 겨울에 흰 눈으로 뒤덮인 궁남지가 아름답다.

★ 주변 맛집
백제향 : 부여군청 주변에 있는 연잎밥 전문 식당이다. 연근을 재료로 사용한 음식들과 함께 향긋한 연향이 배인 연잎밥정식이 인기 있다. 충청남도 부여군 부여읍 사비로30번길 17(동남리 653-1), 041-837-0110
나루터식당 : 장어구이, 충청남도 부여군 부여읍 나루터로 37(구아리 99), 041-835-3155
구드레돌쌈밥 : 불고기돌쌈밥, 충청남도 부여군 부여읍 나루터로 31(구아리 96-2), 041-836-9259

부산

063 남구 이기대와 오륙도
064 영도구 영선동
065 기장군 오랑대
066 사하구 다대포
067 중구 보수동 책방골목
068 해운대구 해운대

063
부산시 남구 용호동
이기대와 오륙도

부산의 상징 이기대 해안산책로와 오륙도
부산으로 향하는 배들은 오륙도 앞바다를 통과한다. 처음 찾는 이에게는 표석이고 돌아오는 이에게는 그리움의 상징이다. 그러니까 오륙도는 부산사람에게는 고향이라는 상징이고 그들의 마음이 담긴 섬이다.

이기대에는 절벽에 걸려 있는 길이 곱다. 길 자체가 아름다운 것이 아닌 길과 길을 품은 풍경이 아름다운 것이다. 용호 부두가 있는 섶자리에서 출발해 오륙도선착장에 이르는 길에서 하늘과 바다를 보면서 절벽 위를 걷는다. 이런 길은 재미있다. 걷는 즐거움과 등줄기를 타고 흐르는 짜릿함이 있다. 예컨대 이기대 해안산책로는 부산의 보물 같은 곳이라고나 할까.

'이기대'라는 이름이 붙은 이유에는 여러 설이 있으나, 가장 유력한 것은 두 명의 기생 무덤이 있기 때문이라는 것. 1850년 좌수영 역사와 지리를 기록한 『동래영지』에 따르면, 임진왜란 당시 두 명의 기생이 수영성을 함락시킨 왜장을 취하게 한 뒤 이곳에서 끌어안고 함께 죽은 장소라고 한다. 적장과 같이 죽는다는 것은 웬만한 장정도 하기 힘든 일이다. 두 기생의 고독한 용기가 담긴 시퍼런 바다를 바라본다. 기생의 눈물은 파도가 되어 죽음으로 이끈 절벽을 때린다.

이기대 해안산책로를 따라 보이는 풍경은 광안대교와 해운대 마천루다. 파란 하늘을 향해 높이 솟아 있어 마치 외국의 유명 관광지에 와 있는 착각이 든다. 이 길은 개방되기 전까지 외부인의 출입을 허락하지 않았다. 군부대가 주둔해 있던 까닭이다. 덕분에 자연 그대로의 상태가 유지되었다. 1993년 처음 일반인에게 열린 후 지금의 산책로는 2005년에 부산시가 조성한 것이다. 지금도 일부 구간은 철책선을 그대로 두어 과거의 모습을 보여준다.

길을 걸으면 스스로 걷는다기보다 자연이 끌어 주는 것 같다. 하늘이, 바다가, 바람이 눈을 밝히고 등 밀어주며 고른 숨을 쉬게 한다. 길의 종착지는 오륙도 해맞이공원이다. 오륙도는 부산의 상징이고 관문이다. 조용필의 「돌아와요 부산항에」라는 노래 가사에도 등장하는 오륙도는 보는 각도에 따라 5개 또는 6개의 바위섬으로 보인다. 육지로부터 가장 먼 등대섬을 제외하면 나머지는 무인도이다. 육지에서 제일 가까운 방패섬을 비롯해 솔섬, 독수리가 드나든 수리섬, 뾰족한 모양의 송곳섬, 오륙도의 가장 큰 섬으로 커다란 굴이 있는 굴섬이 등대섬과 육지 사이에 나란히 도열해 있다. 오륙도를 제대로 보려면 배를 타야 한다. 선착장에는 등대섬까지 돌아보는 배를 운항한다.

바닷가 선착장에는 해산물을 파는 할매들이 있다. 부산의 해녀들이다. 해녀들이 물질로 건져 올린 망태에는 바다의 향이 가득하다. 소라, 전복, 해삼, 문어, 성게, 멍게, 고동, 미역 등 보기만 해도 입가에 군침이 돈다. 여행자들이 해산물을 고르면 바로 썰어 주는데 날것의 풍미가 비릿하면서 진하고 신선하다. 게다가 값도 저렴하다. 일단 흥정이 끝난 후 해산물을 다듬고 잘라 접시에 담아주면 옆에 있는 초장집으로 향한다. 초장집에서 초장을 사고 막걸리나 소주를 사서 함께 먹을 수 있다. 오륙도를 휘감고 도는 바람도 시기할 자연의 맛이다.

이기대도심해안공원은 데이트 명소다, 오륙도와 오륙도 유람선, 부산의 상징인 오륙도

추천여행지

황령산 야경

황령산은 부산의 야경을 바라보기 좋은 산이다. 경치가 좋아 데이트는 물론 시민들의 산책 코스로 이용됐다. 또 부산의 야경을 즐기며 걷는 야간 산행코스로도 유명하다. 조선 세종 7년에는 군사적으로 중요해 정상에 봉수대를 설치했다. 황령산 야경은 광안대교, 수영구 일대와, 사상구, 진구 일대, 신선대 부두 등 별빛 같은 불빛으로 영롱하고, 바다 쪽 오륙도 등대 불빛이 깜빡거리며 밤의 낭만을 더해준다. 수영구청에서 청소년수련원 방향으로 도보로 30분 정도 오르면 황령산봉수대가 나온다.

1박2일 추천코스

1일: 광안리해변 — 이기대해안산책로 — 오륙도 — 해운대
2일: 장산숲길 — 양운폭포 — 미포 — 문텐로드

이기대 해안산책로에 있는 해식동굴

★여행정보
이기대도심자연공원 부산시 남구 용호동 25, 051-607-6361
부산시문화관광 tour.busan.go.kr

★친절한 여행 팁
① 이기대해안공원에서 산책로를 따라 바다로 접어들면 어울마당이 나온다. 바다와 광안대교 해운대까지 조망되는 곳으로 풍경이 시원하다. 이기대 해안산책로의 종점은 오륙도선착장이다. 선착장에는 오륙도스카이워크가 설치되어 있다. 절벽 위에 설치된 통유리로 된 전망대를 걷는 기분이 아찔하다. 선착장에는 섬을 유람할 수 있는 유람선이 있고 해산물을 파는 해녀촌이 위치해 있다.
② 부산역 앞 버스정류장에서 27번 버스를 타고 이기대공원정류장에서 하차한다. 정류장에서 공원까지 약 15분 정도 걸어가야 한다.
부산시티투어 www.citytourbusan.com

★이것만은 꼭!
이기대 해안산책로는 볼거리가 다양하다. 출렁이는 구름다리, 간이 동굴체험을 할 수 있는 해식동굴, 과거 구리광산의 흔적과 공룡발자국 바위, 영화 〈해운대〉에서 이민기와 강예원이 데이트하던 장소로 나왔던 어울마당과 꼿꼿한 선비의 모습을 한 농바위가 발길을 붙잡는다.

★주변 맛집
오륙도해녀촌 : 오륙도선착장 앞에 있는 해녀촌은 싱싱한 해산물을 저렴한 가격에 푸짐하게 먹을 수 있는 곳. 해산물을 구입한 뒤 이웃한 초장집에서 초장을 구입해 먹으면 된다. 부산시 남구 오륙도로 끝 지점
백운포아구찜 : 아귀찜, 부산시 남구 백운포로 43(용호동 895-16 뉴타운빌딩 4층), 051-626-2633
오륙도갈매기 : 소금갈매기살, 부산시 남구 용호로 217(용호 2동 542-22), 070-8170-8385

오륙도해녀촌에선 싱싱한 해산물을 구입할 수 있다

064
부산시 영도구
영선동

하늘과 바다 사이의 벼랑 끝에 걸려 있는 꿈
사람들의 끊임없는 삶의 욕구가 거대한 축대 위에 녹아 있다. 이곳 역시 치열한 삶의 현장이다. 재개발의 거대한 욕망 앞에 얇은 유리 같은 소박한 꿈은 견고한 축대 위에 부스러기가 되어 바람에 사라져 갈 것이다. 그럼에도 누군가에게는 사랑의 보금자리일 것이고 세상 누구보다 소중한 삶이 이어질 공간일 것이다. 어느 담벼락에 써진 'My 집'이 모여 있는 영선동은 내 집처럼 소중하다.

오직 부산에서만 먹을 수 있는 음식은 대단했다. 팥죽, 어묵, 유부오뎅, 땡초김밥, 밀면, 비빔당면, 족발냉채, 씨앗호떡 등 짧은 시간에 먹기에는 양도 많고 종류도 많았다. 점심을 먹기도 전에 이미 세끼 분량을 먹어 치웠기 때문에 걷기가 필요했다. 국제시장에서 용두공원을 둘러보고 남포동에서 영도다리를 건너 영선동으로 향했다. 옛날 영선동의 골목에서 만난 어느 주민의 이야기가 떠올랐기 때문이다.

"다음, 다음에 오면 꼭 들러요. 내 집에서 맛있는 차 한잔합시다." 그는 영선동으로 이주한 중년의 남성이었고 바다 위 벼랑 끝에 걸린 자신의 집을 카페로 만들 것이라고 했다. 그의 집은 작지만 큰 나무가 집을 드리우고 태양을 가득 담을 만한 마당이 있었다.

절영 해안산책로를 따라 바다를 옆구리에 끼고 천천히 걸었다. 중세의 성벽 같은 벼랑 위에는 낮고 작은 집들이 하늘 아래 오밀조밀 붙어 있다. 하늘은 눈이 시릴 정도로 파랬다. 이 풍경을 보고 있자니 인터넷에 어느 블로거가 소개한 영선동이 생각났다. 글 중에 가장 인상적인 대목은 '한국의 산토리니, 영선동'이라 지칭한 것이었다. 둘 다 벼랑 위에 있는 마을이라는 점은 같지만 영선동을 두고 '한국의 산토리니'라고 하는 표현은 다소 아쉽다. 그저 외형에서 오는 감상은 아닐는지. 산토리니의 낭만적 정서와 영선동은 거리가 멀어 보인다. 절영 해안산책로를 지나 피아노 계단을 오르고 영선동의 바다로 난 골목길인 흰여울길을 걷는다. 영선동을 '한국의 산토리니'라고 부르는 것보다 태양과 벼랑을 합친 '해벼루'가 어떨까. '해벼루마을 영선동'. 영도에서 가장 먼저 생긴 마을에 대한 우리식 표현이 있으면 좋겠다.

골목의 집들과 길이 오후의 빛에 점점 누렇게 변해갈 즈음에 중년의 남성이 말했던 집에 도착했다. 그의 집 앞 전봇대에는 태양이 살짝 걸려 있었다. 그의 꿈은 아직 이뤄지지 않았다. 어떤 사정이 있을지 모른다. 다만 언젠가 그가 아니더라도 그의 집은 훌륭한 카페가 될 수 있을 거라 생각했다. 벼랑 끝 아슬한 곳에 눈부신 햇살 담은 커피 맛은 상상만으로도 기분이 좋다. 영선동 골목길에서 나와 남포동으로 향하는데 코끝으로 커피향이 느껴진다.

∧ 성벽처럼 보이는 영선동 해안 축대
< 햇살 가득한 영선동과 동백꽃

추천여행지

태종대

태종대는 영도 동쪽에 위치하고 있는 거대한 암반이 있는 바닷가다. 영도 등대에서 남쪽 해안가 절벽으로 난 석교를 따라 들어가면 신선대가 있고 신선대 위에 홀로 우뚝 선 망부석과 멀리 주전자를 닮은 생도가 보인다. 태종대는 신라 태종 무열왕이 해안 절경에 반해 말을 타고 활을 쏘며 절경을 즐긴 곳이다. 태종대 이름도 여기서 유래됐다. 등대에서 태종대로 가는 계단과 석교에서 바라보는 신선대는 부산의 오륙도와 함께 대표적인 명승지로 풍경이 장관이다. www.taejongdae.or.kr

1박2일 추천코스

1일 ○·········○·········○
자갈치시장   태종대   영선동흰여울길

2일 ○·······○·······○·······○
황령산   부전동공구거리   동래읍성   온천장

영선동의 절영해안산책로 끝에 있는 피아노 계단

★여행정보

절영해안산책로 부산시 영도구 절영로 209(영선동 4가 1424-6)
부산역관광안내소 051-441-6565
부산시문화관광 tour.busan.go.kr
영도구문화관광 tour.yeongdo.go.kr

★친절한 여행 팁

① 절영 해안산책로는 갈맷길 3-3 구간이 지난다. 남항대교에서 태종대원지 입구까지 걷는 코스로 총 10km의 거리에 4시간 남짓 걸린다. 절영 해안산책로 외에 해안의 비경을 보며 걷는다. 걷기를 좋아하는 사람에게 괜찮은 코스다.
② 절영 해안산책로의 하이라이트는 피아노 계단이다. 계단 위에 있는 마을 쉼터 앞에서 계단을 배경으로 기념 촬영해보자. 바닷가와 해안산책로를 포함해서 담을 것, 이는 영선동의 특징이기 때문이다.
③ 영도에서 영선반도보라아파트와 타이타닉레스토랑 사이에 주차장이 있다. 대중교통으로는 부산 1호선 남포역에서 나와 택시를 이용한다. 타이타닉레스토랑이나 영선반도보라아파트 또는 절영 해안산책로 입구로 향하면 된다.

★이것만은 꼭!

① 영선동 일대는 사람이 사는 거주지다. 지나치게 접근을 하거나 무례한 행동, 사생활을 침범할 수 있는 행위나 촬영은 하지 말도록 하자. 마을주민과 웃으면서 만나 영선동의 옛 이야기를 들어 보도록 하자. 이야기는 여행을 더 풍부하게 해준다.
② 절영 해안산책로 입구에 흰여울관리사무소가 있다. 흰여울길과 갈맷길 안내를 받을 수 있고 화장실과 쉴 수 있는 공간이 있다.

★주변 맛집

할매가야밀면 : 광복동 패션거리 골목에 있는 밀면집이다. 밀가루와 옥수수를 섞어서 뽑은 면을 사용하며 차가운 육수에 오이와 고기 등의 고명과 매콤한 양념을 얹은 맛이 좋다. 부산시 중구 광복로 56-14(남포동 2가 17-1), 051-246-3314
할매집 : 조개구이, 부산시 영도구 감지해변길 92(동삼동 1052), 051-403-0526
영티리집 : 빙장회·아귀찜, 부산시 영도구 남항서로82남길 64-3(남항동 3가 105-1), 051-416-8286

065
부산시 기장군 기장읍
오랑대

격렬한 파도의 유희
세찬 파도는 힘든 삶과 닮아 있다. 어둠을 뚫고
서서히 붉은 태양이 나타나면 두려움은
사라지고 희망이 솟아난다. 장엄한 태양은
시작을 알리는 첫 노래다. 이 순간은 외롭지 않다.
온몸으로 맞이한 희망의 찬가가 있기 때문이다.

여행을 하면서 가급적 피하고 싶은 날이 있다. 꽃이 만발한 봄과, 여름 휴가철, 가을 단풍철이 그렇다. 하늘 높은 줄 모르고 치솟는 물가와 발 디딜 틈 없이 모인 사람들 때문에 이래저래 피곤하고 고달픈 여행이 된다. 제철 여행이 주는 덤이니 그렇다 치자. 1년에 단 한 번 있는 크리스마스는 달갑지 않다.

기장의 오랑대 일출 촬영을 위해 인근 송정해변에 숙소를 정했다. 송정해변은 모텔을 비롯한 숙박업소가 많이 모여 있는 곳이다. 무조건 일출을 담아야 했기에 머무는 날은 기약이 없었다. 때는 크리스마스이브 전날이니까 12월 23일이었다. 예상보다 2배로 뛰어 오른 모텔 숙박료는 이브 때 그 2배를 갱신했다. 여러 군데를 돌아봐도 마찬가지였다. 하는 수 없이 전날 묵었던 곳으로 찾아가 사정을 한 끝에 조금 깎인 금액으로 머물 수 있었다. 예수님 탄생일에 왜 모텔 숙박료가 수직 상승을 하는지 이해가 되지 않았지만 넓은 사랑의 실천이 사람들에게 영향을 미친 것이라 생각했다. 그리고 이왕 비싸게 숙박료를 치른 만큼 일출을 잘 찍어야 했다. 머무는 시간이 늘어날수록 손해는 극심해진다.

오랑대는 부산의 대표적인 해돋이 명소다. 기암절벽이 바다로 나 있는 데다 푸른 동해를 붉게 물들이는 태양과 힘찬 파도가 있다. 사진을 좋아하는 이들에게는 꼭 가봐야 할 해돋이 출사지다. 오랑대 앞 갯바위에 서면 바위 사이로 거센 파도가 철썩인다. 두려움마저 일으키는 큰 파도는 모든 것을 집어 삼킬 듯 맹렬하게 바위에 부딪친다. 파도가 심한 날은 용왕단까지 파도가 넘나든다. 용왕단은 오랑대 바위 제일 높은 곳에 있는 건물로 용왕에게 치성을 드리기 위해 세운 작은 암자다. 크리스마스는 홀로 여행하는 여행자들에게 매우 불합리한 날이다. 제철의 훌륭한 풍광을 보는 것도 아닌데 비싼 숙박료는 억울해도 너무 억울하다. 그러나 커플에게는 사랑 고백의 정점에 있는 날이고 숙박업소는 땡잡는 날이다. 너무나 다행인 것은 그나마 일출 촬영을 끝냈다는 것. 일출도 없었다면 무척 가슴 아플 뻔했다. 이제는 그날의 일은 어느 크리스마스에 있었던 당황스러운 에피소드로 기억에 남았다.

오랑대는 사진가들에게 인기 있는 촬영지다

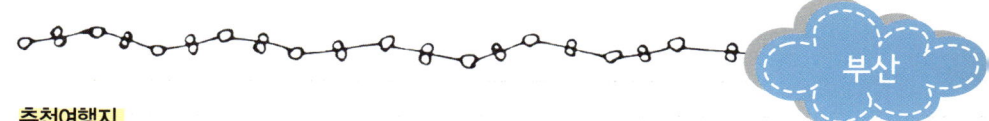

부산

추천여행지

해동 용궁사
자비로운 관음상이 굽어보는 곳으로 고려 말(공민왕) 고승 나옹화상이 1376년에 세운 절이다. 일반적으로 절은 산 속에 있는데, 용궁사는 바닷물이 드나드는 곳에 지어졌다. 입구에는 교통 안정을 기원하는 탑이 있고, 많은 이들이 어루만진 배불뚝이 득남불도 있다. 득남불 아래에는 장수의 염원이 담긴 108계단이 있고, 경내에는 해수관음상이 있다. 바닷가에는 모든 중생을 극락으로 인도하는 지장보살이 있다.

1박2일 추천코스

1일 송정해변 – 해동용궁사 – 임랑해변 – 대변항

2일 오랑대공원 – 해운대 – 문텐로드

오랑대 파도는 높고 힘차기로 유명하다

★ **여행정보**
해광사 부산시 기장군 기장읍 기장해안로 340(연화리 473-1), 051-721-3167
송정관광안내소 051-749-5800
부산시문화관광 tour.busan.go.kr

★ **친절한 여행 팁**
❶ 새해 일출 여행을 계획한다면 오랑대를 추천한다. 오랑대는 송정해변이나 울산의 간절곶, 임랑해변보다 덜 알려져 있어 사람들에 치이지 않으면서 일출을 볼 수 있다. 일출 촬영에는 삼각대가 필수다. 여행일 때는 삼각대를 사용해 촬영하고 해가 뜨면 삼각대에서 카메라를 분리해서 촬영한다. 많이 다양하게 촬영하는 것이 좋다.
❷ 오랑대가 파도로 이름난 것은 시베리아 기단의 차가운 북서 계절풍의 영향 때문이다. 11월 말부터 이듬해 2월 말경까지 3~4일 주기로 매서운 바람이 들고 약해진다. 이맘때는 오랑대 방향으로 일출이 진행된다.
❸ 해동 용궁사에서 기장 방면으로 조금 더 가다가 해광사 이정표를 보고 들어선다. 해광사 방향으로 들어가지 말고 바닷가로 가면 주차장이 나온다.

★ **이것만은 꼭!**
겨울에 일출을 보려면 단단히 입고 나서야 한다. 보통 해가 뜨기 전부터 기다려야 장엄한 일출을 감상할 수 있다. 내복을 비롯해서 귀마개, 장갑은 필수품이다. 방한복을 입고 잘 미끄러지지 않는 등산화를 신는 것도 잊지 말자.

★ **주변 맛집**
송원물회 : 송정해변 뒤에 있는 물횟집이다. 회의 맛을 저해하지 않는 정도의 무, 배, 오이, 무순 등 야채와 육수가 무척 깔끔하고 푸짐하다. 곁들여 나오는 매운탕과 밑반찬도 맛이 괜찮다. 부산시 해운대구 송정중앙로 48(송정동 284-1), 051-703-4420
신선지국밥 : 소고기국밥·선지국밥, 부산시 해운대구 송정중앙로 48(송정동 284-1), 051-701-3512
외가집짚불곰장어 : 짚불곰장어, 부산시 기장군 기장읍 공수2길 5-1(사랑리 565-2), 051-721-7098

066
부산시 사하구 다대동
다대포

모래와 황금빛 일몰이 그리운 곳
만약 집을 짓고 부수는 것처럼 자연도
그리할 수 있다면 고민할 것 없겠다.
하지만 현실은 산을 깎아 버리면 다시 그 산으로
돌아오지 않는다. 예쁜 진달래를 꺾으면
다시 그 진달래를 볼 수 없는 것처럼 말이다.
우리가 자연을 보듬는 방법은
그냥 내버려 두는 것이 최선일지 모른다.

다대포는 공사 중이었다. 곳곳에 웅덩이가 흉물스럽게 드러나 있고 보기에도 조악한 워터파크가 다대포 백사장에 들어서 있었다. 이 인공 풀장은 한 번에 2,000명까지 수용할 수 있다고 한다. 리조트의 수영장도 아닌 워터파크가 들어선 이유는 뭘까? 다대포는 여름이면 피서객으로 붐비던 해수욕장이다.

뉴스에 따르면 다대포해변은 해수욕을 하기 힘든 곳으로 바뀌었다고 한다. 4대강의 영향 때문인지, 환경과 지형이 바뀌면서 그런 것인지 명확하지는 않지만 다대포 바다는 점점 흙탕물로 바뀌어가고 있다는 것이다. 예전과 다른 것은 분수대가 만들어졌다는 것. 전국 최고의 일몰 촬영지로 명성이 높던 다대포가 점점 옛 모습과 달라지고 있었다. 풍경은 바뀐다. 그곳에 사람이 있기 때문이기도 하고 지구적 환경문제나 자연 재해로 바뀔 수 있다.

예전 다대포를 찾았을 때 해변 위에는 모래 언덕이 있었고, 바람에 그 모래가 흩날리며 사막 같은 풍경을 만들었다. 해변에 드리워진 일몰은 장엄하고 엄숙했으며 그곳에 사람들은 순례자처럼 자연 앞에 서 있었다. 주변의 몰운대는 해송으로 가득하고 몰운대와 화손대, 2개의 대는 일출의 명소였다. 다대포와 몰운대는 해류의 영향으로 자주 짙은 안개가 껴 차분하고 경이로운 풍경을 보여주었다.

과거 다대포는 주변 바다에서 잡은 해산물의 집결지이자 군사적 요충지였고 인근의 을숙도는 한때 동양 최대의 철새 도래지였다. 다대포가 있는 사하구는 왜적의 침입이 잦았던 조선시대에 왜적을 물리쳤다는 기록이 남아 있고, 임진왜란 때 부산진성을 함락시킨 일본군이 다음으로 함락시켰던 곳은 다대포였다. 이때 장렬하게 전사한 윤흥신 장군을 추모하기 위한 윤공단이 다대동 주공아파트 입구에 남아 있다. 1983년에는 반잠수정을 타고 침입한 무장공비와 국군이 교전을 벌였고, 2002년 부산 아시안게임 때는 북한 응원단을 태운 만경봉호가 다대포항으로 입항했었다.

어쨌든 다대포가 일출 명소라는 것은 지금도 유효하다. 해가 뜨고 지는 것은 환경이 바뀌어도 매일 일상의 한 부분처럼 진행되기 때문이다. 물이 고인 해변은 하늘을 비추고 있다. 점점이 바뀌는 색을 그대로 담는다. 일몰의 빛이 어둠 속으로 사라지고 나자 사람들은 분수대로 향한다. 어느 예쁜 목소리를 가진 아나운서가 라디오 방송처럼 사연을 소개하고 음악을 틀자 분수는 리듬에 맞춰 춤을 춘다. '꿈의 낙조분수'는 충분히 재미있고 아름답다. 다만 다대포해변을 잃고 얻는 것 같아 마음이 아프다.

부산 일몰 명소인 다대포해변

부산

추천여행지

감천동 문화마을

사하구 감천동 문화마을은 천마산과 옥녀봉 사이에 있는 마을이다. 원래 민족 종교인 태극도의 신앙촌으로 조성된 곳이다. 산자락을 따라 마을의 집들은 개성 넘치는 색으로 치장했다. 분홍, 파랑, 초록, 노랑 등 파스텔색의 페인트가 벽마다 곱게 칠해져 있다. 집과 집을 잇는 골목에는 삶과 역사, 이야기가 담겨 있다. 처음 곱게 칠한 마을 풍경으로 알려졌다가 2010년 예술단체와 주민들의 합의에 따라 '감천동 문화마을'로 정비되었다. 이제 마을에는 갤러리, 북카페, 설치미술, 벽화 등이 만들어지고 있다.

1박2일 추천코스

1일: 감천동태극마을 — 다대웅봉봉수대 — 몰운대 — 다대포해변

2일: 을숙도생태공원 — 자갈치시장 — 국제시장 — 광안리해변

다대포해변에 있는 꿈의 낙조분수

★ **여행정보**

몰운대공원관리사무소 부산시 사하구 몰운대길(다대 1동 산 144), 051-220-4548
사하구문화관광 tour.saha.go.kr

★ **친절한 여행 팁**

❶ 다대포선착장은 일출 명소이기도 하다. 특히 다대포 바다 풍경과 함께 오메가 태양을 담을 수 있는 곳으로 겨울에는 다대포선착장, 가을에는 몰운대 동쪽 해안가와 화손대가 있다. 다대포해변의 노을은 여름철이 좋고 부드럽게 황금빛으로 물드는 노을은 봄, 가을, 겨울이 좋다.

❷ 남해고속도로를 타고 서부산 톨게이트로 나와 공항로를 따라가다 명지IC에서 하단 방면 우측 방향으로 진입, 낙동남로를 지나 하구둑교차로에서 다대포 방향으로 우회전해 계속 직진하면 다대포해변이다. 대중교통으로는 1호선 신평역(3번 출구) 하차 후 2번 버스 이용 또는 1호선 괴정역에서 하차 후 다대포해수욕장행 버스 환승(11번, 96번)하면 된다.

★ **이것만은 꼭!**

❶ 몰운대 산책로와 다대포해수욕장 경계에 '몰운대 낙조전망대'가 있다. 몰운대 서쪽 경사지에 설치된 길이 346m의 덱 길은 가볍게 산보하기 좋다.

❷ '꿈의 낙조분수'는 다대포해수욕장 진입장에 꾸민 둘레 180m의 분수대로 55m 높이까지 물이 올라간다. 3~11월 다양한 장르의 음악에 따라 계절별로 특화된 분수의 공연이 펼쳐진다.

★ **주변 맛집**

18번완당집 : 얇은 만두피에 적은 양의 소를 넣고 빚은 완당 맛집이다. 중국식 완당이 아닌 우리 입맛에 잘 맞는 육수와 완당이 담백하다. 완당과 함께 먹을 수 있도록 유부초밥이나 김밥 등도 준비되어 있다. 부산시 중구 비프광장로 31(남포동 3가 1), 051-245-0018

최가네촌국수 : 촌국수 · 김밥. 부산시 사하구 하신번영로207번길 8(하단 1동 1180-14), 051-292-0053

옛날오막집 : 특양구이, 부산시 서구 대영로74번길 26(동대신동 1가 214), 051-243-6973

완당

067
부산시 중구 보수동

보수동 책방골목

헌책방에 관한 달콤한 추억
헌책에는 새 책과는 다른 향이 있다. 지난 세월의 낡음을 잔뜩 머금은 향이다. 책은 낡지 않는다. 메마르지 않는 샘처럼 세상의 온갖 이야기를 담고 있기 때문이다. 부산시 보수동에는 60년 역사를 가진 책방골목이 있다. 종류도 다양한 책을 보고 있자면 타임머신을 타고 여행을 하는 것 같다.

책방골목에는 다양한 서적들이 가득하다
보수동 책방골목의 입구

내 책장에서 가장 오래된 책은 『미원 사용 설명서』다. 책 곰팡이 냄새가 가득하고 요즘 잘 사용하지 않는 문장과 한글, 한문이 혼용된 책이다. 1962년 발행이니까 딱 50년이 지났다.

가장 좋아하는 책으로는 오래된 세계여행자 김찬삼 선생의 『김찬삼의 세계여행』 전집 10권이다. 이 전집은 세계일주의 전설과 같은 책으로 청소년 시절 무한한 꿈을 가슴에 심어주던 책이다. 어느 여름날 수해를 입어 더 이상 책의 기능을 상실한 후 폐기된 전집을 보수동의 헌책방에서 만났다. 『김찬삼의 세계여행』은 낡음의 시간 속에 있으면서 여전히 새로움을 간직한 책이다.

보수동에 추억 한 보따리 담긴 책들이 모이게 된 것은 6·25 전쟁 발발 이후부터다. 전쟁으로 전국 각지의 사람들이 살기 위해 부산으로 모였다. 정부는 부산을 임시 수도로 정하고 피난민들은 중구와 동구, 서구, 영도구 일대에 정착했다. 중구 보수동 일대에는 부산 소재 대학은 물론 피난 온 대학들이 둥지를 틀고 있었다. 난리의 와중에도 학생들은 노천의 천막학교에서 공부를 이어갔다. 그러나 끼니조차 해결하기도 어려운 시절, 변변한 책 한 권 구하거나 찾기도 힘들 터였다.

이북에서 피난 온 손정린 씨는 보수동 좁은 골목 안에서 헌책방 노점을 시작했다. 고물상들이 수집한 헌책과 미군부대에서 흘러나온 잡지, 만화 등을 판매했다. 그렇게 시작한 헌책방은 학생들에게 고마운 존재였다. 하나둘씩 늘어나 책방골목이 형성되었다. 80년대 이후에는 헌책방이 70여 곳으로 늘어날 정도로 호황을 이루었다.

지금의 보수동 책방은 50여 곳이다. 이제는 책을 사고파는 것 이외에도 공연과 전시도 열리는 문화의 공간으로 거듭나고 있다. 골목 사이로 벽화가 그려져 있고, 책을 읽으며 쉴 수 있는 카페도 늘었다. 골목 안쪽에는 보수동 책방골목 문화관이라는 문화 공간이 위치하고 있다. 책 박물관과 옥상 정원 등이 있어 쉬어가기 좋다.

보수동 책방골목은 책 한 권에 담긴 이야기는 물론 우리네 현대사의 굴곡도 짐작할 수 있는 곳이다. 누군가가 남긴 책 한 권을 통해 시대를 공감할 수 있는 매력도 지녔다. 책 향기란 시대를 함께 추억하는 것일지 모른다.

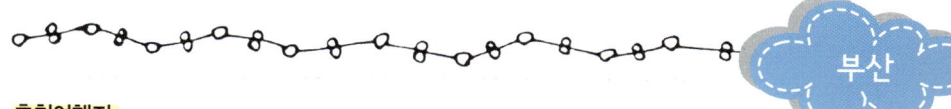

부산

추천여행지

국제시장
중구 신창동에 있는 재래시장이다. 6·25 전쟁 이후 피난민들이 장사를 하며 활기를 띠었고, 미군 물자와 밀수입된 온갖 물건들이 국제시장을 통해 유통되었다. 부산시민의 애환과 삶이 녹아 있는 곳으로 다양한 상품과 저렴하고 맛좋은 먹을거리가 있어 늘 붐빈다.

1박2일 추천코스

1일 자갈치시장 — 국제시장 — 보수동책방골목 — 남포동

2일 용두산공원 — 영선동흰여울길 — 태종대

늙은 곰 이야기가 그려진 보수동골목

★ **여행정보**
보수동책방골목문화관 부산시 중구 대청로 61-2(보수동 1가 130-3), 051-743-7650

★ **친절한 여행 팁**
① 시장투어를 해보는 것도 좋다. 보수동 주변에는 부산의 대표적인 시장이 있다. 신선한 해산물이 가득한 자갈치시장과 만물상 같은 국제시장, 부평시장 등 눈요기 거리와 먹을거리가 지천이다.
② 보수동 책방골목 탐험은 부드러운 빛이 골목을 채우는 오후가 좋겠다. 골목을 누비는 사람과 차양과 책들 위로 얹어진 빛이 눈부시다. 그리고 자신이 정한 테마를 가지고 보물찾기를 해보자. 예를 들면 자신이 태어난 해의 잡지나 취미와 연결된 책들이다.
③ 자갈치역 3번 출구 국제시장 방향으로 나와 극장 거리를 지나 제일은행 골목 국제시장을 지난다. 국민은행 사거리 대각선 방향에 보수동 책방골목 입구가 있다.

★ **이것만은 꼭!**
보수동 책방골목 동화서점 옆 계단 위로 벽화골목이 조성되어 있다. 원색의 색들이 계단을 따라 이어진다. 벽에 그려진 카멜레온과 늙은 곰의 이야기는 보고 읽는 재미가 있다.

★ **주변 맛집**
할매유부전골 : 달달한 국물과 쫀득한 어묵, 푸짐한 유부주머니의 맛이 기막힌 집이다. 국제시장에서 '할매유부전골'을 모르면 간첩일 정도로 유명하다. 부산시 중구 부평3길 29(부평동 1가 15-20), 1599-9828
가야할매밀면 : 물밀면, 부산시 중구 광복로 56-14(남포동 2가 17-1), 051-246-3314
거인통닭 : 통닭, 부산시 중구 중구로47번길 34(부평동 2가 11-2), 051-246-6079

유부전골

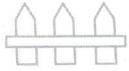

뜨거운 태양 아래 사랑이 익어간다
거친 파도가 있는 바다와 하늘 높을 줄 모르는 빌딩 숲,
어둠을 밝히는 보석 같던 야경들이 해운대에 있다.
아름다운 도시 부산을 여행하고 조금은 지친 몸을 한껏
충전할 수 있는 해운대, 거기엔 오로지 즐거움이 있다.

해운대는 전국 최고의 해변이라 할 만하다. 여름철 무더위가 기승을 부릴 때면 해수욕을 즐기는 사람들로 만원이다. 연일 최고의 인파를 돌파했다는 뉴스는 이맘때의 단골소식이다.

해운대해변에 들어서 모래사장으로 가면 수많은 발자국이 예술가의 설치작품처럼 콕콕 찍혀 있다. 연인끼리 친구끼리 가족끼리 저마다 정겨운 웃음소리로 채웠을 발자국이다. 또 모래 위에서 수많은 젊은이들은 사랑을 키웠다. 맨발로 모래 위를 걸으면 자연스럽게 걷지를 못한다. 모래가 부드러운 탓이다. 손을 잡으며 걸으면 훨씬 안정감이 있다. 한 손에는 신발을, 한 손에는 서로의 손을 잡으며 파도를 피하기도 하고 사진도 찍는다. 해운대에서 가장 쉽게 볼 수 있는 장면이자 제일 아름다운 장면이다.

해운대라는 이름은 신라 말기의 대학자인 최치원의 자(字), 해운에서 유래됐다. 벼슬을 버리고 가야산으로 향하던 그는 우연히 해운대에 들렀다가 주변 절경에 감탄했다고 한다. 이를 기념하기 위해 웨스틴 조선 호텔에서 누리마루 가는 방향 암벽에 해운대라는 글자를 음각으로 남겼는데, 그 흔적을 지금도 볼 수 있다.

동백섬에는 황옥공주에 얽힌 전설이 전해지는 인어상도 있다. 사랑 때문에 거품으로 사라지는 덴마크의 인어공주상과는 다르다. 황옥공주는 인도 아유타국의 공주로, 금관가야의 김수로왕의 왕비 허 황후라고 전해진다. 기록으로 따지면 최초의 국제결혼인 셈이다. 황옥공주는 후에 김해 허씨의 시조가 된다. 황옥공주는 이국에서 생활하며 고향을 그리워하는 애틋함도 남달랐을 터, 그래서인지 인어상이 바다로 향한 모습엔 고향에 대한 그리움이 묻어 있다.

해운대 여행은 밤에 더 빛이 난다. 야경이 있기 때문이다. 부산 해운대 주변은 전국 야경의 명소다. 대표적인 야경 포인트로 장산에서 바라본 해운대 일대와 광안대교 야경이 있고, 동백섬의 누리마루를 배경으로 한 야경, 동백섬 주차장과 방파제에서 바라본 고층 빌딩을 배경으로 한 야경, 벡스코 옆에 있는 영화의 전당이 있다. 해가 진 후 선선해진 시간, 해운대해변을 따라 인어상을 지나 누리마루까지 이어진 산책을 하고 야경을 감상하는 것은 해운대에서 즐기는 낭만의 하이라이트다.

빌딩숲 아래 해운대해변이 이국적이다. 부산 야경의 명소 동백공원에서 본 마천루

추천여행지

문텐로드
이기대 해안산책로와 함께 부산에서 뜨고 있는 길이 문텐로드다. 이 길은 해운대해변에서 송정해변으로 넘어가는 와우산 중턱 길이다. 사람의 감성에 영향을 미치는 달맞이 산책은 사랑을 나누는 최고의 코스로 인기가 많다. 주변에는 쉬어가기 좋은 갤러리와 카페가 있으며 여행의 마무리는 달맞이길 언덕에 있는 해월정이다.

1박2일 추천코스

1일 ○ 해운대 — ○ 문텐로드 — ○ 아쿠아리움 — ○ 누리마루 — ○ 영화의전당

2일 ○ 장산계곡 — ○ 금정산성 — ○ 범어사

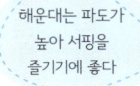
해운대는 파도가 높아 서핑을 즐기기에 좋다

★여행정보
해운대해수욕장 부산시 해운대구 달맞이길62번길(중 1동 1015)
해운대종합관광안내소
051-749-4335, 5700
해운대문화관광 tour.haeundae.go.kr

★친절한 여행 팁
① 부산 아쿠아리움은 테마별 90개의 수조와 국내 최장인 80m 해저터널, 3,000톤의 메인 수조 등의 시설에 400여 종 40,000여 마리의 수중 생물이 전시되어 있다. 다소 비싼 입장료가 부담이지만 신비한 수중 생물의 세계로 직접 들어가 본 것 같은 체험을 할 수 있다.
부산아쿠아리움
www.busanaquarium.com

② 해운대 전체 조망은 주변 호텔에서 내려다보는 게 좋다. 단 투숙을 해야 하는 단점이 있다. 또는 달맞이공원에서 해운대를 조망할 수 있다. 해운대 일출은 동백섬이 괜찮다.

③ 부산 2호선 해운대역 5번 출구로 나와 약 600m 정도 내려오면 해운대해변이다.

★이것만은 꼭!
① 여름철 해수욕이 본격 시작되면 해운대해변의 사진 촬영은 신중해야 한다. 일명 '몰카카메라'가 기승을 부리는 가운데 행여 오해를 받을 수 있기 때문이다. 촬영을 하려면 사전 양해를 구해야 한다.
② 문텐로드는 봄이면 벚꽃길이 아름답고 장산 숲길은 여름철에 방문하는 것이 좋다. 양운 폭포와 숲이 가슴을 시원하게 해준다.

★주변 맛집
신토불이분식 : 신토불이분식은 40년 동안 손칼국수를 만들어 왔다. 멸치 다시마 육수와 입에 착착 감기는 수타면에 김가루, 참깨, 부추가 고명으로 들어갔다. 부산시 해운대구 구남로41번길 27(중동 1394-308), 051-746-7057
상국이네김밥 : 충무김밥, 부산시 해운대구 중동1로 38(중동 1394-190), 051-742-9001
금수복국 : 뚝배기복국, 부산시 해운대구 중동1로43번길 23(중 1동 1394-65), 051-742-3600

손칼국수

제주도

- **069** 서귀포시 광치기해변
- **070** 제주시 금능으뜸원해변
- **071** 제주시 한라산 백록담
- **072** 서귀포시 외돌개
- **073** 북제주군 용눈이오름
- **074** 서귀포시 가파도
- **075** 서귀포시 군산오름
- **076** 제주시 거문오름
- **077** 서귀포시 방주교회
- **078** 제주시 이호테우해변
- **079** 제주시 우도
- **080** 서귀포시 따라비오름

069
제주도 서귀포시 성산읍
광치기해변

그날의 기억을 보듬어 주는 바다
광치기해변을 좋아한다. 눈을 자극하는
여러 질감들이 복잡하게 펼쳐져 있기 때문이다.
또 스스로의 시간을 만들어가는 것도
급변하는 날씨와는 상관없이 마음을 자극한다.
그 해변이 지금 눈앞에 펼쳐져 있다.

성산일출봉에 오르는 것은 일출의 광경을 목도하기 위함이다. 그러나 사진가들은 성산일출봉의 일출을 담기 위해 성산일출봉에 오르지 않는다. 그들은 광치기해변으로 간다.

한라산을 정점으로 바다로 낮게 흐르던 땅은 성산포를 지나 바다에서 다시 우뚝 솟아났다. 광치기해변은 이러한 성산일출봉의 오른쪽 모습과 특징을 잘 볼 수 있는 곳이다. 지도에서 보면 광치기해변과 오조리와 성산포를 잇는 성산갑문교를 빼면 섬처럼 보인다. 실제로 광치기해변은 '터진목'이라 불렸다. 터진목이란 '터진 길목'이란 뜻이다. 해변은 썰물과 밀물 때에 따라 육지가 되고 바다가 되었다. 1940년대만 해도 그랬던 광치기해변은 이후 도로가 나면서 완전한 육지가 된다.

광치기해변은 제주의 커다란 비극이었던 4·3 사건의 현장이기도 하다. 해안 모래사장 일대에서 성산면 일대의 난산리, 수산리, 고성리 등의 마을주민들이 희생당했다. 무고하게 희생된 주민 수만 400여 명에 이른다.

해안 길에는 당시 슬픔으로 가득했던 현장을 추모하는 추모석과 집단학살터의 표지석, 위령비가 세워져 있다. 제주4·3성산읍희생자위령비에서 약 30m 떨어진 곳에는 2008년 노벨문학상 수상자였던 '르 클레지오'의 제주기행비문이 있다. 비문에는 2008년 9월 제주에서 4·3 사건과 해녀, 돌하르방 등을 취재하고 이듬해 GEO 창간 30주년 특별호에 게재했던 내용이 적혀 있다. '섬에는 우수가 있다'로 시작하는 비문을 읽으면 대작가가 제주 4·3 사건을 바라보는 가슴 아픈 시선이 느껴진다. 광치기해변의 슬픈 이야기는 여기서 끝나지 않는다. 광치기해변의 광치기란 이름은 '관치기'에서 유래됐다고 전해진다. 옛날 제주의 거친 바다에서 조난을 당한 어부들의 시신과 부서진 뗏목 조각들이 광치기해변으로 떠내려 왔다. 그래서 시신을 수습하는 관을 늘 볼 수 있었다고 한다. 마을사람들이 관을 가지고와 시신을 수습하던 곳이라 해서 관치기라 불렸고 관치기는 나중에 광치기로 바뀌었다고 한다.

사진가들이 광치기해변을 찾는 이유는 성산일출봉 앞으로 떠오르는 일출에 있다. 붉고 찬란한 일출은 그날 핏빛으로 물들었던 해변을 기억할까?

조개를 캘 수 있는 통밭알, 터진목이라고도 부르는 광치기해변

제주도

추천여행지

섭지코지

성산일출봉에서 남쪽에 툭 튀어나온 섭지코지는 해안절벽과 우뚝 솟은 전설 어린 선바위 풍경이 아름다운 곳이다. 봄이면 노란 유채꽃이 뒤덮고 성산일출봉과 마주할 수 있는 곳이다. 휘닉스아일랜드에 의해 조망권 일부를 상실했지만 여전히 비경을 간직한 곳이다. 영화, 드라마의 단골 촬영지인 섭지코지는 TV 드라마 〈올인〉의 촬영세트장이 남아 있고 등대가 그림처럼 자리 잡고 있다.

1박2일 추천코스

1일 만장굴 — 김녕미로공원 — 월정리해변 — 제주해녀박물관 — 식산봉

2일 성산일출봉 — 광치기해변 — 산양해변 — 섭지코지

> 광치기해변은 올레2코스가 시작된다

★ 여행정보

백록회관 제주도 서귀포시 성산읍 일출로 222(성산리 399-28)
성산일출봉관광안내소 064-784-0959
제주도관광정보 www.jejutour.go.kr

★ 친절한 여행 팁

❶ 올레2코스 시작점이 광치기해변이다. 광치기해변에서 출발해 식산봉을 지나 오조리센터, 대수산봉, 고·양·부 삼씨성의 시조가 벽랑국 세 공주를 맞이했다는 혼인지를 거쳐 온평포구에 도착하는 16.2km의 거리에 6시간 정도 소요되는 코스다.

❷ 성산갑문의 건설로 커다란 호수가 된 통밭알은 물이 빠지면 조개를 캐는 사람들이 모인다. 광치기해변과 전혀 다른 풍경이 연출된다.

❸ 제주시에서 번영로를 타고 봉개동을 지나 대천동사거리에서 평대 방향 좌회전, 비자림로를 따라가다 공당리에서 성산 방향으로 우회전해 중산산동로를 따라가다 수산초등학교를 지나 1119번 도로를 타고 직진하면 광치기해변이다.

★ 이것만은 꼭!

❶ 산양해변은 섭지코지 안쪽에 있어서 파도가 직접 바다로부터 들어오지 않고 적당한 바람이 불며 수심이 얕아 윈드서핑하기에 좋은 조건을 갖춘 해변이다. 다른 해변에 비해 한적해 조용히 해수욕을 즐길 수 있다.

❷ 봄이면 광치기해변 일대와 섭지코지는 유채꽃이 만발한다. 봄 이외에 여름과 가을, 겨울에도 광치기는 아름다운 해변이며 밀물 때와 썰물 때 풍경이 다른 곳이다.

★ 주변 맛집

경미휴게소 : 성산일출봉 인근에 있는 식당. 해녀들이 갓 잡아 올린 싱싱한 해산물을 내놓는다. 그중 문어, 조개 등을 넣고 끓인 문어라면과 문어숙회가 인기다. 제주도 서귀포시 성산읍 일출로 259(성산리 145-4), 064-782-2671

오조해녀의집 : 전복죽, 제주도 서귀포시 성산읍 한도로 141-3(오조리 3), 064-784-0893

우리봉식당 : 오분짝뚝배기, 제주도 서귀포시 성산읍 일출로 273(성산리 157-1), 064-782-0032

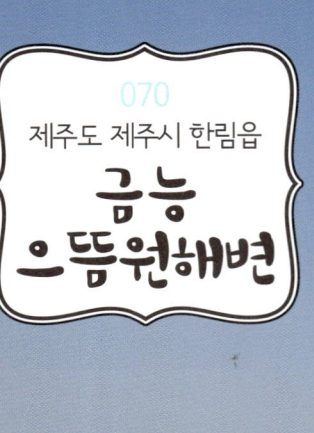

070
제주도 제주시 한림읍
금능 으뜸원해변

누구에게나 파라다이스
비양도를 품은 작은 해변에서 할 일은
넉넉한 마음으로 편하게 즐기고,
노란색 텐트를 치고 주황색 타프로
그늘을 만들어 쉬는 것으로
누구에게나 열려 있는 파라다이스가 된다.

남태평양 부럽지 않은 금능으뜸원해변, 비양도가 손에 잡힐 듯 떠 있다

누구나 꿈꾸는 휴가철 여행지가 있다. 에메랄드빛 물결과 넘실대는 파도, 타오르는 태양빛이 싫지 않은 곳, 바다다. 비치파라솔에 누워 몸을 구릿빛으로 태우며 마시는 시원한 맥주 한잔은 진정 살아 있음을 증명하는 맛이다. 여름이면 바다에서 제대로 즐기고픈 사람들로 공항은 북적인다. 저마다 마음속의 파라다이스를 꿈꾸며 뉴칼레도니아, 필리핀, 발리, 오키나와, 몰디브, 푸껫 등으로 떠난다. 하지만 북제주군 한림읍에 위치한 금능으뜸원해변을 안다면 멀리 떠날 필요가 없다. 금능으뜸원해변은 모든 것을 갖춘 해변이다. 게다가 비행기 타는 것도 같고 말도 통한다. 이웃한 협재해변과는 100m 남짓 떨어져 있는 금능으뜸원해변의 유난히 맑고 반짝이는 바다 빛은 외국 부럽지 않은 아름다움을 가졌다. 그것뿐인가 바다 앞에는 비양도가 근사한 모습으로 떠 있다.

이 환상적인 바다는 푸른색의 오묘함을 다 가진 것처럼 보인다. 현무암 바위에 가까운 물빛은 짙은 푸른색을 띠고 있고 모래사장의 물빛은 에메랄드빛이다. 백사장에서 멀리 바다로 눈을 옮기면 물빛은 점점 쪽빛으로 변해간다. 단순히 파랗다고만 말할 수 없는 해변이다.

금능으뜸원해변은 수심이 낮아 수영하기에 좋다. 바다 쪽으로 40~50m 걸어가면 배꼽까지 찼던 물이 무릎 정도밖에 차지 않는 곳이 있다. 수중에 있는 모래언덕 때문이다.

금능으뜸원해변 앞에 떡하니 서 있는 비양도는 이름 그대로 날아온 섬이다. 고려 목종 2년에 폭발했다. 『신증동국여지승람』에 따르면 '산의 네 구멍이 터지고 붉은 물을 5일 동안이나 내뿜다가 그쳤다'고 기록되어 있다. 비양도는 다른 제주의 오름들에 비해 아직은 어린 아이이다. 그러고 보니 생긴 모습도 『어린 왕자』의 보아뱀같이 생겼다.

금능으뜸원해변이 특별할 수밖에 없는 한 가지 이유가 있다. 바다와 해변 일대를 붉게 물들이며 비양도 앞으로 똑 떨어지는 일몰 때문이다. 그 야릇한 풍광은 누구라도 설레며 사랑에 빠지게 만든다.

금능으뜸원해변의 과거 이름은 금능해변이었다. 제주도가 2009년부터 해수욕장이라는 명칭을 지역 특수성을 감안한 해변으로 변경한 탓이다. 금능으뜸원해변은 제주의 모든 해변 중 으뜸이라는 것이다. 다소 길어진 해변의 이름 덕분에 말하고 글로 쓰는 수고가 많아졌다. 그러나 바뀌지 않은 것이 있다. 가보면 알 수 있는 해변의 풍경이다.

제주도

추천여행지

하가리 돌담마을

제주시 애월읍 하가리에는 제주사람들의 삶을 고스란히 담아낸 정겨운 돌담이 있다. 제주도에서 돌담의 원형을 만날 수 있는 곳이다. 하가리는 고려시대부터 화전민이 모여 살았던 내력이 있는 마을이다. 길과 밭, 집, 화장실까지 전부 돌담이다. 제주 올레 15코스가 지나는 곳으로 제주만의 풍광을 느낄 수 있다. 하가리에는 제주에서 가장 큰 연못인 '연화지'가 있고 여름에 연꽃이 가득 피어오른다. 또 화사한 컬러로 덧칠한 더럭분교가 있다.

1박2일 추천코스

1일: 곽지과물해변 — 한림항 — 비양도 — 한림항 — 금능으뜸원해변

2일: 협재해변 — 한림공원 — 금능석물원 — 월령리손바닥선인장

비양도는 반나절이면 충분히 돌아본다

★여행정보
금능으뜸원해변 제주도 제주시 한림읍 금능길
한림공원관광통역안내소
064-796-8577
제주도관광정보 www.jejutour.go.kr

★친절한 여행 팁
❶ 드라마〈봄날〉로 유명한 비양도는 한림항에서 하루에 2편 배가 운항된다. 09:00~15:00이며 휴가철에는 승객 수에 따라 비정기적으로 하루에 왕복 20편까지 운항되고 있다.
한림항 비양도행 도선대합실
064-796-7522
❷ 금능으뜸원해변은 제주의 일몰 포인트다. 밤에는 짙푸른 하늘을 배경으로 어선의 불 밝힌 집어등으로 빛나는 풍경을 촬영할 수 있다.
❸ 제주시에서 한림, 하귀 방향 1132번 일주서로를 타고 직진한다. 애월과 한림읍을 지나 금능사거리에서 우회전한 후 일성제주콘도 방향으로 들어서면 금능으뜸원해변이다.

★이것만은 꼭!
금능으뜸원해변 옆에는 금능석물원이 있다. 수십 년 돌하르방을 제작하는 장공익 명장의 손길이 묻은 조각품들이 전시된 곳이다. 많은 석물들이 다양한 표정과 모습으로 관람객을 맞이한다.
금능석물원 064-796-3360

★주변 맛집
숙이네보리빵 : 애월의 보리빵 전문점이다. 애월 버스정류장 바로 앞에 있으며 보리빵과 쑥빵을 판매한다. 손수 재배한 쑥을 사용하고 팥앙금도 직접 가마솥에 만들어 진한 맛을 낸다. 제주도 제주시 애월읍 애월로 118(애월리 1584-1), 064-799-1777
바다이야기 : 모둠회, 제주도 제주시 한림읍 한림로 491(옹포리 571-1), 064-796-3444
호돌이식당 : 보말죽, 제주도 제주시 한림읍 비양도길 284(협재리 3026), 064-796-8475

보말죽

보리단팥빵

071
제주도 제주시 조천읍
한라산 백록담

은하수를 만질 만큼 높고 눈부시다
겨울 한라산 정상에서 제주의 바람이 시작된다.
바람에 맞서고 품으며 1,950m 정상에 서면
백록담을 거울 삼아 곱게 단장한 푸른 하늘이 있다.
섬의 사나운 구름도 목을 축이고 가는 한라산이다.

술을 좋아하는 선배와 함께 한라산에 올랐다. 우람한 한라산 정상에 담긴 백록담의 잔잔함과 닮은 선배였다. 그는 술만큼 걷는 것과 산을 좋아했다. 제주에서 서로 다른 길을 걷다 의기투합했다. 아주 가끔이지만 함께 말 없이 술잔을 기울여도 위로를 받는 선배였다.

한라산이라는 이름은 은하수를 만질 만큼 높은 산이라 해서 붙여졌다. 제주의 푸른 밤을 수놓는 별처럼 반짝이는 설경의 한라산이다. 동도 트기 전에 성판악에서 출발해 발길 따라 눈의 서걱대는 소리를 즐겁게 들으며 걸었다. 사라오름을 둘러보고 진달래대피소에서 점심을 먹었다. 진달래대피소에서 나와 눈꽃으로 만발한 구상나무를 보며 오르면 깔딱고개에 닿는다. 정상으로 가는 마지막 고개다. 오르는 동안 머리가 아플 정도로 가쁜 숨도 숨이지만 나보다 훨씬 속도가 빠른 선배를 뒤쫓느라 힘들었다. "힘내, 곧 정상이야. 정상에서 따뜻한 커피 한 잔 하자고."

가까스로 오른 한라산의 정상은 바람이 미친 듯이 불었다. 우리나라에서 제일 높은 곳에서 마주하는 바람이다. 커피 한 잔을 마시자 제정신으로 돌아왔다. 처음 한라산 정상에 오른 기분은 생각보다 차분했다. 한라산 정상을 부악이라 부른다. 부악 아래는 백록담이다. 사냥꾼이 잘못 쏜 화살에 엉덩이를 맞은 옥황상제가 신경질적으로 한라산의 봉우리를 뽑아 집어 던진 것이 산방산이 되었고 한라산 정상은 그대로 백록담이 되었다는 전설이 담겨 있다. 정상에는 날아가 버릴 것 같은 칼바람을 등지고 기념사진을 찍는 사람들로 북적였다. 선배와 나는 1,950m 한라산 표지석 앞에서 죽을 때까지 남을 기념사진을 찍었다.

하산 시간 때문에 지체 없이 내려갔다. 눈이 많이 덮여 있어 흡사 봅슬레이 경기장과 같은 탐방로는 하산하는 내내 곤란했다. 선배는 스틱을 내리막길에 척척 꽂으며 폼 나게 내려갔고 난 엉덩이와 손으로 곰이 재주 부리듯이 내려갔다. 산세가 웅장하고 깊은 왕관릉을 지나 삼각봉대피소에서 잠시 쉬고 우리나라 3대 계곡 중 한 곳인 탐라계곡을 거쳐 관음사지구 야영장에 도착했다. 10시간에 가까운 산행이었다. 산행을 끝내고 바로 향한 곳은 제주시 삼도동에 있는 횟집이었다. 선배는 술과 산과 동급으로 회를 사랑했다. 회를 들고 교래리의 휴양림에 도착해 겨울의 깊은 밤을 술로 적셨다.

∧ 우리나라 3대 계곡 중 하나인 탐라계곡
< 제주 오름들 중 가장 높은 곳에 위치한 사라오름

제주도

추천여행지

영실 코스

한라산 남벽까지만 가는 코스로 영실에서 출발해 윗세오름을 지나 어리목으로 향하거나 반대로 어리목에서 올라 영실로 하산하는 코스가 있다. 코스도 어렵지 않고 한라산의 제일 비경인 영실기암이 있어 사람들이 많이 찾는다. 또 아고산식물의 천국인 선작지왓과 고산 초원평원인 만세동산 등 비경이 이어진다. 대표적인 포인트 구역은 톡 튀어 오른 한라산 화구벽이 보이는 윗세오름 앞이다. 이곳은 봄이면 붉은 철쭉으로 가슴을 불태운다.

1박2일 추천코스

1일 ○ 산천단 ─ ○ 사려니숲길 ─ ○ 절물오름

2일 ○ 성판악 ─ ○ 사라오름 ─ ○ 백록담 ─ ○ 탐라계곡 ─ ○ 관음사야영장

관음사코스에 있는 삼각봉

★여행정보
성판악휴게소 제주도 제주시 조천읍 516로 1865(교래리 산 137-24)
관음사지구안내소 제주도 제주시 산록북로 588(오등동 산 180-3)
관음사지구 064-756-9950
한라산국립공원 성판악 064-725-9950
한라산국립공원 www.hallasan.go.kr

★친절한 여행 팁

① 한라산 탐방은 크게 두 가지로 나뉜다. 한라산 정상으로 향하는 코스와 한라산 화구 남벽 아래까지 가는 코스다. 하산은 성판악으로 원점 회귀하거나 관음사지구 야영장으로 간다. 사람에 따라 8~9시간이 소요되는 가장 긴 구간이다.

② 한라산트레킹의 최대 걸림돌은 날씨다. 제주의 날씨는 아침 다르고 저녁 다르다. 미리 기상청의 날씨를 보고 가자. 다설 지역인 한라산은 겨울 외에 봄에는 철쭉이, 여름에는 신록이, 가을에는 단풍이 아름답다.

③ 제주시와 서귀포시를 잇는 1131번 도로(516 도로)를 이용하여 성판악탐방안내소까지 약 30분 소요된다. 눈이 많이 올 경우 제주에서 성판악휴게소를 경유하는 대중교통은 운행하지 않는다.

★이것만은 꼭!

① 겨울철 한라산 등반은 시간 엄수가 필요하다. 진달래대피소까지 무조건 12시 전에 도착해야 한라산에 오를 수 있다. 12시가 넘으면 정상으로 가는 길을 통제한다. 가늠할 수 없는 날씨 때문에 사고의 위험을 예방하기 위해서다.

② 한라산은 국립공원이며 세계자연유산이다. 우리가 보호하고 아껴야 할 자연인 것이다. 트레킹 중 과자, 귤, 음료, 도시락 등의 쓰레기는 반드시 되가져가야 하고 흡연은 금물이다.

★주변 맛집

백선횟집 : 현지인에게 인기 있는 횟집으로 독가시치회가 유명하다. 두툼하게 썬 독가시치회는 쫄깃하니 씹는 맛이 좋다. 제주도 제주시 도남로 10(삼도 1동 584-22), 064-751-0033

기억나는집 : 해물탕, 제주도 서귀포시 중앙로 6(서귀동 486-4), 064-733-8500

백록담 아래 깔딱고개

독가시치회

072
제주도 서귀포시 서홍동
외돌개

파도에 닿아 더욱 처연한 바위
드라마 〈대장금〉에서 제주로 끌려 온 장금이와 한 상궁이
포승줄에 묶여 걷다가 장금이가 한 상궁을 업고 가는
장면을 촬영한 곳이 외돌개다. 외돌개에서 오른쪽
산책로를 따라가면 대장금 역할을 했던 이영애의 얼굴이
크게 들어간 안내판이 있다.
외돌개는 외롭지 않다. 장금이가 있으니까.

'외돌개. 왜 그리 이름 지어졌을까?'

생각하다 떠오른 것이 외돌개의 '외'는 외로움의 '외'이고 돌개는 툭 튀어나온 바위를 의미하는 것이 아닐까 였다. 외돌개 입구에 들어서자 외돌개가 250m 남았다는 안내판과 드라마 <대장금> 촬영지라는 안내판이 붙어 있다.

궁금증을 참지 못해 제주관광정보 사이트에 접속한 결과 다음과 같은 내용이 적혀 있었다. '기다림을 지나 그리움은 돌이 되어버리고 뭍에서 아슬아슬하게 홀로 외롭게 바다에 서 있다고 해서 붙여진 외돌개' 참으로 감성적인 설명이다.

이 배경에는 흥미로운 전설이 담겨 있다. 옛날 고기잡이 나간 할아버지를 기다리다 지쳐 바위가 된 할머니의 이야기다. 할머니는 결국 '할망바위'가 됐고, 할망바위 바로 밑에 납작하게 떠 있는 바위는 할머니가 죽고 할아버지의 시신이 떠올라 돌이 된 것이라 한다. 여느 바닷가 바위처럼 외돌개에도 기다림과 애틋함의 전설이 녹아 있다.

다른 전설로는 최영 장군이 얽혀 있다. 고려 말 최영 장군이 몽골족인 목호의 난을 토벌할 때였다. 외돌개 앞바다에 있는 범섬은 최영과 목호의 최후 격전장이었다. 최영 장군은 외돌개를 거대한 장수로 치장시켜 놓았고 목호는 외돌개를 대장군이 진을 치고 있는 것으로 오인해 크게 기가 꺾였다는 내용이다. 이후 외돌개는 장군석이라 불렸다고 한다. 실제로도 최영 장군은 목호의 난을 평정했다. 하지만 과학적으로 보면 외돌개는 약 150만 년 전 화산이 폭발해 용암이 제주의 지형을 바꿔놓을 때 만들어졌고, 오랜 기간 파도의 침식작용에 의해 강한 암석만 남은 것이다. 즉 튼튼해서 살아남은 바위인 것이다.

어쨌든 외돌개는 추측대로 육지와 떨어져 바다 가운데 외롭게 서 있는 바위다. 내막을 잘 모르는 여행자는 <대장금>의 촬영지라는 사실에 더 관심이 갈 일이다. 내가 외돌개를 찾은 이유는 한 가지다. 외로움 사무친 바위가 아닌 높이 20m의 바위가 파도와 부딪히며 서 있는 그 처연한 아름다움 때문이다. 그런데 돌이켜 보니 그 처연함도 외로울 수 있겠구나 싶다.

외돌개 오른편 올레길의 일몰

제주도

추천여행지

정방폭포

우리나라에서 유일하게 물이 바다로 직접 떨어지는 해안폭포다. 정방폭포의 절벽은 주상절리이고 높이는 23m이며 폭포 아래에는 깊이 5m 가량의 폭호가 발달해 있다. 전설에 의하면, 중국 진시황 때 사자인 서복이 불로초를 찾으러 동남동녀 500쌍을 거느리고 상륙했다가 절경에 취해 불로초를 구하는 걸 잠시 잊었다 한다. 결국 정신을 차리고 다시 불로초를 찾았지만 구하지 못했고 폭포 벽에 '서불과차'라는 글만 새기고 돌아갔다. 서귀포라는 지명은 여기서 유래되었다고 한다.

1박 2일 추천코스

1일: 정방폭포 → 천지연폭포 → 외돌개 → 새섬

2일: 이중섭거리 → 올레시장 → 돈내코유원지

해수욕하기 좋은 황우지해변

★ **여행정보**
외돌개휴게소 제주도 서귀포시 남성로 57(서홍동 782-1)
서귀포시관광사무소 064-760-3031
제주도관광정보 www.jejutour.go.kr

★ **친절한 여행 팁**
① 외돌개는 올레 7코스의 출발점이다. 외돌개에서 시작해 돔배낭길, 범환포구, 강정천과 월평포구를 지나 월평마을에 이르는 13.8km의 5시간 소요되는 코스다.
② 서귀포항과 새섬 사이에 놓인 새연교는 전통 고깃배 테우를 형상화한 연육교다. 새연교는 제주에서 흔치 않은 야경 촬영지다. 새연교 건너 새섬 전체는 난대림이 숲을 이루고 탐방로가 잘 나 있어 산책하기 좋다.
③ 제주시에서 공항로를 따라가다 신제주 입구에서 중문, 한림 방향으로 우회전 후 1135번 도로를 따라간다. 동광IC에서 중문 방향으로 좌회전 후 상창교차로에서 서귀포 방면으로 좌회전한다. 1132번 도로를 타고 월드컵경기장을 지나 법환동에 들어서 외돌개 이정표를 따라가면 된다.

★ **이것만은 꼭!**
외돌개는 바위 하나로만 보고 갈 여행지가 아니다. 외돌개의 처연한 일몰과 더불어 비밀의 천연 풀 황우지해변, 일본군 자살특공대 작전 진지로 어린 병사들과 소형 어뢰정을 숨겨뒀던 '황우지 12동굴'은 꼭 함께 봐야 하는 명소다.

★ **주변 맛집**
삼보식당: 전복뚝배기로 인기 있는 식당이다. 제주 맛 보물 중 뚝배기, 자리물회, 옥돔구이 3가지를 다루는 식당이라 해서 '삼보식당'이라고 이름 지었다고 한다. 제주도 서귀포시 중정로 25(천지동 319-8), 064-762-3520
쌍둥이횟집: 활어회, 제주도 서귀포시 중정로62번길 14(서귀동 496-18), 064-762-0478
덕성원: 꽃게짬뽕, 제주도 서귀포시 태평로401번길 4(정방동 474), 064-762-2402

황우지해변 계단에서 본 새연교 야경

전복뚝배기

억새와 빛이 만들어 낸 축제
햇살에 맞추어 저마다 제의를 올리는 억새들의 손짓을
목격하는 시간이다. 그들만의 축제의 시간 속에
초대받은 사람들은 서로 손을 잡고 자연이 주는
따뜻함을 나누며 영원히 끊어지지 않을 사랑을 속삭인다.

∧ 용눈이오름 동쪽의 목장
　고운 선이 특징인 용눈이오름
< 용눈이오름에서 손자봉 방향 풍경

가을의 대표적인 볼거리는 억새밭이다. 광활한 들판에 이리저리 바람에 흔들리는 억새는 단풍과는 다른 풍경을 만들어 낸다. 억새는 빛으로 이끄는 매력을 가지고 있다. 억새를 만나기에 가장 좋은 곳은 제주의 용눈이오름이다. 그곳에 서면 은빛 억새가 만들어낸 축제가 열린다.

용눈이오름은 제주의 오름 중에 가장 선이 고와 큰 사랑을 받는 오름이다. 또한 주변 오름에 비해 높지 않아 누구나 쉽게 올라 분화구를 돌아볼 수 있다는 장점이 있다. 용눈이오름이 가장 아름다운 때는 한라산 방향으로 해가 기울기 전이다. 이맘때에 은빛을 내며 춤을 추는 억새를 만날 수 있다. 가을에 때 아닌 눈이 내린 것처럼 점점이 빛을 발하는 억새의 모습에 누구나 두 눈이 멀고 마음을 빼앗긴다. 용눈이오름 주변에는 돝오름, 다랑쉬오름 등 제주를 대표하는 오름들이 모여 있다. 각각의 오름들에도 억새가 있다. 이 오름과 저 오름을 돌아보는 트레킹을 하며 억새를 감상해도 좋겠다. 용눈이오름 자체가 선이 아름답기도 하지만 용눈이오름에서 보는 주변 오름들의 풍경도 아름답다.

가을의 제주는 어디를 가든 억새 천지다. 거친 환경에서도 매년 가을이면 사람 키만큼 자란다. 그렇다보니 억새는 제주사람들의 일상 속에 깊이 자리 잡고 있다. 억새는 한때 제주 전통 초가집들의 지붕을 책임졌고 불에 잘 탔기 때문에 부엌의 땔감으로 사용되기도 했다. 과수 농장의 퇴비로도 한몫했었다. 그러던 억새가 이제는 이국적인 이미지로 전국의 관광객들을 끌어당기고 있다.

척박한 환경에서 꽃을 피워서일까? 억새밭에서 밀려오는 그리움을 참기 힘들다. 바쁘다는 이유로 미뤄왔던 그리운 이들의 얼굴이 영화 필름처럼 돌아간다. 김영갑 작가의 말처럼 억새를 찾아 떠난 여행길이 끝나면 오늘에 충실해지고 싶은 이유가 바로 억새가 알려준 그리움 때문이다. 억새 사이로 들어가면 또 다른 세상이 펼쳐진다. 밀림을 탐험하듯 헤집고 들어간 억새밭 사이로 아이들이 재잘거리는 소리가 들린다. 나 또한 억새 사이로 스며든다. 그리고 눈을 감는다. 들리는 것은 고요한 바람 소리뿐이고 보이는 것 역시 하늘이 전부다.

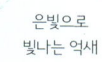
제주도

추천여행지

다랑쉬오름

다랑쉬오름은 월랑봉이라고 부른다. 주변에 있는 오름 중 가장 높다. 382m의 정상에 오르면 한라산과 우도, 성산일출봉까지 볼 수 있다. 여인이 치마를 입은 것 같은 우아한 모습에 오름의 여왕으로 부른다. 다랑쉬오름은 제주 4·3 사건의 현장으로 오름에 기대어 살던 20여 가구가 토벌대에 의해 모두 죽임을 당했다. 오름의 가슴 아픈 이면이다. 일출과 일몰을 촬영할 수 있는 명소이며 오름 앞에 작은 다랑쉬오름이 있다.

1박2일 추천코스

1일
- 세화해변
- 다랑쉬오름
- 아끈다랑쉬
- 비자림

2일
- 용눈이오름
- 아부오름
- 성읍민속마을

은빛으로 빛나는 억새

★ **여행정보**
용눈이오름 제주도 북제주군 구좌읍 종달리 산 28
제주관광공사 064-740-6000~3
제주도관광정보 www.jejutour.go.kr

★ **친절한 여행 팁**
① 용눈이오름 하면 고 김영갑 사진작가가 자연스레 떠오른다. 서귀포시 성산읍 삼달리에 위치한 김영갑 갤러리 두모악에 가면 용눈이오름 외에 억새와 제주의 자연을 사진으로 만날 수 있다.
② 봄과 여름에는 푸른 융단이 깔린 용눈이오름을 만날 수 있고, 가을에는 억새를, 겨울에는 눈이 덮인 용눈이오름을 만난다. 가을 억새의 눈부신 자태는 역광에서 마주할 수 있다.
③ 제주시에서 97번 도로를 타고 대천동 사거리를 지나 1112번 도로를 이용, 송당 사거리까지 간다. 송당사거리에서 성산 방향 1136번 도로를 타고 손자봉삼거리에서 좌회전하면 용눈이오름이다.

★ **이것만은 꼭!**
① 용눈이오름 외에 억새가 유명한 곳으로는 새별오름 일대와 경마공원 주변, 그리고 산굼부리가 있다. 하귀~애월 간 해안도로, 경마공원~샛별오름, 산굼부리~교래리로 이어지는 구간은 활짝 핀 억새가 있는 멋진 드라이브 코스다. 국토 최남단의 섬 마라도는 섬 전체가 억새 물결이다.
② 용눈이오름 서쪽의 한라산 능선 뒤로 해가 넘어간다. 억새 구경은 오후 3시와 4시 사이가 가장 빛이 좋으며 아침에는 성산 일대를 조망하며 일출을 담을 수 있다.

★ **주변 맛집**
동복리해녀촌 : 동복리 해녀의 집에서는 제철 회로 만든 회국수가 별미다. 성게알이 잔뜩 들어간 성게국수도 있다. 제주도 제주시 구좌읍 동복로 39-3(동복리 1506), 064-783-5438
물허벅식당 : 꿩불고기, 제주도 서귀포시 표선면 성읍정의현로 45(성읍리 830-1), 064-787-2436
은성식당 : 순댓국, 제주도 제주시 구좌읍 해맞이해안로 1422-5(세화리 1500-46), 064-784-5885

용눈이오름을 사랑한 김영갑 작가의 갤러리

회국수

074
제주도 서귀포시 대정읍
가파도

바람이 넘실대고 청보리가 춤추는 가파도의 봄
돌담이 전하는 한마디 말, 무너지지 않으려
애쓰지 말아요. 아무리 단단한 벽도
거센 바람에 어이없게 무너지기도 합니다.
보세요, 저는 엉성해 보여도 무너지지 않습니다.
센 바람은 보내고 잡을 바람은 가두기 때문이에요.
당신도 그랬으면 좋겠습니다.

보리밭 사이에 핀 청유채, 가파도 올레길을 자전거로 돌아보는 관광객들
돌담과 바람에 흐느적거리는 청보리, 바람의 흔적을 담은 청보리밭

우리나라 유인도 중 해발고도가 가장 낮은 섬, 멀리서 보면 대구의 별미 납작만두처럼 보이는 섬의 이름은 가파도이다. 이웃한 마라도보다 2.5배 크고 서울 여의도의 1/4 정도 크기다. 이곳엔 우뚝한 언덕 하나 없다. 혹은 원래 나지막한 산이 있었는데 제주의 거센 바람에 떠밀려 날아갔는지도 모른다.

가파도는 이른 봄에서 늦은 봄까지 온통 청보리밭으로 가득하다. 이맘때면 청보리의 구수한 향을 맡고 찾아오는 사람들이 많다. 가파도의 보리는 '향맥'이라는 제주 재래종이다. 일반 보리보다 훨씬 키가 크다. 그래서 바람 따라 큰 키의 보리가 넘실넘실 춤을 춘다.

가파도에 사람이 들어와 살기 시작한 것은 선사시대부터다. 섬 곳곳에 청보리밭 사이로 고인돌이 숨어 있다. 제주도에 남아 있는 고인돌 180여 기 중 135기가 가파도에 있다.

가파도는 200여 명의 주민이 상동과 하동, 중동에 나뉘어 살고 있다. 주민 중 70여 명이 해녀다. 가파도 해안은 암초가 많아 각종 어류와 해산물이 가득한 황금어장이다. 바다는 풍요롭지만 사람들의 삶은 억세고 거칠다. 상동과 하동 중간에는 작고 아담한 초등학교가 있다. 교정 한쪽에 구릿빛 동상이 서 있다. 일제강점기 시절 독립운동가로 활동했던 회을 김성숙 선생의 동상이다. 회을 선생이 민족교육을 위해 1922년 설립한 '신유의숙'을 모태로 1946년 가파초등학교가 개교했다. 올해로 68년이 된 유서 깊은 학교다.

가파도의 봄은 무척 싱그럽다. 조붓한 청보리밭 길을 여유롭게 산책해보자. 바람이 불면 사람도 청보리도 푸른 바다도 넘실댄다. 하룻밤이라도 머물며 가파도의 밤과 낮을 느껴보자. 귀 기울여 바람 소리를 들어보자.

제주도

추천여행지

상동·하동 할망당

매년 음력 1월 마을주민 중에 남자 제관 7명을 선정해 천신에게 제를 지내는 곳이다. 할망당 옆의 제단집에서 3박 4일 동안 몸과 마음을 깨끗하게 하고 안녕과 풍어를 기원한다. 지금까지 약 150년 동안 존속된 가파도 전통의식이다. 가파도의 할망당은 상동과 하동 두 곳에 있다.

가파초등학교 설립자인 김성숙 선생상

1박2일 추천코스

1일 초콜릿박물관 — 모슬포항 — 가파도

2일 가파도 — 송악산 — 산방산 — 용머리해안

1946년 개교한 가파초등학교

★ **여행정보**
마라도정기여객선 제주도 서귀포시 대정읍 하모항구로 8(하모리 2132-1)
가파도운항문의 064-794-5490
가파도어촌계 064-794-7108
제주도관광정보 www.jejutour.go.kr

★ **친절한 여행 팁**
① 가파도에는 올레길 10-1코스가 있다. 이른바 '보리밭 사잇길'이다. 상동포구에서 시작해 냇골쟁이, 가파초등학교, 개엄주리코지, 큰옹짓돌을 지나 가파포구에서 끝난다. 1시간 30분 걸리는 짧은 코스로 산책하듯 즐기면 된다.
② 가파도는 낚시꾼들의 사랑을 받는 섬이다. 여름에는 자리돔, 겨울에는 방어 잡이로 유명하다. 가파도에서 바라보는 산방산과 한라산의 정경 또한 웅장하고 아름답다.
③ 모슬포항에서 가파도로 가는 삼영호(09:00, 11:00, 14:00, 16:00)를 이용해 상동포구에서 하선한다. 시기에 따라 배편이 달라질 수 있으므로 사전에 문의를 해야 한다. 폭풍주의보가 내리면 배가 뜨지 않는다.
삼영해운 064-794-5490

★ **이것만은 꼭!**
① 가파도에는 선사시대 고인돌이 수십기 남아 있다. 가파초등학교 서쪽 지역과 가파교회 주변에 군락이 형성되어 있으니 찾아보자. 고인돌의 묵직한 질감과 청보리의 푸름이 묘한 대비를 이룬다.
② 가파도 청보리 축제는 2009년 처음 시작해 지금까지 이어져 왔다. 3월 말부터 5월까지 청보리의 푸름은 절정을 이룬다.

★ **주변 맛집**
가파도민박 : 가파도에는 민박집이 식당을 같이 운영한다. 싱싱한 해산물을 이용한 정식을 주로 내오며 보말칼국수와 소라구이 등 해산물 요리와 회가 준비되어 있다. 제주도 서귀포시 대정읍 가파로 67번길 5(가파리 559-1), 064-794-7083
항구식당 : 자리물회, 제주도 서귀포시 대정읍 하모항구로 62(하모리 770-9), 064-794-2254

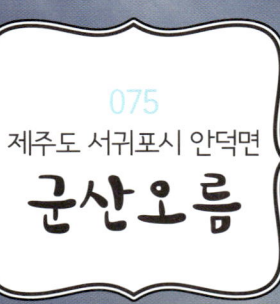

075
제주도 서귀포시 안덕면
군산오름

세상을 다 가진 것처럼
4일 동안 비가 쏟아지고 하루 반짝 해가 뜨던 날,
군산에 올라 심장을 두들기는 바람을 맞으며
붉은 바다를 본다. 문득 무엇이 고파서 마음을
채운다면 딱 저 빛 만큼이라는 생각이 들어 아련하다.

제주는 참 좋다. 먹을 것, 풍경 등 뭐 하나 아쉬운 것이 없다. 특히 한량처럼 설렁설렁 다녀도 좋다. 볕 좋은 어느 날, 해군기지가 들어서기 전의 강정마을의 풍경을 기록하고 버스를 타기 위해 풍림리조트 앞 강정교로 걸어가는 중이었다. 6월의 열기가 가득해서 노곤하게 익어버린 뒤통수에 낯익은 목소리가 들렸다. 대한민국 구석구석을 여행하며 길 위의 즐거움을 사진과 글로 전파하는 선배였다. 선배는 일가족과 함께 캠핑여행을 왔다.

뜬금없는 만남은 기분이 좋다. 산방식당에서 시원한 밀면과 부들부들한 수육을 함께 먹었다. 배가 두둑하니 커피도 생각났다. 산방산 아래 화순해변에서 커피도 나누었다. 이제 곧 있으면 하루가 끝날 시간이다. 하늘에는 구름이 살짝 덮여 있다. 하늘을 보던 선배가 말했다.

"오늘 일몰이 괜찮을 것 같은데? 우리 군산에 가자."

군산은 남제주의 대표적인 오름으로 뛰어난 전망대이기도 하다. 군산에 오르면 한라산과 중문단지가 손에 잡힐 듯 펼쳐지고 서쪽으로는 산방산, 송악산, 형제섬과 멀리 가파도까지 보인다. 군산의 나이는 한림의 비양도와 비슷하다. 고려 목종 10년에 태어났다.

군산이란 이름은 '군목' 즉 군용천막을 펼친 것처럼 보인다 해서 붙여졌다. 멀리서 보면 뾰족한 원추형이라 이 생김새로 남자오름이 됐다. 숫오름 형태로는 제주에서 유일하다. 하늘에 낀 구름은 노을을 환상적으로 만들어주거나 일몰을 보지 못하게 한다. 군산에 올라 일몰을 기다렸다. 산방산 뒤통수로 스러지는 일몰에 산방산 앞바다는 드라마틱한 구름으로 변해갔다. 직접 태양을 담은 것은 재미가 없다. 빛으로 유발된 색과 구름과 땅의 어우러짐은 자연이 만들어내는 경이로운 장면이다.

일몰이 끝난 군산 일대는 푸른 어둠이 채우고 조금씩 땅 위의 조명들이 하나둘씩 켜졌다. 선배와 선배의 가족은 캠핑을 하기 위해 모슬포로 향했다. 나는 다른 취재를 위해 제주시로 향했다. 자주 보는 사이지만 길 위에서 만나는 것은 특별하다. 마치 네팔 히말라야 산맥의 어느 작은 마을에서 만난 한국인처럼 말이다. 군산이 안겨준 빛의 여운처럼 가슴에 오래 남는다.

군산오름에서 본 산방산

추천여행지

대평포구 박수기정

용왕 난드르마을 앞 포구 왼쪽에 있는 박수기정은 웅장한 기암이 병풍처럼 둘러쳐진 곳이다. '박수'는 바가지로 마실 샘물이란 뜻이고, '기정'은 절벽이나 벼랑을 일컫는 제주말이다. 박수기정은 포구에서 보는 것과 박수기정에 올라 보는 풍경이 전혀 다르다. 올라서면 마라도를 비롯 형제섬까지 아우르는 풍경이 일품이다. 해안가에서 박수기정을 두고 맞이하는 일몰도 아름답다.

1박2일 추천코스

1일: 화순금모래해변 → 안덕계곡 → 군산오름 → 대평리

2일: 예례포구 → 갯깍주상절리 → 중문해변 → 여미지식물원

군산오름에서 본 한라산

★ **여행정보**
군산오름 제주도 서귀포시 안덕면 창천리 564
서귀포종합관광안내소 064-732-1330
용왕난드르 sora.go2vil.org

★ **친절한 여행 팁**
① 해발 280m의 군산은 정상으로 가는 산책로가 편해서 쉽게 등반이 가능하다. 물을 마실 수 있는 약수가 있는 유일한 오름이기도 하다.
② 군산은 일출과 일몰 모두를 볼 수 있는 곳이다. 일몰은 산방산 오른쪽으로 진행되고 일출은 중문 방향에서 시작된다. 군산 정상은 바람이 많이 불고 비좁기 때문에 안전에 주의해야 한다.
③ 안덕계곡 삼거리에서 진입할 경우 대평리 방향으로 들어오다 해피제주펜션 방향 임도로 들어서서 계속 가면 군산오름 주차장에 닿는다. 주차장은 그리 넓은 곳이 아니며 임도가 좁아 주의해야 한다.

★ **이것만은 꼭!**
군산이 있는 안덕면에 좋은 계곡이 있다. 안덕계곡이다. 300여 종의 난대림 식생이 자라는 가장 아름다운 계곡으로 이름나 있으며 추사 김정희가 자주 찾던 곳이라 한다. 봄과 여름, 가을철 계곡의 싱그러움을 느낄 수 있다.

★ **주변 맛집**
산방식당 : 시원하고 담백한 밀면 전문점이지만 수육 강자이기도 하다. 보들보들하며 부드러운 수육은 여느 밀면집 중 최고를 자랑한다. 제주도 서귀포시 대정읍 하모이삼로 62(하모리 864-3), 064-794-2165
물고기카페 : 커피·와인, 제주도 서귀포시 안덕면 난드로 25-7(창천리 804), 070-8147-0804
용왕난드르 : 보말수제비·마늘된장비빔밥, 제주도 서귀포시 안덕면 대평감산로 8(창천리 876-11), 064-738-0915

군산오름에서 본 중문 일대

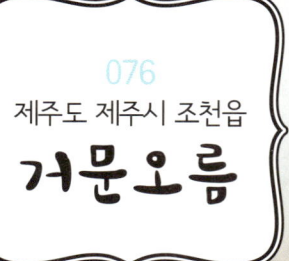

076
제주도 제주시 조천읍
거문오름

신령스러운 세계자연유산
제주도의 368개의 오름 중 유일하게 세계자연유산에
등록된 거문오름. 원시적 풍경과 생태를 두고
혹자는 아마존의 밀림이라 비유한다. 거문오름에는
건강함, 생명력, 자연의 에너지가 담겨 있다.

"거문오름이야, 검은오름이야?"

전화기에 들려온 목소리로는 정확하게 어디를 지칭하는지 몰랐지만 세계자연유산이라는 말 한 마디로 대번에 알아차렸다. 검은오름은 제주시 한림읍 금악리에 있는 오름으로 금악으로 부르기도 한다. 거문오름은 제주시 조천읍 선흘리에 위치해 있고 검고 음산한 기운을 띤다 해서 이름 지어졌다. 그러니까 달라도 너무 다른 두 오름이 발음으로는 같은 오름으로 들리는 것이다.

거문오름은 대한민국 최초로 세계자연유산에 등재된 오름이다. 거문오름을 설명하는 것 중 가장 많은 것이 '곶자왈'이다. 곶자왈은 제주도에만 있는 독특한 화산지형으로, 생태계의 보고이자 제주의 허파라 불린다. 숲을 뜻하는 '곶'과 수풀이 우거진 곳을 뜻하는 '자왈'이 합쳐져 만들어진 제주 고유어. 즉 용암이 쪼개져 생겨난 크고 작은 자갈들과 식물이 뒤섞여 있는 숲이다.

거문오름의 화산활동으로 벵뒤굴과 만장굴, 김녕굴, 용천동굴, 당처물동굴 등 용암동굴이 생성됐다. 제주에서 가장 긴 용암협곡을 지니고, 용암함몰구와 선흘수직동굴, 화산탄 등 화산활동의 흔적이 잘 남아 있다. 거문오름은 독특한 식생을 자랑한다. 한대와 열대식물이 공존하는데 이는 세계적으로도 유일하다. 생태적으로 가치가 높은 것은 얽히고설킨 돌들이 만들어낸 풍혈 덕이다. 사시사철 풍혈에서 흘러나온 바람이 곶자왈의 온도와 습도를 일정하게 유지시켜준다. 이처럼 생태학적, 지질학적으로 가치가 높아 거문오름은 2011년 람사르 습지에 등록되었다.

거문오름에는 태평양전쟁이 막바지였던 1944년, 장기전을 대비한 일본군의 수많은 지하갱도와 동굴 진지, 병참로가 남아 있다. 이때 강제노역에 동원된 많은 제주민이 희생됐다. 4·3 사건 때는 사람들의 도피처로 이용되기도 했다.

거문오름 탐방로는 자연보호를 위한 나무 덱 길이다
나무와 풀과 돌이 살아 숨 쉬는 거문오름, 생명의 윤회가 되풀이되는 거문오름 곶자왈

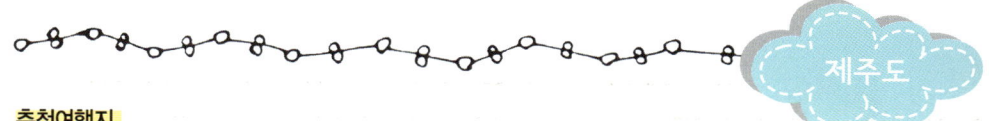

제주도

추천여행지

삼다수목장

예전 와흘목장으로 소지섭이 등장했던 카메라 CF에서 제주 속 아프리카 풍경으로 인기를 얻은 곳이다. 삼다수목장은 사유지다. 구제역 등의 이유로 농장주의 허락을 받아 출입해야 하는 번거로움이 있다. 한라산을 배경으로 초원에 듬성듬성 서 있는 나무들이 이국적 풍경을 만들어 준다. 일출과 일몰을 촬영할 수 있고 교래리에서 사려니숲길 북쪽, 5·16 도로 방향으로 조금 가면 삼다수목장 후문이다.

1박2일 추천코스

1일 거문오름 ○ 산굼부리 ○ 교래자연휴양림

2일 교래자연휴양림 ○ 제주돌문화공원 ○ 물영아리오름

거문오름 삼나무길

★ **여행정보**
거문오름탐방안내소 제주도 제주시 조천읍 선교로 569-36(선흘리 478), 064-710-8981, geomunoreum.kr

★ **친절한 여행 팁**
❶ 전화예약 탐방은 2일 전까지 가능하고 인터넷예약은 5일 전까지 하며 사전 예약자에 한하여 거문오름 탐방이 허용된다(예약 전화 064-710-8981). 매달 1일에 다음 달 예약 신청을 받는데 09:00, 09:30, 13:00에는 인솔탐방을, 10:00~12:30에는 해설탐방이다. 매주 화요일은 '자연휴식의 날'로 지정되어 탐방을 제한하며 명절에는 탐방이 불가하다. 기상이 좋지 않으면 전면 통제하고 하루 400명으로 탐방객을 제한한다.
❷ 거문오름 탐방은 여름도 좋지만, 한겨울도 매력적이다. 여전히 푸른 이끼와 나무들로 가득한 데다 낙엽이 져 거문오름 전체를 조망하기가 더 쉽다.
❸ 제주시에서 번영로를 타고 남조로교차로를 지나 선흘입구사거리에서 좌회전하면 거문오름 세계자연유산센터에 닿는다.

★ **이것만은 꼭!**
❶ 지정된 탐방로 외에 무단으로 숲을 출입하거나, 출입증 없이 탐방할 경우 퇴장 조치 및 문화재보호법에 의해 처벌 받을 수 있다. 거문오름 생태 보호를 위해 우산과 스틱, 아이젠 착용을 금하고 있다. 뱀이나 벌레로부터 보호하기 위해 샌들 대신 운동화나 등산화를 신어야 한다. 여름에는 모기가 많아 긴팔 옷을 준비해야 한다.
❷ 거문오름 탐방은 4시간 정도 소요된다. 날이 좋으면 정상에서 한라산을 볼 수 있다.

★ **주변 맛집**
성미가든 : 닭 샤브샤브로 유명한 식당. 닭 육수에 신선한 닭가슴살을 익혀 먹으며 야채는 리필이 된다. 샤브샤브를 다 먹으면, 닭백숙이 나오고 마지막으로 녹두 닭죽이 제공된다. 제주도 제주시 조천읍 교래길 2(교래리 532), 064-783-7092
신촌덕인당옛날보리빵 : 옛날보리빵, 제주도 제주시 조천읍 신촌2길 13(신촌리 2586-3), 064-783-6153
화성식당 : 멜국·각재기국, 제주도 제주시 일주동로 383(삼양 2동 2156), 064-755-0285

닭 샤브샤브

077
제주도 서귀포시 안덕면
방주교회

물과 빛으로 빚어진 제주의 방주
방주는 물 위에 있다. 물은 방주를 둘러싸고
사방 어디든 반짝이는 빛을 받아들인다.
방주의 외관은 근엄하지만 빛과 물이 방주로
스며들어 부드럽고 따뜻하다.
건축가 이타미준의 마음을 보는 것 같다.

2011년 6월 26일 세계적인 건축가 이타미준이 영면했다. 그의 본명은 유동룡이다. 1937년 일본 도쿄에서 태어난 그는 죽는 날까지 한국인이었다. 평생 일본에 귀화하지 않고 한국 여권을 갖고 다니며 주옥같은 건축물을 세계에 남겼다.

그의 대표적인 건축물은 서귀포시 안덕면 일대에 남아 있다. 오름을 형상화한 지붕이 마치 포도송이처럼 보이는 포도호텔과 핀크스클럽하우스, 휴양형 타운하우스인 비오토피아가 있다. 비오토피아 안에는 물·바람·돌 미술관과 두손 미술관이 있다. 이 건축물들은 비오토피아 입주민을 위한 건축물이어서 일반 관광객은 볼 수 없다. 일반 관광객이 만날 수 있는 건축물로 방주교회가 있다. 비오토피아 단지 부근에 있다. 방주교회는 뛰어난 건축미로 2010년 한국건축가협회에서 마련한 '한국건축가협회상 올해의 건축 Best 7'에 들었다.

이타미준은 방주교회를 노아의 방주 모습을 형상화해 설계했다. 그가 즐겨 사용했던 흙, 나무, 철, 돌 등의 자연적 소재가 사용됐다. 교회는 사면이 얕은 인공 연못 위에 노아의 방주처럼 떠 있다. 구약성서에 따르면 신이 죄로 물든 인간들을 심판하기 위해 홍수를 내려 모든 생명을 없애고자 했다. 신의 명령으로 노아는 방주를 만들고 그의 가족과 엄선된 동물을 실었다. 홍수는 40일 동안 이어졌다. 노아의 방주에서 물은 파괴였다. 파괴에는 '새롭게 시작'이란 의미도 들어 있다. 물은 생명의 근원이다. 창조와 풍요의 원천이다. 물은 인류를 비롯한 모든 생물에게 여러 물질 중에서 가장 중요하다. 물은 어머니, 생명의 원천으로 보기도 한다. 여기 제주의 방주는 생명을 상징하는 물 위에 있다. 제주의 방주는 어머니처럼 생명을 품고 산방산 앞바다를 바라보고 있다.

방주교회 지붕의 반짝이는 빛을 보며 내부로 들어가면 또 다른 빛의 일렁임을 보게 된다. 창을 통해 연못에 반사된 햇빛의 찰랑거림이 안으로 스며들었기 때문이다. 무척 아름다운 광경이다. 1968년 처음 한국 땅을 밟은 이타미준은 한국과 제주를 사랑한 사람이었다. 그의 작품에는 온기가 느껴진다. 그가 만든 방주를 타고 바다로 나가고 싶다. 생명이 꿈틀대는 바다에서 평온을 찾을 것 같기 때문이다. 마음을 아는지 햇살에 방주교회가 반짝인다.

> 방주교회는 물 위에 떠 있는 것처럼 설계했다
   은은한 빛이 들어오는 방주교회 창
∨ 노아의 방주 형상을 한 방주교회

제주도

추천여행지

갯깍 주상절리

400여m 높이의 주상절리는 남제주의 숨어 있는 비경 중 한 곳이다. 주상절리 옆엔 다람쥐굴이라 불리는 작은 해식동굴이 나 있다. 바다에는 몽돌들이 펼쳐져 있다. 조근모살해변과 연결되어 있고 예래포구 가기 전 예래천에 위치해 있다. 예래천 반딧불보호구역이 주변에 위치해 있다. 올레 8코스가 통과하는 지점이기도 하다.

1박2일 추천코스

1일
저지문화예술인마을 — 성이시돌목장 — 방주교회 — 중문

2일
중문단지 — 세계자동차제주박물관 — 오설록티뮤지엄 — 유리의 성

산방산 앞을 향해 있는 방주교회

★여행정보
방주교회 제주도 서귀포시 안덕면 산록남로762번길 113(상천리 427), 064-794-0611, www.bangjuchurch.org

★친절한 여행 팁
❶ 이타미준의 건축물을 볼 수 있는 곳은 방주교회가 유일하다. 그렇지 않으면 포도호텔에 숙박해 그 안에 있는 이타미준의 건축을 만날 수 있다. 제주에는 이타미준 이외에 세계적인 건축가의 작품이 있다. 섭지코지 휘닉스아일랜드 안에는 안도 다다오, 마리오 보타의 작품을 만날 수 있다.
❷ 방주교회의 건축적 특성부터 파악해야 한다. 그리고 사면을 돌아가며 관찰하자. 교회 내부도 들러보는 것을 잊지 말자.
❸ 제주 공항에서 평화로를 타고 가다 1115번 제2산록 도로로 갈아타고 조금 더 가면 핀크스골프클럽과 포도호텔을 지난다. 핀크스비오토피아 단지 옆에 방주교회가 있다.

★이것만은 꼭!
방주교회는 건축기념물이 아닌 실제 교회로 운영되고 있는 곳이다. 예배가 있는 시간은 촬영을 하지 말고 눈으로 담자. 예배시간은 매주 일요일 09:30, 11:00이며, 일반인의 방주교회 관람시간은 10:00~16:00고 월요일은 휴무다.

★주변 맛집
일성식당 : 30여 년 전통의 밀면 전문점이다. 오래된 식당 내부의 모습에서 일성식당의 내공을 엿볼 수 있다. 맑고 깨끗한 육수에 잡냄새를 없애 담백한 수육이 괜찮다. 제주도 서귀포시 안덕면 산방로 372(사계리 2834), 064-794-2876
용이네식당 : 두루치기, 제주도 서귀포시 중앙로79번길 (천지동 298-8), 064-732-7892
어진이네횟집 : 자리돔물회, 제주도 서귀포시 보목포로 55(보목동 555), 064-732-7442

078
제주도 제주시 이호동
이호테우 해변

바다를 지키는 트로이 목마
트로이 목마를 닮은 등대 앞에 선다.
한라산을 배경으로 비행기가 낮게 날아간다.
흥분으로 가득한 여행자들을 태우고
55분 동안 차가운 하늘과 면도 거품 같은
구름을 통과해 짙푸른 바다를 건너
타원형의 섬 속으로 빨려 들어간다.
떠나야 할 곳과 돌아가야 할 곳의
흔적을 담고 있는 비행기다.

이호테우해변은 제주 시내에서 가장 가까운 해변이다. 해변은 거무스름한 모래와 자갈로 이루어 졌다. 밤이면 먼바다에서 고기잡이 어선의 조명이 반짝이는 어화의 해변이다. 이호테우해변이 있는 이호동은 예부터 테우를 이용한 멸치잡이가 성행하던 곳이다. '테우'란 여러 개의 통나무를 엮어 만든 배를 말한다. 뗏목배라는 의미로 '떼배'라고도 불린다. 연안에서 고기를 잡거나 미역톳 등의 해조류를 채취하거나 해녀들이 이동할 때 사용했다.

테우는 부력이 뛰어난 한라산 구상나무로 만들었다. 통나무 10개 정도를 엮어 그 위에 평상을 만들고 기둥을 세운 형태다. 테우는 과학적으로 만든 배다. 파도가 거세도 바닥이 수면과 밀착돼 뒤집어지지 않았다. 채취한 해산물은 평상 아래에 실었고 사람은 평상 위에서 편하게 작업을 했다. 어업을 하지 않는 겨울에는 해체해 보관해뒀다가 어로기에 다시 조립하여 사용했다. 동력선이 보급되기까지 제주사람들은 테우를 이용했다.

80~90년 전만 해도 바닷가에서 흔하게 보던 테우는 역사 속으로 사라졌다. 지금은 관광객들을 위한 체험거리로 사용하거나 박물관에서 유물로 만날 수 있다. 이호테우해변은 제주사람들의 삶의 일부였던 테우의 이름을 사용한 해변이다.

이호테우해변에서 바닷가를 앞에 두고 오른쪽을 바라보면 방파제 위에 말의 형태를 한 등대 두 개를 볼 수 있다. 말의 형상을 한 흰색과 빨간색의 등대다. 방파제 위에서 밤이면 등불을 밝힌다. 높이 12m의 거대한 등대는 제주 조랑말을 모티브로 형상화 했다. 보통 제주도의 항구에는 2개의 등대가 있는데 바다에서 볼 때 오른쪽은 빨간색, 왼쪽은 초록색으로 서로 다른 빛을 내어 선박들에게 길을 안내해준다.

호메로스의 「일리아드」에 트로이 목마 이야기가 등장한다. 오디세우스의 뛰어난 지략으로 목마를 만들어 트로이를 무너뜨리고 승리를 했다는 내용이다. 이호테우해변의 조랑말등대를 두고 사람들은 트로이 목마를 닮았다고 한다. 멀리서 보면 트로이 목마 두 개가 서 있는 것처럼 보인다.

이호테우해변 앞바다는 고요하다. 바다는 생명이며, 동시에 죽음이다. 그 속에 삶이 있다. 멀리 어선들의 불빛은 해변 방파제로 전해지고 트로이 목마를 닮은 등대는 빨간빛, 초록빛의 불을 밝히며 현재를 살아가는 제주사람들의 삶을 지켜준다.

어화로 반짝이는 이호테우해변의 앞바다, 고요한 느낌을 위해 저속 촬영한 바다

제주도

추천여행지

방선문계곡

제주도에서 가장 긴 하천인 한천 상류에 위치했다. 영주십경 중 한 곳이며 국가 명승지로 지정되었다. 방선문 안으로 들어서면 바위 위에 친절하게도 방선문(訪仙門)이라 써 놓았는데, 방선문은 '신선이 방문하는 문'이라는 뜻이다. 당나라 시인 백거이의 「장한가」시구에서 인용했다. 방선문이라는 이름 외에도 신선이 산다는 뜻의 '영구', 속이 비어 툭 트인 입구란 뜻의 '들렁귀'로도 불렸다. 방선문은 신선계와 인간세상을 잇는 문인 셈이다. 그리고 한국 고전문학이자 판소리 12마당 중 하나인 「배비장전」의 무대이다. 제주도 제주시 종천길(오라 2동)

1박2일 추천코스

1일: 제주목관아 — 제주향교 — 용두암 — 제주민속5일장 — 이호테우해변

2일: 이호테우해변 — 알작지 — 하가리마을 — 애월항 — 애월한담공원

현사선박출입항 대행신고소 앞 방파제 야경

★**여행정보**
이호테우해변 제주도 제주시 도리로 20(이호동 1600)
제주탑동관광안내소 064-728-3919
제주도관광정보 www.jejutour.go.kr

★**친절한 여행 팁**
① 제주올레 17코스가 이호테우해변을 통과한다. 광령1리에서 시작해 무수편 숲길, 알작지해변을 거쳐 이호테우해변을 통과해 도두봉, 용두암, 제주 목관아지, 동문시장까지다. 제주사람들의 삶이 담겨 있는 도심 풍경을 만나는 17코스다.
② 이호테우해변은 일몰을 감상하기 좋은 곳이다. 빨간색 조랑말등대 뒤로 사라지는 태양과 붉은빛에 물든 바다는 서정적이다.
③ 제주시내에서 서일주도로인 1132번 도로를 타고 한림, 하귀 방면으로 향한다. 이호테우해변 입구 사거리에서 우회전해 들어가 해변가로 가지 말고 제주이호랜드 방향으로 들어가면 방파제와 조랑말 등대에 당도한다.

★**이것만은 꼭!**
이호테우해변에는 쌍원담이 있다. 해안가에 돌담을 원형으로 쌓아 밀물 때에 물고기들이 들어와 썰물 때 빠져나가지 못하게 가두어 놓는 것을 원담이라고 하며 전통 어업 방식이다. 이호동의 쌍원담은 원담이 두 개였던 것을 흔적만 남았던 것을 복원한 것이다. 제주의 전통을 잘 알 수 있는 문화다.

★**주변 맛집**
자매국수: 일도 2동은 고기국수 전문점들이 모여 있다. 자매국수집도 고기국수 전문점이며 고기국수가 부담스러운 사람들을 위해 비빔국수가 따로 있다. 제주도 제주시 삼성로 67(일도 2동 1034-10), 064-727-1112
돈대표: 흙돼지근고기, 제주도 제주시 정존13길 17(노형동 1284-13), 064-743-0565
돌하르방식당: 각재기국, 제주도 제주시 신산로11길 53(일도 2동 320-14), 064-752-7580

079
제주도 제주시 우도면
우도

소는 사실 사람이었다
배를 타면 소로 보이고 검멀레에 서면 사람으로 보인다.
사람이 되고픈 소인가, 소가 된 사람인가.
아니면 소와 함께 평생을 보낸 우도사람의 마음을
담은 것은 아닌지. 짙푸른 바닷물이 첨벙첨벙
쇠머리오름(우두봉)을 간질인다.

우도는 소가 누워 있는 형상을 한 섬이다. 제주가 품은 섬들 중 가장 크다. 우도봉에서 손을 뻗으면 성산일출봉을 만질 것 같은 가까운 거리에 있다. 우도를 여행하는 방법은 다양하다. 사람들은 자동차로, 자전거로, 오토바이로, 도보로 여행한다. 우도의 구석구석에 있는 속살을 탐하려면 자전거와 걷는 것을 추천한다. 우도는 지나쳐버릴 것 하나 없는 여행지이기 때문이다.

동행한 후배가 길을 가다 뜬금없이 물었다. "형! 혹시 우도 8경 다 봤어요?" 글쎄, 수년간 여러 번 우도를 찾았지만 우도 8경을 다 보았는지 못 봤는지는 생각해본 적 없었다. 1983년 애월읍 연평중학교에 재직하던 김찬흡 선생이 발굴해 이름 지은 것이 지금까지 이어온 우도 8경은 다음과 같다. 주간명월, 야항어범, 천진관산, 지두청사, 전포망도, 후해석벽, 동안경굴, 서빈백사다. 어떤 것은 쉽게 만날 수 있고 어떤 것은 몇 번을 찾아도 보지 못한다. 야항어범은 우도에서 밤을 보내야 만나는 것이고 6~7월 멸치잡이가 이루어져야만 한다. 동안경굴은 우도봉 아래 동굴 안에서 밖을 보는 풍경인데 썰물로 물이 빠져야 들어갈 수 있다. 명명한 이래로 우도 8경은 쉽게 볼 수 없는 것도 있기 때문에 더 신비의 풍경으로 남아 있는 것은 아닌지 모르겠다. 반드시 우도 8경을 봐야만 하는 것도 아니다. 어차피 구석구석을 헤매다 보면 누구에게나 마음속에 담긴 8경쯤은 있기 마련이니까.

짙은 파란색이 실어오는 거센 바람을 맞으며 검은 현무암 사이를 걸어 검멀레해변에 닿았다. 검멀레해변에 있는 해녀상 앞에 서면 우도봉의 늠름한 자태와 만난다. 능선 정상에는 하얀 등대가 반짝이고 아래에는 검은 모래 위를 파도가 흰 거품을 물고서 연신 들락거린다. 우도봉은 우도를 대표하는 오름이다. 하얀 등대가 마음을 붙잡고 등대로 난 길은 억새가 지천이다. 우도봉의 경사면을 따라 오봉리 일대와 바다가 이어지고 반대편에는 성산일출봉과 지미봉 한라산이 시원하게 펼쳐진다. 특이하게 소의 형상과 닮은 우도봉은 검멀레 방향에서 보면 사람의 얼굴과 닮았다. 머리에 등대 뿔을 달고 있는 것이 마치 우도를 지키는 수호신처럼 느껴진다.

우도봉에서 8경의 한 곳인 서빈백사, 홍조단괴해변으로 향한다. 우도가 품은 가장 낭만적인 곳으로 하얀 해변과 수심을 달리한 물의 빛깔은 환상적이다. 우도에서 1박 하고픈 마음을 간신히 진정시키고 하우목동항을 거쳐 종달리항에 들어섰다. 종달리항 방파제에는 해녀가 물질하고 있고 마늘은 따사로운 볕에 마르고 있다. 맑은 하늘 밑에 앉아 아쉬움 가득한 마음으로 우도를 바라본다.

사람의 얼굴처럼 생긴 우도봉, 해수욕하기 좋은 하고수동해변

추천여행지

비양도

비양도는 우도 동쪽의 하고수동해변 옆에 딸린 작은 섬이다. 한림의 비양도와 이름이 같다. 비양도의 얕은 언덕에 오르면 진한 회색의 현무암이 우도봉까지 이어지고 태평양으로부터 밀려온 파란 바다가 그림처럼 펼쳐진다. 비양도는 우도 비양동에서 120m 떨어져 있고 돌로 쌓은 다리로 연결되어 있다. 조선시대에 염소 사육을 했다는 기록이 남아 있고 해안 지역은 풍부한 해산물로 가득하다고 한다. 비양도에는 해신당, 봉수대, 거북이무덤군락지, 무인등대 등이 볼거리며 일출 촬영지이기도 하다.

1박2일 추천코스

1일: 성산일출봉 → 성산포 → 우도

2일: 우도 → 성산포 → 섭지코지 → 혼인지 → 표선

100년이 넘는 역사를 가진 우도등대

★ 여행정보
성산포항 제주도 서귀포시 성산읍 성산리 347-2
종달리항 제주도 제주시 구좌읍 종달리 484-6
성산포항여객터미널 우도도항선매표소 (우도해운) 064-782-5671
제주도관광정보 www.jejutour.go.kr

★ 친절한 여행 팁
❶ 자전거로 돌아볼 경우 해안 일주는 17km 정도이고 마을 중심까지 둘러본다면 25km 정도 거리이다. 대체로 4시간 정도면 충분히 여유롭게 둘러볼 수 있으며 우도봉 외에는 오르막이 없어 쉽게 돌아볼 수 있다. 천진항과 하우목동항에서 자전거를 대여 받을 수 있다.
❷ 일출은 하고수동해변, 비양도, 우도봉에서 볼 수 있으며, 일몰은 우도봉, 홍조단괴해변이 괜찮다.
❸ 우도로 향하는 배는 성산포항과 종달리항 두 군데에서 탈 수 있다. 성산포항이 출항하는 배가 더 많은 편이며, 출항은 30분 간격이다. 폭풍경보·주의보가 발령되면 운항이 금지된다. 따라서 사전에 당일의 기상 상황을 확인해야 한다.

★ 이것만은 꼭!
1906년 처음 불 밝힌 우도 등대는 100년이 넘는 동안 제주의 동쪽 바다를 밝혔다. 옛 등대 뒤로 새 등대가 들어서 있다. 일제강점기 시절 수탈을 하는 배를 인도해줄 목적으로 세웠다. 푸른 바다를 배경으로 하는 흰색의 등대는 눈부시게 낭만적이다.

★ 주변 맛집
우도땅콩: 우도땅콩은 타 지역의 땅콩보다 크기는 작지만 식감이 부드러우며 고소하다. 우도의 특산품으로 아이스크림 등 다양한 먹거리로 개발되어 판매되고 있다. 우도 어디서든 작은 봉지로 구입할 수 있다. www.jejuudo.com
옛날옛적: 돔베고기정식, 제주도 서귀포시 성산읍 성산등용로 44(성산리 382-10), 064-784-2252
섬사랑: 뿔소라뚝배기, 제주도 제주시 우도면 우도해안길 1128(연평리 317-4), 064-784-8382

우도봉 아래에 있는 해식동굴인 동안경굴

080
제주도 서귀포시 표선면
따라비오름

제주 오름의 여왕
맹렬하게 부는 바람에 억새는 하늘을 향해
솟아오를 것만 같다. 햇빛에 하얗게 반짝이는
억새 잎이 안녕이라 말하는 것만 같다.
눈물 같은 억새 까끄라기
흩뿌리며 굼부리 안에서 춤추는 것만 같다.

따라비오름 분화구 안은 억새 천지다
걸으면 기분 좋은 분화구 능선

도로에서 한참 들어가야 있는 따라비오름은 억새 명소다. 따라비오름 정상에 서면 조랑말체험공원을 비롯해 풍력발전단지, 큰사슴이오름이 보이고 서쪽으로 한라산이 보인다. 높은오름, 백약이오름, 좌보미오름 등 구좌읍을 대표하는 오름들이 줄을 잇고 삼나무로 구분이 된 목장들이 넓게 펼쳐 있다.

따라비오름은 굼부리가 세 개다. 세 개의 크고 작은 분화구의 능선이 부드럽고 완만한 곡선을 그린다. 서 있는 위치가 어느 곳이냐에 따라 굼부리의 모양도 오름의 풍경도 달라진다. 굼부리와 능선이 만나는 지점은 어느 한 군데도 모난 곳이 없다.

따라비오름의 억새는 굼부리 안이 제일이다. 중심을 잡기 힘든 바람을 등지고 굼부리 안으로 발길을 옮긴다. 능선을 따라 올라온 바람이 분화구를 세차게 휘몰아치면 억새들은 일제히 몸을 흔든다. 바람이 부는 방향에 따라, 강약에 따라 움직임은 부드럽고 격렬하다. 볕 좋은 가을날 억새와 함께하는 것은 기분 좋은 일이다. 적당한 날씨와 리드미컬한 바람이 목덜미를 스친다. 단풍이 강렬한 색으로 마음을 사로잡는다면 억새는 빛으로 이끄는 매력을 가지고 있다.

따라비오름 북쪽에는 김만일 18대손의 무덤이 있다. 무덤 주변에 산담이 둘러쳐져 있고 산담 안에 동자석 2개가 마주보며 놓여 있다. 동자석의 해맑은 미소가 귀엽다. 김만일은 조선 중기 때의 제주도 말 목장주다. 임진왜란 당시 선조와 인조 때까지 나라에 약 1천여 마리의 말을 헌납한 인물이다. 그의 공적을 높이 사 나라에서 헌마공신란 벼슬을 내렸고 그의 후손들까지 대대로 감목관이란 벼슬을 제수 받았다. 김만일 18대손의 무덤 앞에 서면 따라비오름의 특징인 세 개의 분화구가 오롯이 드러난다. 그리고 제주 풍경의 특징인 오름과 묘지를 둘러싼 산담, 동자석 모두를 볼 수 있다.

따라비오름을 경유하는 멋진 걷기 코스가 있다. 20km의 갑마장길과 10km의 쫄븐갑마장길이다. '쫄븐'은 '짧은'의 제주방언이고 '갑마'는 튼튼하고 잘 달리는 말을 뜻한다. 20km의 갑마장길이 부담스럽다면 쫄븐갑마장길을 걷는 것이 좋다. 두 길 다 출발점이 같고 원점 회귀하는 코스다. 쫄븐갑마장길 코스는 행기머체에서 출발해 가시천, 따라비오름, 잣성, 국궁장, 대록산, 유채꽃프라자를 거쳐 조랑말공원으로 회귀한다. 넉넉잡아 4시간이면 충분하다. 삼나무길과 오름, 초원지대를 걸으며 제주 풍경의 속을 들여다보는 길이다.

제주도

추천여행지

제주돌문화공원

제주를 여행한다면 반드시 가봐야 할 곳이다. 제주 탄생설화인 설문대할망과 그녀의 아들 500장군이 공원의 메인 테마이고 돌과 관련한 볼거리가 가득하다. 원당사지 5층석탑, 왕자묘, 동자석, 돌하르방 등 제주인들의 삶속에 녹아 있는 돌을 모아 전시하고 있다. 예로부터 돌, 여자, 바람이 많다 해서 삼다도인 제주의 돌 문화를 한눈에 살펴볼 수 있다. 공원은 반나절은 족히 투자해야 제대로 관람할 수 있을 만큼 규모가 크다. 제주시 조천읍 남조로 2023(교래리 산 119), 064-710-7731

1박2일 추천코스

1일: 조랑말체험공원 — 쫄븐갑마장길 — 따라비오름 — 대록산 — 조랑말체험공원

2일: 가시리 — 제주돌문화공원 — 에코랜드

조랑말체험공원 안에 있는 캠핑장

★여행정보
조랑말체험공원 제주도 서귀포시 표선면 녹산로 381-15(가시리 산 41), 064-787-0960, www.jejuhorsepark.com

★친절한 여행 팁
① 갑마장길에는 잣성이 남아 있다. 잣성은 잣담으로도 불리며 나라에서 키우던 말이 농경지에 들어가거나 도망가지 못하도록 쌓은 돌담이다. 조선 세종 때부터 400년 동안 지켜져 왔다. 잣성은 조선의 목축문화를 알 수 있는 자료이며 따라비오름 북쪽 초원에 대록산까지 이어진다.
② 대록산 아래에 있는 다목적광장에서 매년 4월이면 유채꽃큰잔치가 열린다. 샛노란 유채꽃이 봄의 기운을 잔뜩 안겨다 준다.
③ 가시리사거리에서 성읍 방면으로 200m 정도 가면 따라비오름으로 가는 임도가 나 있다. 임도를 따라 약 2km 들어가면 따라비오름 주차장이 있다. 언덕에 있는 정자를 끼고 철조망이 둘러진 길을 따라 약 100m 정도 들어가면 따라비오름.
④ 제주시-대천동사거리에서 우회전 후 비자림로를 따라가다 제동목장 입구에서 가시리 방면으로 간다. 정석항공관을 지나 우측에 조랑말체험공원이 있다.

★이것만은 꼭!
① 조랑말체험공원에 있는 따라비승마장에서 승마를 즐길 수 있다. 키가 작은 조랑말을 타고 승마장 트랙을 도는 체험코스가 있고 넓은 초원을 돌아보는 초원승마코스가 있다. 약 1시간에서 1시간 30분 소요되며 조랑말과 친해지는 시간도 갖는다.
② 조랑말체험공원에는 조랑말박물관이 있다. 제주 조랑말과 목동인 말테우리와 관련한 유물 약 1000여 점이 전시되어 있다. 대부분의 유물은 가시리 주민들이 기증한 것이다.

★주변 맛집
나목도식당: 제주의 순댓국밥집의 강자 중 한 곳이다. 일반 순댓국과는 달리 피가 많이 들어가 있는데 이는 제주 전통 방식의 순대다. 제주 흑돼지 오겹살도 맛볼 수 있다. 제주도 서귀포시 표선면 가시로 613번길(가시리 1877-6), 064-787-1202
가스름식당: 돼지구이, 제주도 서귀포시 표선면 가시로 565(가시리 1900-4), 064-787-1163
성미가든: 닭 샤브샤브, 제주도 제주시 조천읍 교래길 2(교래리 532), 064-783-7092

400년간 내려온 쫄븐갑마장길의 잣성

흑돼지구이

서울

- 081 서초 달빛무지개분수
- 082 영등포 선유도공원
- 083 용산 N서울타워
- 084 종로 창덕궁 후원
- 085 마포 하늘공원
- 086 종로 서촌
- 087 종로 북촌한옥마을
- 088 서대문 안산
- 089 종로 낙산마을
- 090 종로 백사동천

081
서울시 서초구 반포동
달빛무지개 분수

오색커튼 같은 분수의 장관
반포대교는 물줄기를 시원스레 쏟아내고 그 아래 잠수교는 분수 커튼으로 오색장막을 친다. 사람들은 물이 만들어낸 장관을 보며 달빛 아래 일곱 색깔 무지개 사랑을 속삭인다.

∧ 한강변은 여름철 시원한 밤을 보낼 수 있는 휴식처다
< 잠수교 아래에서는 양쪽으로 낙하하는 분수를 볼 수 있다

사진을 배우는 사람들이 처음 야경을 촬영하는 것은 집 앞의 가로등일 것이다. 밤을 밝히는 가로등의 불빛은 연인과 나눈 두근두근 첫 키스를 연상하게 하는 매력이 있다. 그러나 까만 화면에 누런 빛의 가로등이 담긴 이미지를 보며 야경을 찍는 것이 쉽지 않다는 사실도 알게 된다. 어느 정도 야경 촬영의 기술이 몸에 배면 그다음 촬영하는 것이 한강의 다리들이다. 방화대교, 성수대교, 성산대교, 반포대교는 한 번쯤 꼭 찾아가는 다리다. 그중 가장 빛나는 다리는 반포대교다. 반포대교는 용산구 서빙고동과 서초구 반포동을 연결하는 1.2km의 다리이다. 대한민국 최초의 2층 교량이다. 1980년 1월 착공해 1982년 6월 25일 준공되었다. 대교 아래로 잠수교가 있다.

도시가 살찌면 살찔수록 화려해지는 것은 야경이다. 한강에 줄줄이 놓여 있는 대교는 화려함의 상징이다. 저마다 다른 모습으로 밤을 밝힌다. 반포대교 달빛무지개분수는 강남 야경의 명소다. 달빛무지개분수는 음악소리에 맞춰 쏟아지는 물줄기가 장관이다. 수중펌프를 이용해 한강물을 끌어올려 반포대교 상단에 설치된 380개의 노즐을 통해 약 20m 아래의 한강으로 물줄기를 뿜어낸다. 물줄기 사이로 오색으로 빛나는 조명이 화려하다. 그 어느 곳에서도 이토록 긴 분수를 만날 수는 없을 터. 2008년 무지개분수는 세계기네스협회에 '세계에서 가장 긴 교량분수'로 등재되었다. 심지어 미국의 엔터테인먼트 블로그 오디닷컴이 전 세계 엽기적 분수 10선에 반포대교 달빛무지개분수를 소개했을 정도다. 여기엔 분수가 쏟아지는 반포대교를 건너면 홍해를 가른 모세의 기적을 체험할 수 있다는 설명도 있다.

달빛무지개분수를 배경으로 프러포즈를 하는 이벤트도 열린다. 자신이 좋아하는 음악을 틀어 놓고 연인 앞에서 고백하는 일은 낭만적이다. 처음에 달빛무지개분수는 한강 르네상스라는 도시적 허영심으로 만들어졌지만 지금은 한강의 밤을 즐길 수 있는 강남의 휴식처가 되었다. 물줄기가 쏟아지는 시간에 맞춰 사람들은 한강변 야외무대에 자리를 깔고 앉는다. 그리고 가지고 온 주전부리를 꺼내 놓고 이야기꽃을 피운다. 이윽고 화려한 분수 쇼가 시작되면 사람들은 '와' 하는 감탄사를 외치며 여유로운 밤을 즐긴다.

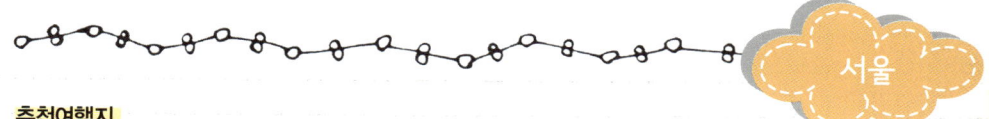

추천여행지

국립중앙박물관

구석기에서 근대에 이르기까지 우리나라의 역사와 삶, 예술을 한눈에 만날 수 있는 곳이다. 열린마당을 지나 으뜸홀과 극장 용 사이의 계단을 오르면 건물 사이로 남산이 액자처럼 보인다. 으뜸홀의 인공미와 자연채광으로 쏟아지는 빛이 조화롭다. 박물관 주변으로 공원이 조성되어 있고 용산가족공원이 연결되어 있다. 02-2077-9000, www.museum.go.kr

1박2일 추천코스

1일 ○ 경복궁 — ○ 남산 — ○ 신사동가로수길 — ○ 반포달빛무지개분수

2일 ○ 압구정로데오길 — ○ 선정릉 — ○ 봉원사 — ○ 코엑스

> 잠수교 난간에 서면 분수가 마치 커튼 같다

★ **여행정보**
반포한강공원 서울시 서초구 신반포로11길 40(반포 2동 115-5)
반포안내센터 02-3780-0541~3

★ **친절한 여행 팁**
① 분수 커튼을 배경으로 기념 촬영할 경우 반드시 삼각대를 사용하는 것이 좋다. 셔터스피드가 느리기 때문에 인물이 움직이지 않도록 해야 한다. ISO를 올리고 플래시를 사용하는 것도 괜찮다.
② 9호선 고속버스터미널역 8번 출구로 나와 반포대교 남단 입구에서 반포시민공원으로 걸어가거나 녹사평역 앞에서 840번 버스를 이용해 반포시민공원에서 하차하면 된다.

★ **이것만은 꼭!**
반포대교 달빛무지개분수가 가동하는 시간은 시기마다 다르다. 비수기인 4월에서 10월까지 평일에는 12:00, 20:00, 21:00 휴일에는 12:00, 17:00, 20:00, 20:30, 21:00, 21:30에 매회 15분간 가동한다. 성수기인 7, 8월 두 달간 평일에는 12:00, 20:00, 21:00 휴일에는 12:00, 17:00, 19:30, 20:00, 20:30, 21:00, 21:30에 매회 15분간 가동한다. 겨울철에는 가동하지 않는다.

★ **주변 맛집**
반포집 : 멸치육수의 깔끔한 수제비와 고추장 소스로 맛을 낸 오징어덮밥으로 인기 있는 식당이다. 기본 찬으로 제공되는 백김치와 깍두기도 정갈하다. 서울시 서초구 신반포로 17(반포본동 817), 02-593-6684
옹달샘 : 백반, 서울시 서초구 반포동 422 반포쇼핑센터 7동 지하 1층, 02-533-0602

082
서울시 영등포구 양화동
선유도공원

마음도 가볍게 마실 간다
선유도공원은 느슨한 공원이다.
느슨함은 조여진 마음을 헐렁하게 바꾸어 놓는다.
시간의 정원에 놓인 의자에 앉아 햇살 받으면
일상의 보푸라기를 떼고 있는 나를 발견할지도 모른다.

따뜻한 강바람이 불면 선유도공원에 갔다. 살고 있는 곳 가까이에 아담한 공원이 있다는 것은 즐거운 일이다. 바쁜 일상 속에서 어쩌다 여유가 생기면 강가의 물비린내 따라 카메라와 책을 가방에 넣고 텀블러에 커피를 가득 채운 후 합정동을 지나 양화대교를 건너 선유도까지 걸어갔다.

선유도는 여의도, 밤섬, 노들섬, 서래섬과 함께 한강의 5개 섬 중 하나다. 사람들의 쉼터로 연인들의 데이트 장소로 애용되는 선유도의 과거는 지금과 매우 다르다. 옛날 선유도에는 높이 40m의 선유봉이 우뚝 서 있었고, 선유봉 아래로 30여 가구가 사는 마을이 있었다. 산의 모양이 고양이 같다고 해서 '괭이산'으로도 불렸다. 푸른 한강과 강변 모래톱 위의 선유봉은 신선이 노닐 만큼 아름다운 풍경을 자랑했다. 그랬던 섬은 일제강점기 때 도로 포장을 위한 암석을 채취하면서 깎여나갔고, 1962년 양화대교를 건설할 때 선유봉이 허물어졌다.

1978년에는 사라진 선유봉 자리에 식수를 공급하는 정수장을 건설했다. 개발의 힘은 작은 봉우리 하나를 간단하게 먹어 치웠다. 상상할 수 있는 옛 선유도의 모습은 겸재 정선이 그린 한강진경 중 선유봉을 통해 짐작할 수 있을 뿐이다.

서울시는 2000년까지 서울 서남부 지역에 수돗물을 공급해왔던 선유정수장을 2002년 생태공원으로 만들었다. 선유도공원의 특징은 새로이 공원으로 조성하지 않고 시설물을 재활용한 것에 있다. 공원 곳곳에 옛 정수장의 기둥과 수로 등 시설물들이 자연과 함께 노출되어 있다. 약품침전지였던 시간의 정원에는 다양한 수생식물이 자란다. 녹색기둥의 정원은 정수지의 콘크리트 상판을 들어낸 곳으로, 남은 기둥에는 담쟁이들이 옹기종기 붙어산다. 선유도공원은 물을 테마로 한 테마공원이자 생태공원이다.

공원은 멋진 풍경 덕분에 드라마나 영화의 촬영지로도 잘 알려졌다. <꽃보다 남자>와 <네 멋대로 해라>도 여기서 촬영됐다.

선유도공원은 많은 사람들이 찾는다. 저마다 목적은 다르지만 사람들은 공원 속에서 자연과 조화를 이룬다.

> 수생식물원에 핀 노랑어리연꽃
  원형 소극장 옆에서 점심을 먹는 유치원생들
∨ 공중수로를 따라 산책할 수 있는 녹색기둥의 정원

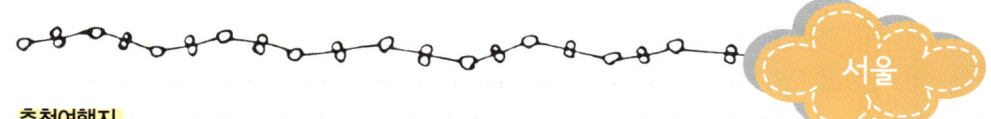

서울

추천여행지

문래동 예술촌

한때 문래동은 1960년대 산업화를 거치면서 도심 속 공장지대로 성장했다. '국내 철강재 판매 1번지'로 불릴 만큼 이름을 날렸지만 재개발과 외환위기를 거치면서 점차 쇠락해갔다. 2000년대 초반 가난한 예술가들이 문래동에 모여들었다. 홍대와 인사동의 높은 임대료를 감당하지 못하고 상대적으로 저렴한 문래동에 둥지를 틀기 시작한 것. 지금은 150여 명의 예술가들이 다양한 장르의 작품을 생산해내고 있다.

1박2일 추천코스

1일 홍대거리 — 양화진성지공원 — 절두산성지 — 선유도공원

2일 상암동하늘공원 — 노을공원

양화지구 한강공원에서 본 선유교 야경

★**여행정보**
선유도공원 서울시 영등포구 선유로 343(양화동 95), 02-2634-7250, parks.seoul.go.kr

★**친절한 여행 팁**
❶ 선유도는 밤에도 빛이 난다. 야경이 멋진 선유교는 다리를 건너 강변에 있는 매점 주위에서 선유도 방향을 바라보는 것이 제일이다. 선유전망대에서 일몰을 감상한 후 선유교를 건너는 것이 좋다.
❷ 수생식물원은 여름철 연꽃과 물에 비친 반영이 예쁜 곳이다. 녹색기둥의 정원은 겨울 자작나무가 매력적이다.
❸ 자가용을 이용할 때는 양화지구의 주차장에 주차한 후 선유교를 건너 진입하는 것이 좋다. 대중교통을 이용한다면 9호선 선유도역에서 하차하고 2번 출구로 나와 선유교 방향으로 도보 700m다. 2, 6호선 합정역에서 하차하면 5번 출구로 나와 일반버스 603, 760, 5714, 7612번 탑승 후 선유도공원 정문에서 하차하면 된다.

★**이것만은 꼭!**
선유도공원은 국내 최초의 환경재생 생태공원이자 물의 공원이다. 옛 구조물들이 햇빛과 그늘, 습도를 조절해 여러 종류의 생육 환경을 만들었다. 아이들과 함께 다양한 식물들을 만나보자.

★**주변 맛집**
길풍식당 : 양평동 선유도역 인근에 위치한 꼬리곰탕 전문점이다. 담백한 꼬리곰탕을 시키면 간장 양념을 올린 소면을 식사 전에 내주는데 별미다. 서울시 영등포구 양평로 85(양평동 4가 56), 02-2634-1359
제주돈사돈합정점 : 근고기, 서울시 마포구 월드컵로 33(합정동 426-5), 02-324-7575
가제트술집 : 막걸리, 서울시 마포구 양화진길 5(합정동 375-1), 070-7529-7580

원형 소극장

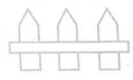

083
서울시 용산구 용산동
N서울타워

서울 구경 1번지

지금도 남산에 가끔씩 찾아간다. 홀로 사진 촬영을
위해서 찾기도 하지만 무엇보다 동생과의 추억이
묻어 있기 때문이다. 난간에 걸린 자물쇠처럼 만질 수 없는
기억이지만 동생과 함께 보낸 추억이 가장 많이 생각난다.

남산 서남쪽에 위치한 남영동에서 유년시절을 보냈다. 유년시절이라 해도 고작 6개월여 산 것이지만 그때의 기억은 강하게 남아 있다. 그 기억의 중심은 남산이었다. 당시 집과 멀지 않은 곳에 있는 초등학교에 다녔다. 학교 교정에는 멋지게 휘어진 등나무가 있었고, 등나무 옆에는 흔하지 않은 야외 수영장이 있었다. 무엇보다 운동장에 서면 남산과 남산 N서울타워가 한눈에 들어왔다. 학교가 아니면 딱히 놀 만한 곳이 없었던 나와 동생에게 남산은 호기심 가득한 여행지였다. 주말이면 동생과 함께 과자를 사들고 남산으로 향했다. 주된 코스는 식물원과 식물원 아래 있었던 동물원을 둘러보는 것이었다. 가끔 남산 N서울타워 밑에까지 가기도 했다. 남산은 탐험가처럼 요리조리 살펴보는 재미가 있는 곳이었다.

어느 날, 남산 동물원에 도착해 우리 안에 있던 원숭이들에게 장난을 했다. 원숭이는 약이 올랐는지 우리 가까이에 붙어 있던 나의 머리카락을 움켜쥐고 소리를 질러댔다. 동생은 재미있다고 박수를 쳤고 주위는 웃음으로 가득했다. 머리카락이 수십 가닥 뽑히는 혈투 끝에 겨우 풀려났지만 고개를 들 수 없을 정도로 창피했다. 원숭이에게 조롱당했다는 것이 분했다. 돌이켜보면 철없던 시절의 행동이었다. 그럼에도 주말이면 동생과 동물원과 식물원을 찾

남산 산책로에서 본 N서울타워, 남산 전망대에 걸려 있는 사랑의 자물쇠들

남산 전망대에서 본 한남동 방향 야경
팔각정에서 본 남산 N서울타워, 전망대에서 본 서울불꽃축제

앉고 남산 정상에 자주 올랐다. 지금처럼 볼거리가 많지 않았던 그 당시 남산은 천연색 파노라마처럼 펼쳐지는 그림 동화 같았다.

남산(265m)은 서울의 중심에 위치해 서울을 한눈에 조망하기 좋다. 조선시대에는 북악산과 인왕산, 낙산을 이어 약 18km의 성벽을 둘렀을 만큼 서울을 지키는 방어 역할을 했다. 남산 정상에는 5개의 봉수대가 있는데 지방에서 올라오는 소식을 중앙으로 전달하는 역할을 담당했다. 남산 정상에는 서울의 랜드마크인 N서울타워가 우뚝 솟아 있다. N서울타워는 1969년 세워진 우리나라 최초의 전파탑이다. TV와 라디오 방송은 N서울타워를 통해 서울과 수도권에 송출되었고 지금도 대부분의 방송을 이 탑을 통해 보고 듣는다. N서울타워가 일반인에게 공개된 것은 1980년, 전망대가 만들어지면서부터다. 당시 서울 여행의 1번지는 N서울타워였다. 1980년대 유년시절을 보낸 이들의 빛바랜 사진 속 배경이 될 만큼 서울의 상징이었다. N서울타워라는 이름을 갖게 된 것은 2005년이다. 그전에는 남산타워로 불렸다. 예전에는 가족들의 여행지로 각광을 받았다면 지금은 연인들의 데이트 명소다. 난간에 영원히 사랑을 묶어주길 기대하는 자물쇠들도 걸려 있다.

서울

추천여행지

남산골 한옥마을
옛 수도방위사령부 부지에 한옥마을을 조성했다. 서울 곳곳에 흩어져 있던 전통 가옥 다섯 채를 복원해 놓았다. 오위장 김춘영 가옥 등 건물 하나 하나 해체 후 그대로 옮겨와 복원했다. 전통 가옥 내에서는 예절 배우기 등의 체험 프로그램과 문화학교, 전통문화 강좌 등이 열린다. 쉬어가기 좋은 전통 찻집도 있다. 전통 공예관에는 무형문화재로 지정된 장인들의 작품이 전시되어 있다. 한옥마을 위에는 서울 정도 600주년을 기념해 만든 타임캡슐 광장이 있다. 02-2264-4412, hanokmaeul.seoul.go.kr

1박2일 추천코스

1일 ○ 남산골한옥공원 ○ 명동거리 ○ 남대문시장

2일 ○ 국립중앙박물관 ○ 남산 ○ 이태원

N서울타워로 향하는 남산케이블카

★ **여행정보**
남산공원주차장 서울시 중구 소파로 46(회현동 1가 100-177), 02-318-5575
N서울타워 02-3455-9277, www.nseoultower.com

★ **친절한 여행 팁**
❶ 남산 N서울타워의 멋은 해 질 무렵과 야경이다. 화려한 LED 조명을 밝힌 타워와 총총히 빛나는 서울의 야경을 보는 즐거움은 대단하다. 또 붉은 노을에 물들어 가는 한강과 빼곡히 들어선 건물 풍경은 이곳이 서울의 풍경을 잘 볼 수 있는 명소임을 알려준다.
❷ 남산에 오르는 가장 빠른 코스는 남산케이블카를 이용하는 것이다. 지하철 4호선 명동역 3번 출구로 나와 중국영사관 방향으로 10분 정도 걸으면 케이블카 하부 정류장이다. 대인 왕복 8,500원이며 오전 10시부터 오후 11시까지 운행된다.
남산케이블카 www.cablecar.co.kr
❸ 남산은 2005년 5월부터 일반차량 통행제한이 실시되었다. 자가용 이용 시 인근의 서울스퀘어 주차장, 국립극장 주차장, 남산케이블카 주차장, 남산공원 주차장을 이용하자.

★ **이것만은 꼭!**
원기둥 형태로 만들어진 전체 5층의 타워룸은 2, 3층의 전망대와 5층의 회전식 레스토랑으로 꾸며져 있다. 타워 2층의 하늘 화장실과 48분을 주기로 360도 회전하며 서울 시내 전체를 조망할 수 있는 타워 5층의 회전식 레스토랑은 N서울타워의 자랑이다.

★ **주변 맛집**
명동돈가스 : 명동에서 오래된 돈가스 전문점이다. 두툼하게 썬 돼지고기 안심에 얇은 튀김옷이 고소하다. 1층 중앙 키친을 둥글게 둘러싼 테이블이 있어 혼자 식사하기에 적당하다. 서울시 중구 명동3길 8(명동 1가 59-13), 02-775-5300
엔그릴 : 안심스테이크, 서울시 용산구 남산공원길 105(용산동 2가), 02-3455-9297
목멱산방 : 산방비빔밥, 서울시 중구 남산공원길 125-72(예장동 산 5-6), 02-318-4790

084
서울시 종로구 와룡동
창덕궁 후원

조선의 왕이 되어보자
기쁠 때나 슬플 때나 임금님의 속
깊은 이야기를 들어주었을 창덕궁 후원.
조선시대 왕실의 고민을 다 받아주었을
수령 300년이 넘은 고목 아래를 거닐다 보니,
조선시대가 그다지 멀게 느껴지지 않는다.

부용정 서쪽에 있는 영화당은 임금들의 행사 장소다. 부용정 일원에 있는 어수문과 규장각과 주합루

가을이 오면 창덕궁 돈화문 앞을 서성인다. 창덕궁 후원 관람 때문이다. 창덕궁 관람은 일반관람과 후원 특별관람으로 나눠져 있다. 일반관람은 언제든지 할 수 있다. 창덕궁 후원은 미리 예약하지 않으면 원하는 날짜에 볼 수 없는 인기 관람 구간이다. 돈화문 앞을 서성이는 것은 혹시나 예약자가 안 올 경우 그 자리를 꿰차고 들어가기 위해서다.

창덕궁 후원 관람은 함양문에서 출발해 부용지, 의두합, 불로문, 애련지, 연경당, 존덕정, 옥류천, 빙천길을 거쳐 돈화문에 이르는 코스다.

창덕궁은 서울의 5대 궁궐 중 하나다. 5대 궁궐은 정궁인 경복궁과 이궁인 창덕궁, 창덕궁 옆의 창경궁과 경운궁(현 덕수궁), 광화문 대로에 있는 경희궁이다. 조선의 왕궁은 파란만장했다. 특히 일제강점기 시절 두드러지는데, 경희궁은 이리저리 뜯겨나갔고 경복궁 흥례문 앞에는 조선총독부가 세워졌다. 창경궁에는 식물원과 동물원을 만들었다. 창덕궁의 비밀스러운 후원은 비원이라는 이름으로 바꿔 불렀다.

창덕궁은 임진왜란 당시 불에 타버린 경복궁을 대신해 270여 년간 조선 왕조의 법궁 역할을 했다. 조선의 왕들은 가장 큰 권력을 가졌으면서도 마음 편할 공간마저 힘들게 유지해 온 모양이다. 창덕궁은 5대 궁궐 중 원형이 잘 보존돼 있어 1997년 12월에 유네스코 세계문화유산으로 등재되었다.

후원은 일제에 의해 비원으로 이름이 바뀌기 전엔 궁궐 북쪽에 있다 해서 '북원', 일반인이 접근할 수 없다 해서 '금원'이라 불렸다. 후원은 자연경관을 최대한 살려 정원으로 조성한 공간이다. 숲과 연못이 있고, 크고 작은 정자를 두었다.

후원에서 가장 아름다운 곳으로 부용지와 부용정이 있다. 부용은 연꽃을 뜻한다. 부용지는 '하늘은 둥글고 땅은 네모나다'는 천원지방 사상으로 조성되었다. 이곳에서 정조는 신하들과 낚시를 즐겼다고 한다. 또한 왕이 과거에 급제한 이들을 위해 연회를 베풀던 장소였다. 열 '십(十)'자 모양의 부용정은 뛰어난 조형미를 갖추어 정자 건축물의 대표로 손꼽힌다.

가을빛을 따라 창덕궁의 후원을 거닌다. 자연과 조화를 이룬 가장 한국적인 궁궐, 그중에서도 가장 비밀스러운 공간인 후원의 붉은 단풍이 마음을 사로잡는다. 왕과 왕비 그리고 궁에서 사는 사람들만이 즐겼을 가을 풍경이다.

추천여행지

종묘

종묘의 대표적인 건축물로 정전이 있다. 정전은 조선 왕조 역대 왕과 왕비 및 추존된 왕과 왕비의 신주를 모신 유교사당이다. 길이 109m에 이르는 웅장하고 장엄한 건축물이다. 정전에는 19실에 49위가 모셔져 있고 정전 위에 있는 영녕전에는 16실에 34위의 신위가 모셔져 있다. 정전 뜰 앞에 있는 공신당에는 조선시대 공신 83위가 모셔져 있다.

문화재청 종묘 02-765-0195, jm.cha.go.kr

1박2일 추천코스

1일: 운현궁 → 창경궁 → 종묘

2일: 대학로낙산공원 → 동대문성곽공원 → 동대문시장

> 임금과 신하가 술잔을 띄우고 시를 지은 옥류천

★ 여행정보

창덕궁 서울시 종로구 와룡동 2-71, 02-762-8261, www.cdg.go.kr

★ 친절한 여행 팁

❶ 함양문에서 부용정 가는 길은 궁궐의 담장에 드리워진 가을 단풍이 아름답다. 존덕정과 연못은 봄에는 철쭉, 여름에는 신록, 가을에는 단풍이 기막히다. 영화당 앞은 오후의 빛이 좋은 곳이다. 층층이 놓인 영화당 계단은 기념 촬영하기 좋다.

❷ 창덕궁에서는 4월에서 6월, 9월에서 11월 기간 동안 총 28회 창덕궁 달빛기행 프로그램이 운영된다. 보름달 뜨는 궁궐에서 갖는 특별한 체험을 즐겨보자. 정조대왕이 어머니인 혜경궁 홍씨를 위해 지은 지경전에선 다례체험이 열린다. 5월에서 6월, 9월에서 10월 기간 동안 매주 토·일요일에 체험할 수 있다.

❸ 1, 3, 5호선 종로 3가역 6번 출구에서 하차 후 도보로 10분, 3호선 안국역에서 3번 출구로 나와 도보로 5분이면 창덕궁이다.

★ 이것만은 꼭!

❶ 후원 특별관람을 마치면 일반관람으로 창덕궁 주요 건물을 돌아보자. 공주들의 침소였던 낙선재, 임금의 침전인 대조전, 집무실 인정전 등 조선시대로 되돌아가 왕가의 삶을 느껴보도록 하자.

❷ 후원 관람은 하루 7회(10:00, 11:00, 12:00, 13:00, 14:00, 15:00, 16:00) 90분 소요된다. 요금은 성인 5,000원, 소인 2,500원이며 주차장 이용은 관람 시간만 무료이용이 가능하다.

★ 주변 맛집

순라길: 홍어회 삼합이 유명한 식당이다. 국내산 홍어를 비롯해 칠레산 홍어도 있다. 강하지 않은 삭힌 맛으로 별미를 즐기는 사람들이 많이 찾는다. 서울시 종로구 율곡로 99(권농동 148), 02-3672-5513

마산해물아귀찜: 아귀찜, 서울시 종로구 삼일대로 436-1(낙원동 45-3), 02-763-7494

툇마루집된장예술: 된장비빔밥, 서울시 종로구 인사동 4-2 중원빌딩 지하 1, 2층, 02-739-5683

함양문에서 부용정 가는 돌담길의 가을

085 서울시 마포구 상암동
하늘공원

함께 산책하기 좋은 공원
나무와 나무 사이로 반짝거리는 한강이 보인다.
통통 튀는 공기가 얼굴을 적시고 햇살에 데워진
풀냄새가 폐 속으로 들어온다.
푸른빛을 품은 숲에서 갖는 나만의 시간이다.
가끔은 일상의 반나절 정도와 맞바꿔도 좋을 시간이다.

∧ 하늘공원의 강변 옆에 있는 메타세쿼이아 가로수길
< 하늘공원의 초가을은 싱그러움이다

가끔씩 하늘공원에 갔다. 자전거를 타고 신록으로 우거진 메타세쿼이아 숲길을 바람을 일으키며 달렸다. 때로는 친구와 편하게 산책하며 수다를 떨었다. 억새가 만발하는 가을이면 좋아하는 책을 펼쳐 읽으며 햇살을 한가득 담았다. 너른 평지에 하늘과 맞닿은 곳, 그곳에 서면 시간 가는 줄 몰랐다. 푸른 융단 같은 억새 사이에 있으면 마치 하늘을 나는 양탄자를 탄 것만 같다.

하늘공원은 누구에게나 열려 있는 쉼의 공간이다. 자연의 향기가 폴폴 가슴속으로 스며드는 곳이다. 이곳은 과거 쓰레기 매립장이었고 난지도라는 무척 예쁜 이름을 가진 섬이었다. 난지도란 이름은 '난초와 지초가 자라는 섬'이란 뜻이다. 오리를 닮았다 해서 '오리섬'으로도 불렸다. 꽃들이 지천으로 피고 맑은 물이 흐르며 새들이 노래를 불렀던 난지도에서 연인들은 데이트를 하고 가족들은 소풍을 즐겼다.

이중환의 『택리지』에 의하면 굽이굽이 바닷물이 거슬러 오는 목에 굵고 단단하게 다져진 땅, 그 땅에서 솟아난 담수가 사람에게 가장 좋은데 그 조건을 두루 갖춘 곳이 난지도라고 한다.

서울이라는 대도시는 향기로 가득한 난지도를 쓰레기 산으로 만들었다. 1978년 매립장이 된 지 불과 15년 만에 높이 100m에 이르는 두 개의 산으로 솟았다. 지금의 하늘공원과 노을공원이다. 당시 여의도가 금융의 중심지로 자본을 상징하는 건물들이 하늘로 향했다면 난지도는 거대한 쓰레기 산을 이루어 하늘로 향했다.

난지도가 지금의 하늘공원으로 탈바꿈한 것은 1999년의 일이다. 2002년 월드컵 축구대회를 기념해서였다. 쓰레기로 이뤄진 땅에 지반을 안정화시키고, 오염된 침출수를 처리하고, 초지 식물과 나무를 심었다. 풍력발전기를 세워 자연에너지를 사용하고 매립장 속에서 발생한 부탄가스를 정제해 주변 지역에 공급하고 있다.

하늘공원은 역사의 아이러니 속에 있다. 인간의 탐욕에 난지도는 쓰레기 산이 되었다가 다시 공원으로 바뀌었다. 결과적으로 사람에게 필요한 것은 자연이고 하늘공원은 다시 자연으로 돌아가는 과정 속에 있다.

하늘공원 아래 한강변에 있는 메타세쿼이아 숲길을 걸으면서 지인이 말했다.
"이 길은 오붓하게 두 사람이 걷기에 좋은 길이야."
하늘공원은 친구든 연인이든 가족이든 손을 잡고 도시가 만든 자연을 느끼면서 서로 마음을 나누는 곳이다.

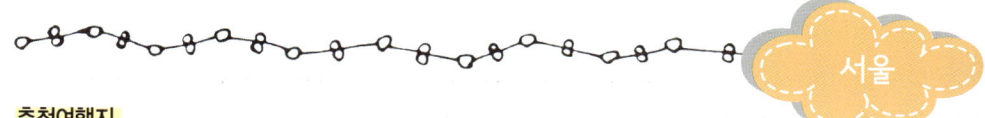

추천여행지

홍대거리

홍대거리는 젊음의 거리다. 인디문화의 생명이 잡초처럼 이어지는 곳이다. 클럽문화와 쇼핑, 개성 강한 거리공연이 열리고 다양한 먹을거리가 어우러져 있다. 토요일에는 홍대정문 앞 놀이터에서 플리마켓이 열리는데 독특하고 개성 있는 예술가들의 공예품을 살 수 있다. 골목마다 사진 촬영하기 좋은 예술가들의 벽화가 이어져 있다.

1박2일 추천코스

1일: 월드컵경기장 — 평화의공원 — 하늘공원

2일: 난지캠핑장 — 노을공원

하늘공원의 상징인 풍력발전기

★ 여행정보

하늘공원 서울시 마포구 하늘공원로 95(상암동 482)
서부공원녹지사업소 공원운영과 02-300-5000,
worldcuppark.seoul.go.kr

★ 친절한 여행 팁

❶ 하늘공원과 노을공원 사이 한강변에 있는 난지캠핑장은 도심에서 캠핑을 즐길 수 있는 곳이다. 피크닉 이용과 숙영지가 구분되어 있으며 캠핑 사이트 요금은 인당 3,750원이다. 난지캠핑장 주차장 운영시간은 09:00~22:00이며 이후 시간은 무료 개방이다.
캠핑문의 02-304-3213
주차장사무실 02-302-3762

❷ 하늘공원에서는 매년 10월 중순 서울억새축제가 열린다. 색색의 조명으로 물든 억새밭의 장관을 만날 수 있다. 12월 31일에는 해돋이 행사가 열린다.

❸ 지하철 6호선 월드컵경기장역에서 하차, 1번 출구로 나온 후 직진하면 큰길이 나오고 우측으로 풍력발전기가 있는 하늘공원이 보인다. 하늘공원 탐방객안내소까지는 도보로 30분가량 소요된다.

★ 이것만은 꼭!

하늘공원에서 난지천공원을 따라 난지미술창작스튜디오를 지나면 메타세쿼이아 가로수길 초입에 들어서게 된다. 가로수길은 왼쪽은 하늘공원이고 오른쪽은 강변도로 사이에 있다. 메타세쿼이아 가로수길은 쉬어가며 산책하기 좋은 길이다.

★ 주변 맛집

빌리프 : 카페 안에 있는 로스팅실에서 로스팅하는 모습을 직접 볼 수 있는 커피전문점이다. 드립 커피와 에스프레소 등 다양한 커피를 즐기며 프랑스 과자 마카롱도 곁들여 먹을 수 있다. 서울시 마포구 와우산로27길 21(서교동 339-5), 02-332-6700

합정동원조황소곱창구이전문 : 곱창, 서울시 마포구 월드컵로 91(망원동 373-3), 02-337-6560

가원 : 중국요리, 서울시 마포구 월드컵로 65(망원 1동 386-2), 02-325-1580

노을에 물든 하늘공원 억새

086
서울시 종로구
서촌

길을 잃어도 좋은 골목

'가슴속에 하나 둘 새겨지는 별을 / 이제 다 못 헤는 것은 / 쉬이 아침이 오는 까닭이요, / 내일 밤이 남은 까닭이요, / 아직 나의 청춘이 다 하지 않은 까닭입니다'
윤동주는 1941년 누상동 9번지에서 하숙을 하며 「별 헤는 밤」을 지었다. 현재 하숙집의 원형을 찾아볼 수는 없다. 하지만 윤동주가 그랬던 것처럼 골목을 다니며 아파트 단지보다 훨씬 많은 별을 만날 수 있다.

『서촌방향』의 저자인 설재우 씨가 운영하는 옥인상점
종로구립박노수미술관은 한국화가 박노수의 가옥이었다

오래된 동네의 골목을 돌아다니는 것을 좋아한다. 골목에서 사람 냄새가 나기 때문이다. 골목을 다니다 보니 좋아하게 된 것이 보도블록이다. 패턴처럼 골목 바닥을 채운 보도블록은 아스팔트나 시멘트보다 훨씬 정감 어리다. 그다음으로 좋아하는 것은 간판이다. 간판을 보면 동네를 알 수 있고, 그 가게를 알 수 있다. 간판에 대한 사랑은 여행을 다닐 때도 발휘된다. 예를 들어 전주를 여행하면 '전주'라는 이름이 붙은 숙소에서 잤고, '전주집'이라는 식당이 있으면 맛에 상관없이 들어가 밥을 먹었다. 아마도 여행지의 감흥을 모두 가져가고픈 욕심이었는지도 몰랐다.

2014년 주소체계가 동네 이름이 중심이 되는 지번체계에서 도로명 중심으로 전면 시행되었다. 오랫동안 우리의 가슴속에 콕 박혀 있던 동네 이름은 추억이 되어 버렸다. 동네 이름은 단순히 주소를 넘어 오랜 시간이 흐르는 동안 문화적 토대로 남아 있었기에 아쉬울 뿐이다. 동네 이름은 몸에 굳은 버릇처럼 남아서 새로 바뀐 도로명 주소를 기억하기란 힘든 일이다.

서촌은 북촌을 따라 만든 지명이다. 세종대왕이 태어난 지역이라 해서 세종대왕마을이란 이름도 붙여졌다. 서촌은 이 골목에서 저 골목으로 발걸음을 옮길 때마다 동네 이름이 바뀐다. 골목을 가운데 두고 이쪽은 통인동, 저쪽은 누하동이다.

서촌에는 골목 속에 숨어 있는 동네 이름이 적힌 간판이 남아 있다. 그래서 간판을 좋아하는 나에게는 정겹고 고맙기까지 한 곳이다. 간판을 좋아하다 보니 서촌에 자주 가게 됐다. 서촌은 경복궁과 인왕산 사이에 있는 마을을 일컫는다. 정확하게는 효자동·창성동·통인동·누상동·누하동·옥인동·청운동·신교동·궁정동·사직동 일대다. 조선시대에는 역관이나 의관 등 전문직인 중인들이 살았다. 겸재 정선과 추사 김정희, 근대화가 이중섭과 이상범, 시인 윤동주와 이상 등의 예술가들이 서촌의 주민들이었다. 지금은 한옥과 빌라 들이 옹기종기 붙어 있고 저마다 특색을 가진 카페와 상점 등이 있다.

서촌은 지척에 청와대가 있기 때문에 개발제한으로 묶여 있어 옛 모습을 그대로 간직한 곳이다. 거미줄처럼 이어져 있는 골목에 들어서면 길을 잃기 십상이다. 그렇다고 어리둥절하지 말자. 골목을 헤매는 것은 숨겨진 이야기를 만나는 일이다. 윤동주가 「별 헤는 밤」을 쓴 하숙집 앞 골목에 있다는 것, 대오서점 책장에 꽂혀 있는 66년도에 나온 정석수학시리즈를 펼쳐보는 것, 수성동계곡에서 겸재 정선을 만나는 것. 상상만 해도 즐거운 일이다.

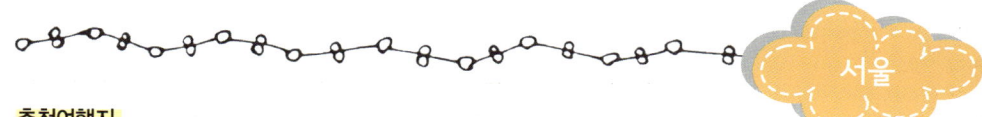

서울

추천여행지

사직단

토지의 신인 국사신의 '사'와 곡식의 신인 국직신의 '직'을 따서 사직단이라 한다. 옛날 농경사회에서 땅과 곡식은 국가와 민생의 근본이었고, 그래서 국사신과 국직신께 단을 쌓고 제를 지냈다. 사직단은 조선 태조가 개성에서 한양으로 천도하고 나서 종묘와 함께 가장 먼저 조성한 것으로, 1395년 4월에 완성되었다. 사직단은 일제에 의해 제사가 폐지되고 사직단 일대의 땅과 부속건물이 훼손되었다. 이후 1970년대에 들어 종로도서관과 동사무소, 파출소와 수영장 등이 건립되어 주변 환경이 다시 바뀌어 오늘에 이르렀다. 서울시 종로구 사직동 1-48

1박2일 추천코스

1일 경복궁 — 국립고궁박물관 — 서촌

2일 서촌 — 사직단 — 경희궁 — 서울역사박물관

자하문 아래에 있는 윤동주문학관

★ **여행정보**
경복궁 서울시 종로구 사직로 161(세종로)
경복궁 문화재 안내실 02-3700-3904,
02-3700-3905
종로구 문화관광
www.jongno.go.kr/tourMain.do

★ **친절한 여행 팁**
❶ 종로구청의 동네길 탐방 코스가 있다. 그중 제1코스인 청운 효자동(정신·문화 여행길)은 서촌의 골목을 다니는 재미가 가득하다. 탐방코스는 두 개의 코스로 나뉘는데 모두 3호선 경복궁역에서 서촌의 명소와 옛 사람들의 흔적을 돌아보는 코스다. 종로구 홈페이지에서 지도를 다운로드 받을 수 있다.
❷ 서촌에는 우리나라 최초 공립 도서관인 종로도서관과 최초 공립 보통학교인 매동초등학교가 있다. 골목을 누비다 보면 서촌의 삶을 담은 통인시장, 금촌교시장 등 두 곳의 시장을 돌아보는 재미도 있다.
❸ 자가용을 이용한다면 세종로공영주차장이나 경복궁 동문에 있는 경복궁주차장에 주차를 하고 서촌을 둘러보는 것이 편리하다. 대중교통으로는 3호선 경복궁역 1, 4번 출구로 나와 탐방을 시작한다.

★ **이것만은 꼭!**
서촌 일대를 한눈에 조망할 수 있는 곳은 윤동주문학관 위에 있는 시인의 언덕이다. 서촌뿐만 아니라 서울 시내가 시원하게 펼쳐진 풍경을 만날 수 있다.

★ **주변 맛집**
남도분식 : 상추튀김과 오징어순대 떡볶이가 유명한 식당이다. 전라남도 광주에서 유명한 음식인 상추튀김은 오징어튀김을 상추에 싸먹는 메뉴다. 서울시 종로구 옥인길 33(누상동 52-1, 1층), 02-723-7775
체부동잔치집 : 칼국수·녹두전, 서울시 종로구 자하문로 1길 16(체부동 190), 02-730-5420
통인시장 도시락카페 : 시장도시락, 서울시 종로구 자하문로 15길 18(통인동 10-3), 02-722-091

겸재 정선의 그림 모델이 된 수정동계곡

087
서울시 종로구
북촌한옥마을

한옥 사이로 느려지는 발걸음
북촌에 기대어 지금을 살고 있는 사람들의 삶을
바라보는 것도 역사다. 하루가 멀다 하고
달라지는 도시 속에서 북촌이 온전히 남겨져야 할
이유는 북촌은 살아 있는 과거이고 현재진행형이며
그것을 통해 미래를 보기 때문이다.

북촌은 볼 곳이 많다. 분식집, 목욕탕, 세탁소, 문방구에 한옥과 다세대 주택이 골목을 두고 오밀조밀 모여 있다. 골목 사이로 교복을 입은 학생들, 더위를 피해 그늘진 곳을 차지한 할머니들, 지도를 들고 요리조리 살피는 외국인, 손을 잡고 걸어가는 연인들이 있다. 보편적이지 않은 일상이 펼쳐지는 곳이 북촌이다. 현대 계동 사옥에서 중앙고등학교로 이어지는 골목은 어릴 적 살던 정감 어린 골목 같다가도 둘러보면 밀려오는 관광객에 낯선 곳처럼 느껴진다.

북촌은 경복궁과 창덕궁 사이에 있다. 행정구역으로 본다면 삼청동, 가회동, 원서동, 계동, 안국동, 송현동, 사간동에 걸쳐 있다. 조선이 개국할 당시 한양은 4개의 산으로 둘러싸인 분지에 들어섰다. 방향에 따라 백악산을 북산, 인왕산을 서산, 낙산을 동산, 목멱산을 남산이라 불렀다. 북촌은 백악산 아래 마을을 일컬었다. 북촌은 양반들과 이름난 명가들이 거주하던 지역이다. 왕실의 인척이나 고관대작들이 주로 살았다. 조선의 운명과 함께하던 북촌은 왕조가 끝나면서 함께 몰락했다. 일제강점기 시절 크고 화려했던 한옥들은 사라지고 작은 규모의 한옥들이 들어섰다. 지금의 한옥들은 당시에 지어진 것들이 대부분이다. 북촌 일대에 남아 있는 한옥은 약 900채다. 한때 3,000여 채가 있었다고 한다. 규모가 작아지고 지어진 지 얼마 되지 않았다고 한옥이 변하는 것은 아니다. 한옥의 구조에는 오랫동안 선조들이 살아온 생활방식과 정서가 녹아들어 있기 때문이다.

북촌 여행의 즐거움은 각양각색의 골목이다. 집과 집 사이의 경계이면서 집의 연장선에 있는 공간이 골목이다. 사람들은 골목으로 나와 화초를 가꾸고 이웃과 담소도 나누었다. 그런 골목이 이제는 관광객의 발걸음으로 채워진다. 북촌을 돌아보기에 좋은 방법은 골목길을 탐험하는 것이다. 대표적인 골목길로는 삼청동길, 가회동길, 계동길, 창덕궁길이 있다. 이들 길에는 지난 역사의 흔적들이 녹아 있다. 골목길에는 북촌 8경을 알려주는 표식도 있다.

∧ 가회동 골목길 오르막은 북촌 8경 중 하나다
< 중앙고 가는 길에 있는 오래된 목장탕인 중앙탕
  삼청로길에서 본 삼청동 일대

서울

추천여행지

경복궁

조선 왕조 제일의 법궁인 경복궁은 북악산 아래 광화문 앞 세종로 사이에 있는 한양의 중심이었다. 왕과 왕비의 거처를 비롯해 관리들의 정무 시설과 후원 등이 궁에 들어서 있는데 광화문, 흥례문, 근정문, 사정전, 강녕전, 교태전의 핵심 건물들이 중심을 따라 좌우 대칭으로 궁이 지어졌다. 일제강점기에 훼손된 경복궁은 지금도 본래의 모습으로 복원 중이다.

www.royalpalace.go.kr

1박2일 추천코스

1일 인사동 — 운현궁 — 북촌 — 삼청동길

2일 국립민속박물관 — 경복궁 — 서촌

중앙고 앞에 한류 연예인의 이미지를 파는 가게

★ **여행정보**
북촌문화센터 서울시 종로구 계동길 37(계동 105), 02-3707-8388
북촌한옥마을 bukchon.seoul.go.kr

★ **친절한 여행 팁**
① 가회동 31번지 언덕 정상은 한옥의 우아한 지붕과 서울의 현대식 건물들, 남산 N서울타워가 한눈에 다 펼쳐진다. 가회동 11번지 골목에서는 담장의 철조망과 오밀조밀 모여 있는 한옥의 지붕을 볼 수 있다.
② 북촌에는 체험거리가 많이 있다. 한옥 체험관과 가회동 민화공방 같은 전통공방들, 박물관, 문화원 등이 있다. 북촌 탐방이 더 재밌어지는 체험공간이다.
③ 차를 이용해서 북촌을 돌아보는 것은 매우 힘들다. 이왕이면 대중교통을 이용해 돌아보자. 지하철 3호선 안국역 3번 출구 또는 2번 출구로 나오면 북촌 여행이 시작된다.

★ **이것만은 꼭!**
① 북촌은 관광지로 개방한 민속촌이 아닌 주거지역이다. 실제 살고 있는 주민들을 위해 예의를 갖추고 조용히 돌아보자.
② 북촌은 조선시대 양반들이 거주하던 지역으로 문화유산이 많이 있다. 사적만 5곳, 서울시 민속자료 4곳, 유형문화재 3곳, 문화재자료 1곳 이외에 석정보름우물과 광혜원 등과 우리나라 최초의 목욕탕인 중앙탕 등 유산들이 보물처럼 꼭꼭 숨어 있다.

★ **주변 맛집**
비원 : 손칼국수 40년 역사를 지닌 칼국수 전문점으로 경상도식 칼국수를 맛볼 수 있다. 담백한 맛의 칼국수에 곁들여 먹는 부추김치가 조화를 잘 이룬다. 서울시 종로구 창덕궁1길 9-1(원서동 160), 02-744-4848
삼청동수제비 : 수제비, 서울시 종로구 삼청로 101-1(삼청동 102), 02-735-2965
그릴데미그라스 : 함박스테이크, 서울시 종로구 팔판길 1-8(팔판동 128), 02-723-1233

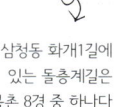

삼청동 화개1길에 있는 돌층계길은 북촌 8경 중 하나다

손칼국수

088
서울시 서대문구 봉원동
안산

500년 도읍지 서울의 야경
어릴 때는 해돋이를 보았지만 오늘은 해넘이를 볼 작정이다.
그리고 반짝이는 서울의 밤을 맞이할 생각이다.
고층 빌딩 사이로 뿜어져 나오는 불빛들을 보며 어릴 적
기억도 하나둘씩 떠오르길 기대한다.

초등학교 5학년 때 일이다. 문득 산에 가고 싶다는 생각에 이른 새벽 안산에 올랐다. 한 6개월 동안 매일 산에 올랐다. 왜 올라야 했는지는 잘 기억나지 않는다. 다만 파편적으로 기억나는 것은 모두가 자고 있을 때 세상에 먼저 나온다는 들떴던 기분과 약수를 떠오면 부모님의 칭찬을 들었고 특히 아침 밥맛이 꿀맛이었다는 것이다. 무엇보다 동틀 무렵 해가 떠오르는 서울을 바라보는 기분이 좋았었다.

어릴 적 힘든 줄 모르고 올랐던 안산에 다시 올랐다. 발품 30분이면 멋진 서울 야경을 볼 수 있는 산이다. 안산 정상에 있는 봉수대까지 가는 등산 코스로는 봉원사 주차장에서 출발해 무악정을 거쳐 정상으로 가는 코스가 쉬운 편이다. 좀 더 다이내믹한 코스를 즐기려면 서대문 형무소에서 오르는 코스를 추천한다. 조붓한 숲길과 암봉 구간이 섞여 있다. 하산은 봉원사 주차장으로 하는 것이 좋다. 봉원사 주차장으로 가는 길을 작은 조명들이 밝혀주기 때문이다.

봉수대에 오르면 연희동과 홍은동 일대를 제외한 서대문구에 인접한 동네는 다 조망된다. 날씨에 따라 다르지만 서울을 조망하는 장소로는 탁월하다. 안산 주변으로 북아현동, 천연동, 무학동, 홍제동 일대와 신촌을 중심으로 대학가들이 모여 있다. 봉수대에 서면 종로구와 경계를 이룬 동쪽으로 인왕산이 보이고 그 너머로 북한산이 보인다. 동남쪽으로 남산과 N서울타워가 우뚝 서 있다. 신촌 방향으로 눈을 돌리면 한강과 관악산이 이어서 펼쳐진다. 안산의 봉수대는 2개다. 평안북도 강계에서 출발해 육로를 따라 남산 봉수대에 최종 보고되기 전 단계의 동(東)봉수대와 해로를 따라 남산 봉수대에 보고 된 서(西)봉수대가 있다. 동봉수대는 무악동 봉수대라 불렸고, 현재의 봉수대는 무악동 봉수대 터에 1994년에 복원된 것이다.

안산은 무악(母岳)이라고도 불린다. 안산 아래 현저동에서 홍제동을 넘는 고개를 무악재라 불렀다. 무악의 유래는 어머니의 산이라는 뜻의 모악(母岳)에서 유래됐다는 설과 조선이 한양에 도읍을 정하는 데 기여한 무학대사의 무학에서 왔다는 설이 있으나 확실치는 않다.

안산에서 일몰은 서봉수대 방향으로 넘어간다. 태양을 바로 볼 수는 없으나 은은하고 부드러운 여운이 서울의 하늘을 감싼다. 어릴 적 산행을 끝내고 집으로 돌아올 때의 그 여운이다.

안산 봉수대

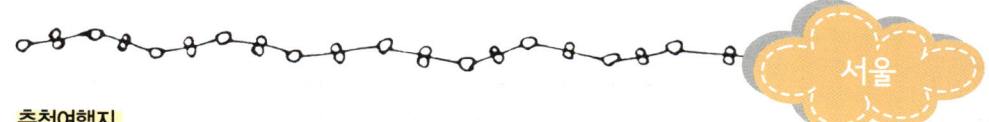

서울

추천여행지

서대문 형무소 역사관

1908년 일제에 의해 경성감옥으로 개소한 곳이다. 수많은 독립운동가들이 수감되어 옥고를 치렀고 민주화운동 인사들도 수감되었던 장소다. 우리나라 근현대사의 굴곡을 안고 있는 서대문 형무소 역사관은 지난 2008년 1930년대 모습으로 복원됐다. 서대문 형무소 역사관에는 당시 사용된 유물과 자료가 전시돼 있다. 02-360-8590, www.sscmc.or.kr/culture2

1박2일 추천코스

1일 ○ 홍대거리 — ○ 봉원사 — ○ 안산봉수대

2일 ○ 독립공원 — ○ 사직단 — ○ 경희궁 — ○ 광화문

★ 여행정보
봉원사주차장 서울시 서대문구 봉원사길 120(봉원동 26)
봉원사종무소 02-392-3007
독립공원주차장 서울시 서대문구 통일로 251(현저동 101), 02-312-6218

★ 친절한 여행 팁
❶ 안산은 일출 명소이기도 하다. 서대문 형무소, 독립문, 영천시장 일대를 묶어 여행을 계획해도 괜찮겠다. 야경을 고려한다면 매직아워를 염두에 두고 일몰 1시간 전에는 올라야 한다.

❷ 야경은 말끔한 시야를 확보할 수 있는 날씨가 관건이다. 비가 온 다음 날은 대기가 맑기 때문에 더욱 선명한 야경을 담을 수 있다. 또 주말보다는 평일에 촬영하는 것이 건물의 불빛이 많아 더 화려하다. 야경 촬영은 일몰 1시간 전에는 안산 봉수대에 도착하는 것이 좋겠다.

❸ 지하철 2호선 신촌역 4번 출구로 나와 7024번 버스를 이용 종점에서 하차하면 된다. 지하철 3호선 독립문역에서 내려 4번 출구로 나와 7024번 버스를 이용하거나 이진아도서관 방향으로 오르면 안산이다.

★ 이것만은 꼭!
서대문 형무소 옆 이진아도서관에서 안산 봉수대로 향하는 코스는 숲길과 암봉 구간을 따라 오르게 된다. 야경 촬영 후 원점 회귀로 하산할 때는 어둡기 때문에 위험할 수 있다. 봉원사 주차장 방향은 작은 조명을 켜 놓기 때문에 비교적 안전하다. 그래도 이왕이면 헤드랜턴이나 일반랜턴을 준비하는 것이 좋다.

★ 주변 맛집
대성집: 50년 동안 이어져 온 도가니탕 전문점이다. 가마솥에 푹 고아낸 도가니탕과 선지와 우거지를 넣고 끓인 해장국이 인기다. 서울시 종로구 통일로 184-11(교북동 87), 02-735-4259

한옥집: 김치찜, 서울시 서대문구 통일로 9안길 14(냉천동 178), 02-362-8653

독립공원 안에 있는 독립문

도가니탕

정감 어린 골목과 벽화가 있는 마을

낙산 성곽 아래로 일제강점기 때 지어진 적산가옥 수백 채가 옹기종기 모여 있고 골목에는 알록달록 정감 어린 벽화가 채워져 있다. 지금은 찾아보기 힘든 달동네 중 한 곳으로 묵은 세월의 향기가 가득하다.

열흘간의 여행을 마치고 서울로 돌아왔다. 도착한 서울의 하늘은 청명했다. 이대로 집에 가는 것이 아쉬워 낙산공원으로 향했다. 낙산마을의 골목을 앞에 두고 서울의 노을을 보기 위해서였다. 낙산공원은 사진을 취미로 하는 동생들하고 자주 찾았었다. 동대문에서 성곽 길을 따라 오르면 서울의 마천루가 손에 잡힐 듯 펼쳐졌다. 당시 항상 가던 냉면집이 있었는데 혀를 아리는 매운맛에 다 먹고 난 후 후회를 했었다. 그러나 일정 시간이 지나 배고파지면 또 다시 생각나는 냉면이었다. 어쩔 때는 하루에 두 번을 간 적도 있을 만큼 중독성이 있었다.

낙산마을의 골목을 누비면서 선한 눈동자를 지닌 아이들을 골목에서 만났다. 꼬질꼬질한 손으로 삶은 달걀 하나를 온종일 들고 다닌 녀석도 있었다. 녀석에게는 종일 아껴 먹을 만큼 중요한 간식거리였으리라. 아이들과 놀면서 어릴 적 생각이 났다.

가느다란 골목을 두고 오밀조밀 붙어 있는 낙산마을은 서울이라는 공간에서 어색하게 생존해 있다. 어지간하면 재개발이라는 이름하에 쓰러져 갈 집들이 지금까지 붙어 있는 이유는 낙산이 문화재 구역이기 때문이다. 개발이 제한되면서 수익성은 크게 떨어졌다. 결국 낙산마을의 미래는 한 치 앞도 가늠할 수 없게 됐다.

낙산이라는 이름은 산의 모양이 낙타와 같다고 해서 붙여졌다. 예전에는 '낙타산', '타락산'이라고도 불렸다. 조선시대 한양을 둘러싸고 있던 4개의 산이 있다. 북쪽의 북악산, 동쪽의 낙산, 남쪽의 남산, 서쪽의 인왕산이다. 풍수로 보면

낙산마을의 대표 벽화인 꽃계단

낙산은 주산인 북악산의 좌청룡에 해당한다. 지세가 약했던 낙산에 풍수지리적 비책을 여럿 썼다. 첫째로 낙산의 지세를 연장하기 위해 흥인지문 옆에 청계천에서 가져온 흙으로 가산을 쌓았다. 가산은 훗날 일제가 허물고 그 자리에 운동장을 만들었는데 동대문 운동장이 그것이었다. 둘째로는 한양의 사대문 글씨가 모두 세 글자인데 흥인지문만큼은 네 글자로 지었다. 산맥을 연상케 하는 갈 '지(之)' 자를 추가하고 다른 사대문에는 볼 수 없는 옹성을 구축했다.

좌청룡의 마을 낙산의 골목에는 예쁜 벽화들이 장식되어 있다. '2006 공공미술낙산프로젝트'의 결과물이다. 골목과 집 담장을 채운 벽화는 입소문을 타면서 많은 사람들을 끌어들였다. 게다가 <옥탑방 왕세자>, <여인의 향기>, <추적자> 등 드라마 촬영지로 등장하면서 한류열풍을 타고 외국인들도 찾는 명소가 됐다. 낙산마을과 이웃한 이화동도 벽화마을로 유명하다. 종로구청에서 만든 동네골목길 탐방 제11코스를 이용하면 혜화역에서부터 낙산마을과 이화동의 다닥다닥 붙은 작은 집들과 골목길, 아기자기한 벽화와 낙산에 걸친 성벽을 두루 살펴볼 수 있다.

동숭교 위의 충신4나길에서 만난 일몰, 충신4나길에서 낙산성곽으로 가는 골목
동숭교 위의 충신4나길에서 촬영한 야경

서울

추천여행지

길상사

길상사는 과거 고급 요정이었던 대원각을 주인인 김영한 여사가 법정스님에게 시주하면서 절이 되었다. 사찰의 이름은 김영한 여사의 법명인 길상화에서 따온 것이다. 길상사는 사찰이라기보다 아담한 정원을 품은 한옥처럼 느껴진다. 대부분의 건물들도 대원각 시절의 것을 그대로 사용하고 있다. 길상사는 가을과 신록이 우거지는 시기에 방문하는 것이 좋다.

www.kilsangsa.or.kr

1박2일 추천코스

1일: 동대문패션거리 — 낙산공원 — 대학로거리

2일: 성북동간송미술관 — 길상사 — 심우장

★ **여행정보**
낙산공원 서울시 종로구 낙산길 54(동숭동 50-111)
중부공원녹지사업소 02-743-7985~6, parks.seoul.go.kr

★ **친절한 여행 팁**
① 서울 성곽 길은 동대문에서 시작해 낙산공원, 동소문로(혜화문)를 잇는 2,160m의 길로 2010년 10월 조성되었다. 성곽 길 투어를 계획한다면 동대문에서 출발하는 것이 좋다. 혜화문은 올라가는 길보다 내려가는 길이 편하고 풍경도 감상하기 적당하기 때문이다.
② 서울을 한눈에 내려다볼 수 있는 몇 안 되는 산 중의 하나다. 저녁 무렵 멋진 낙조를 볼 수 있고 서울 야경도 감상할 수 있는 곳이다.
③ 승용차로 접근하기 어려운 곳이다. 대중교통을 이용하자. 지하철 4호선 혜화역 2번 출구 마로니에공원에서 낙산공원으로 향하거나 1, 4호선 동대문역 5번 출구로 나와 마을버스(종로 03)를 이용해 낙산종점에서 하차해도 된다.

★ **이것만은 꼭!**
① 낙산역사탐방교실이 있다. 흥인지문, 유우소, 적산가옥 등 주요 역사 유적지도 함께 돌아보는 탐방교실이다. 동대문에서 시작해 낙산공원 전시관에서 마무리한다.
중부푸른도시사업소 공원운영과
02-3783-5997
② 인근에 위치한 동대문시장은 서울 나이트라이프를 즐길 수 있는 곳이다. 광장시장은 먹을거리가 넘쳐나고 동대문디자인센터 주변 건물에는 디자이너들이 만든 옷과 액세서리가 있다.

★ **주변 맛집**
명가한우사랑: 정육점과 식당을 함께 운영하는 곳이다. 먹고 싶은 부위를 골라 상차림 비용을 내는 방식이다. 한우를 부위별로 즐길 수 있으며 넓은 주차장을 갖추고 있다. 서울시 종로구 창경궁로 253-7(명륜 2가 8), 02-747-1589
진옥화할매원조닭한마리: 닭칼국수, 서울시 종로구 종로40가길 18(종로 5가 265-22), 02-2275-9666
팬쿡: 함박스테이크, 서울시 종로구 대학로12길 49(동숭동 1-86 2층), 02-3674-3674

쇼핑과 다양한 음식을 즐길 수 있는 **동대문야시장**

090
서울시 종로구 부암동
백사동천

서울이 품은 비밀의 정원
백사실계곡의 물소리와 바람에 으르렁거리는
나뭇잎소리, 발걸음에 사부작거리는
나뭇잎과 즐거이 지저귀는 새소리들, 모두가
도시에서는 들을 수 없는 소리다.

하늘 아래 거대한 도시 서울의 역사는 600년이 넘는다. 600년이라는 시간 동안 서울은 많이 변했다. 대규모 아파트와 고층빌딩들이 들어서 퍽퍽해 보인다. 사람들은 삶의 여유를 찾아 주말마다 서울을 벗어난다. 그러나 백사실계곡을 알고 있다면 굳이 멀리 갈 필요가 없다.

"어디 조용한 데 산책할 만한 곳은 없을까요?"라는 질문을 받으면 백사실계곡을 추천한다. 백사실계곡의 여정은 세검정초등학교 버스정류소에서 시작해 현통사, 백사실계곡, 산모퉁이 카페, 부암동주민센터에서 끝이 난다.

백사실계곡이 명승지가 된 것은 2008년의 일이다. 계곡을 두고 전통양식의 건물터와 연못, 정자터 등 별서정원의 형태가 잘 보존된 것이 이유다. 별서정원터에서 조금 더 오르면 나타나는 바위에는 백석동천이란 글귀가 새겨져 있다. 백석동천은 백사실계곡을 이르는 말로 '북악산(백악) 아래의 경치 좋은 동네'란 뜻을 지녔다. 과거에는 백석정, 백석실, 백사실 등으로 불렸다. 백사는 이항복의 호다. 따라서 지금까지 별서정원은 이항복의 소유로 추정했는데 최근 추사 김정희의 소유였던 것으로 새롭게 밝혀졌다. 추사의 『완당전집 권9』에 '백석정을 예전에 사들였다'라는 내용과 '나의 북서에 백석정 옛터가 있다'는 기록을 찾은 것이다. 이것으로 추사가 터만 남은 백석정 부지를 사들여 새로 자신의 별서정원을 건립했음을 알 수 있다.

추사는 조선 말기의 문신이자 실학자로 병조판서와 성균관 대사성을 역임했다. 평생 유배와 관직을 오가며 주옥같은 그림과 글귀를 남겼다. 당시 서화가로서 그의 영향을 받지 않은 사람이 거의 없을 정도였다고 한다. 그가 그린 <세한도>는 그의 대표작으로 유명하다. 백사실계곡에 있는 그의 정원은 터만 남았다. 쉬어가는 의자에 앉아 그의 별서정원을 상상해본다. 우거진 녹음 사이로 맑은 계곡물이 흐른다. 물소리를 따라 새들의 노랫소리가 들린다. 정자에 앉아 글을 쓰던 추사는 연못을 따라 산책을 한다. 상상을 하는 동안 아늑함이 가슴을 맴돈다. 눈을 감으면 시간마저 잊을 것만 같다.

∧ 현통사 가기 전 집과 암반 사이로 흐르는 계곡
> 마을 뒤편 암반에 만들어진 작은 화단

추천여행지

부암동 카페거리

백사실계곡으로 향하는 곳이기도 하며 성곽 길을 산책도 하고 카페에서 커피와 음식을 즐길 수 있는 곳이다. 부암동주민센터 주변과 자하문 일대에 이어져 있다. 갤러리와 미술관도 몰려 있어 문화적 체험도 겸할 수 있다. 저녁에는 치킨에 시원한 맥주를 마실 수 있다. 친구와 오랜만에 수다를 즐기기에 좋은 곳이다.

1박 2일 추천코스

1일 세검정 ― 백사실계곡 ― 환기미술관 ― 부암동

2일 창의문 ― 윤동주시문학관 ― 서촌 ― 광화문

백사실계곡에 있는 별서정원 터

★여행정보
부암동주민센터 서울시 종로구 창의문로 145(부암동 265-21), 02-2148-1114
종로구역사문화관광 tour.jongno.go.kr

★친절한 여행 팁
❶ 신영동 마을을 지나 현통사로 오르기 전 커다란 암반 위에 또닥또닥 붙어 있는 집과 계곡물이 흐르는 장면이 인상적이다. 현통사 앞 여름철 비 온 뒤에 웅장한 물길이 흐른다.
❷ 부암동 산모퉁이 카페는 서울을 한눈에 바라보기 좋은 장소다. 창의문 건너 성곽 길도 서울을 조망하기 좋다.
❸ 부암동에서 백사실계곡으로 가는 길에 동양방앗간이 있다. 500여 년 동안 그 자리를 지켜왔는데 갓 만들어진 떡이 먹음직스럽다.
❹ 주차 공간이 매우 부족하다. 산책하는 여행을 염두에 뒀다면 대중교통을 이용하자. 지하철 3호선 경복궁역에서 하차 후 3번 출구로 나와 1711, 7212, 1020번 버스를 타고 세검정초등학교에서 하차한다.

★이것만은 꼭!
부암동 동양방앗간 아래로 가면 환기미술관이 있다. 우리나라 추상미술 1세대인 김환기의 작품과 근현대미술품의 전시가 열리는 공간이다. 그뿐만 아니라 다양한 이벤트와 음악회, 지역문화 활동도 펼쳐진다. 산책을 마무리하며 느긋한 문화 감상의 시간도 가져보자.

★주변 맛집
자하손만두 : 14년 전통의 손만두 전문점이다. 직접 담근 간장으로 간을 한 담백한 맛의 만둣국이 인기 있다. 여름에는 야채로 빚은 만두인 편수 찬국이 잘 나간다. 서울시 종로구 백석동길 12(부암동 245-2), 02-379-2648
사이 : 치킨, 서울시 종로구 백석동길 1(부암동 257-3), 02-395-4242
플랫274 : 커피, 서울시 종로구 창의문로 146(부암동 274-1 2층), 02-379-2741

부암동 산모퉁이 카페에서 본 서울

경기·인천

091 경기 광주 남한산성
092 경기 고양 원당 종마목장
093 경기 수원 수원 화성
094 경기 가평 조무락골
095 경기 양평 두물머리와 세미원
096 경기 안산 풍도
097 인천 옹진 옥죽동 해안사구
098 인천 강화 동막해변
099 인천 강화 교동도
100 인천 중구 홍예문

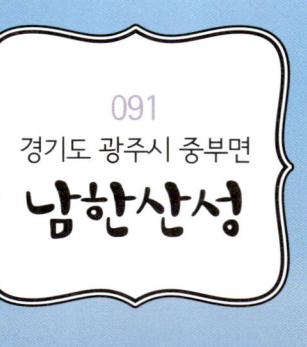

091
경기도 광주시 중부면
남한산성

땅 위에 내려앉은 별
일몰이 지나고 불빛들이 하나둘 켜진다.
밤하늘 대지를 밝히는 형형색색의
빛 방울이 보석처럼 빛난다.
현대 문명이 주는 선물이다.

서울 야경 촬영을 위해 남한산성으로 향했다. 산성역에서 내려 마을버스로 갈아탔다. 볕 좋은 가을의 남한산성으로 가는 길은 심하게 밀렸다. 버스는 옴짝달싹하지 못했다. 휴대폰으로 지인과 문자를 주고받다가 지인도 남한산성에 있다는 사실을 알았다. 지인 내외는 일찌감치 남한산성의 가을을 느끼고 있었다.

가까스로 남문을 통과하자 반가운 얼굴이 보였다. 그들의 손에는 시원한 캔 맥주가 들려 있었다. 의자에 앉아 맥주로 목을 축였다. 만추의 남한산성 숲길에는 성곽을 따라 사람들이 길게 이어졌다. 지인 내외와는 같은 곳에 있었지만 목적은 서로 달랐다. 야경 촬영과 상관없는 그들은 하산을 해야 했다. 하산을 하면 그들은 시원한 막걸리에 목을 축일 것이다. 여기서 주객이 전도됐다. 애초의 목적이었던 촬영은 온데간데없고 막걸리의 유혹에 순순히 넘어갔다. 가을날 남한산성에서 만난 막걸리라는 유혹은 힘이 셌다.

야경 촬영을 위해 왔지만 그대로 갔다. 서울의 밤을 밝히는 빛만큼 마음씨 좋은 사람들과 같이 하니 그것으로 족했다. 때로는 여행의 계획이 바뀌어도 기분 좋을 때가 있는 법이다.

남한산성은 포곡식 산성으로 사계절 물이 풍부한 천혜의 산성이다. 성벽은 주봉인 청량산을 중심으로 북쪽으로 연주봉, 동쪽으로 망월봉과 벌봉, 남쪽의 작은 봉우리로 연결되어 있다. 성안은 넓은 분지를 이루고 있는데 위풍당당한 수어장대, 남장대지, 동장대지, 북장대지, 외동장대지와 국청사를 비롯한 망월사 등 5개 사찰 터가 있다. 이 밖에도 성안에는 수채의 건물이 있었으나 화약과 무기가 많다는 이유로 일본군에 의해 1907년 잿더미로 변했다.

남한산성에는 행궁이 있다. 조선 인조 4년에 건립되었다. 유일하게 종묘와 사직을 두고 있는 행궁이다. 남한산성이 유사시 임시수도로서의 역할을 할 수 있도록 조성된 것이다.

병자호란으로 처음 남한산성 남문으로 입성했던 인조는 47일간 항전했다. 세자와 함께 청나라 진영으로 들어가 항복할 때 서문을 통과했다고 한다. 나라를 지키고자 했던 마음이 결국 지키지 못한 안타까움으로 가득했을 것이다.

> 남한산성의 통제 및 관측을 위한 수어장대
　서울 야경을 볼 수 있는 남한산성 서문
∨ 가을빛으로 물든 남한산성 남문

경기·인천

추천여행지

올림픽공원

올림픽공원은 역사유적과 올림픽경기장, 미술관 등이 들어선 시민공원이다. 공원 안에는 몽촌토성, 평화의 문, 호수, 소마미술관이 있어 다양한 여가를 즐길 수 있다. 특히 몽촌토성 언덕 위에 있는 나 홀로 나무는 많은 사람들의 사랑을 받는 나무다. 여기서 사진을 많이 촬영한다. 전체 204개의 작품들이 있는 야외미술관도 볼만하다.

1박2일 추천코스

1일 모란시장 — 남한산성

2일 올림픽공원 — 석촌호수

성남의 가장 큰 재래시장인 모란시장

★ 여행정보

남한산성관리소 경기도 광주시 중부면 남한산성로 784-16(산성리 563), 031-743-6610

남한산성도립공원
www.namhansansung.or.kr

남한산성마을 namhansanseong.invil.org

★ 친절한 여행 팁

❶ 남한산성의 등산로를 따라 남한산성을 둘러보고 야경을 촬영한다면 관리사무소→동문→장경사→동장대터→동림시터→벌봉→옥정시터→헌절사→관리사무소로 향하는 코스를 추천한다.

❷ 대중교통으로 가장 편하게 이용할 수 있는 길은 지하철 8호선 산성역 2번 출구로 나와 9번 버스를 타고 남문주차장에서 내리는 방법이다. 서문까지 도보로 30~40분 걸리며 버스는 오후 11시까지 운행한다. 차량을 이용하면 국청사까지 진입한 다음 주차를 하고 서문까지 도보로 10분이다.

★ 이것만은 꼭!

❶ 남한산성은 봄과 가을에 여행하기 좋은 곳이다. 평균 204일 정도 되는 맑은 날이 봄과 늦가을에 많이 분포하기 때문. 산간이라 도시보다 늦게 봄이 오고 일찍 겨울이 온다.

❷ 야경을 촬영한다면 노출을 생각보다 더 밝게 해주는 것이 화사하고 좋다. 조리개는 F13보다 더 조이고 노출을 달리하면서 촬영해야 한다. 삼각대와 셔터릴리즈는 필수다.

★ 주변 맛집

오복손두부 3대째 100년을 이어온 두부집이다. 고소한 순두부에 간장양념을 넣어 먹는 순두부백반과 치즈덩어리처럼 보이는 주먹두부가 대표 메뉴이다. 경기도 광주시 중부면 남한산성로 745-10(산성리 413), 031-746-3567

덕바우 오리바비큐, 경기도 성남시 수정구 복정동 49-7, 031-722-5293

손두부

092
경기도 고양시 덕양구
원당 종마목장

목가적 풍경 속으로
살다 보면 표면에 드러난 것이 전부인 것처럼 생각할 때가 많다.
하지만 그 이면을 들여다보면 생뚱맞게도 표면은
껍데기일 수도 있다는 점을 곳곳에서 발견하게 된다.
그래서 여행은 있는 그대로를 보는 것도 중요하지만
그 속살을 들여다보는 과정도 대단히 중요하다.

목가적 풍경을 지닌 원당종마장, 원당종마장의 대표 포인트인 소나무

오래전 원당에 있는 종마목장으로 촬영을 간다는 이야기를 들은 지인은 자신도 따라가겠다고 했다. 한동안 일상 속에서 회사에, 사람들에 조금씩 상처를 받았던 그였다. 청명한 하늘과 시원한 신록이 우거진 어느 여름이었다. 지인은 날씨와 잘 어울리는 차림을 하고 동행했다.

마을버스에서 내려 은사시나무 숲길을 통과하면 서삼릉이 나오고 그 옆으로 초지와 초지를 두른 흰색 난간이 촘촘하게 붙어 있는 목장이 나타난다. 지인은 연신 감탄사를 내뱉으며 좋아했다. 말과 초지가 만들어낸 목가적 풍경 때문이었다.

"보기에는 그림 같은 곳이지만 아픈 구석도 있는 곳이지."

원당 종마목장은 서삼릉 옆에 있다. 아니 서삼릉 구역에 원당 종마목장이 있다고 해야 하는 것이 맞는 표현이다. 서삼릉은 3개의 능이 있어서 붙여진 이름이다. 조선 중종의 계비인 장경왕후의 희릉, 인종과 그의 비인 인성왕후의 효릉, 철종과 그의 비인 철인왕후의 예릉이 모여 있다. 이 외에 서삼릉에는 의령원, 소경원, 효창원의 3곳의 원과 태실, 폐비윤씨의 회묘, 공주와 옹주, 후궁들의 공동묘지가 있다. 조선시대에는 공주와 왕자 묘를 왕릉 능역에 쓰지 못하게 했다. 한곳에 있게 된 건 일제가 조선 왕실을 훼손할 목적으로 각지에 흩어져 있던 태실과 묘를 한꺼번에 이장했기 때문이다. 왕릉 묘역이 공동묘지로 전락한 셈이다.

세월이 흘러 1960년대 군사정권은 시범낙농단지 조성을 이유로 축협과 농협대학, 골프장, 마사회에 서삼릉 묘역을 나눠줬다. 묘역 대부분이 초지로 바뀌었다. 그림 같은 풍경으로 많이 찾는 원당목장 공원도 이때 생겨났다. 총 135만 평에 이르던 서삼릉은 127만 평이 뚝 잘려나갔다. 서삼릉은 유네스코 세계문화유산에 빛나는 유산임에도 말과 푸른 초지에 둘러싸인 초라한 왕릉이 되고 말았다.

시간이 흘러 조금씩 복원하려는 노력을 하고 있지만 한 번 훼손된 것은 그것으로 끝이었다. 원당목장에서 제일 높은 구릉에 오르면 이국적 풍경이 눈에 들어온다. 우리가 즐기는 모든 풍경의 이면에는 가슴 아픈 과거가 숨겨져 있다. 이것도 역사의 한 과정이라면 목장을 즐기더라도 그 이면을 돌아봤으면 한다. 그래야 더 이상 스스로 상처를 내는 일은 없을 테니까. 돌아가는 길에 은사시나무 숲길을 지나면서 지인은 다시 힘을 낼 수 있을 것이라고 말했다.

경기·인천

추천여행지

서삼릉

서삼릉은 중종의 계비인 장경왕후 희릉, 인종과 인성왕후의 효릉, 철종과 철인왕후의 예릉이 모셔진 조선 왕릉 묘역이다. 그중 효릉은 일반인에게 개방되지 않았고 희릉과 예릉은 둘러볼 수 있다. 원당 종마목장 입구 옆이 서삼릉이다. 구리시 동구릉과 인근 서오릉과 함께 조선 500년 역사의 중요한 유적이자 근대의 아픔을 간직한 곳이다.

1박2일 추천코스

1일
○ 서오릉 ○ 원당종마목장 ○ 서삼릉

2일
○ 일산호수공원 ○ 장항습지 ○ 행주산성

원당종마목장 입구의 은사시나무 산책로

★ **여행정보**
원당종마목장 경기도 고양시 덕양구 서삼릉길 233-112(원당동 201-79), 02-509-1682
문화재청서오릉관리소
goyang.cha.go.kr
고양시문화관광 www.visitgoyang.net

★ **친절한 여행 팁**
❶ 종마목장으로 들어오면 쉼터와 휴게소가 있다. 흰색의 목책을 따라 언덕으로 가는 길에 소나무가 있는데 종마목장의 대표적인 사진 포인트다.
❷ 1997년 문을 연 종마목장의 개방일은 수~일요일이며 마사회 휴일(월, 화) 및 공휴일, 명절 연휴에는 개방하지 않는다. 개방 시간은 하절기 09:00~17:00, 동절기 09:00~16:30이며 입장료는 없다.
❸ 종마목장에는 주차 시설이 없다. 가급적 대중교통을 이용하도록 하자. 지하철 3호선 삼송역에서 하차, 5번 출구로 나와 041번 마을버스를 이용해 서삼릉·경마교육원에서 내린다.

★ **이것만은 꼭!**
❶ 종마목장은 마사회에서 교육을 담당하는 곳으로 일반인에게 공개된 공원이다. 공원 내에서 음주, 취사는 삼가야 한다. 도시락은 가능하지만 먹고 난 쓰레기는 되가져가야 한다.
❷ 은사시나무 길은 드라마나 CF 등의 촬영 장소로도 유명하다. 청명한 기운이 마음속으로 가득 들어오는 길이니 친구와 함께 산책해보자.

★ **주변 맛집**
서삼릉보리밥집 : 보리밥 전문점이다. 보리밥은 직접 재배한 10여 가지의 나물에 고추장과 된장찌개를 넣고 비벼 먹는다. 코다리 구이도 인기가 있다. 경기도 고양시 덕양구 서삼릉길 124(원당동 201-57), 031-963-5694
너른마당 : 통밀칼국수, 경기도 고양시 덕양구 서삼릉길 233-4(원당동 198-214), 031-962-6655
쥐눈이콩마을 : 한정식, 경기도 고양시 덕양구 신촌길 81-15(원당동 293-1), 031-965-5990

신성한 구역임을 알려주는 서삼릉의 홍살문

093
경기도 수원시 장안구
수원 화성

정조가 남긴 위대한 유산

수원 화성은 정조의 꿈의 공간이다. 그 꿈은 기득권을 향한 새로운 정치 정의였다. 정의란 인간의 행위, 옳고 그른 것의 판단 기준이다. 우리가 지켜야 할 바른 도리이자 약속이다. 수원 화성은 정약용의 실용 정신과 정조의 보편적 정의가 묻어 있다.

서장대 가는 성벽길에서 본 수원시
화성의 서문인 화서문

수원 화성은 정조의 정치 정의를 실현할 이상적 공간이었다. 당시 당쟁으로 인해 왕권의 강화가 필요했던 정조는 새로운 정치 공간이 필요했다. 이상을 실현하기 위해 충성스러운 신하, 군사력, 자금이 필요했다. 정조는 수원에 화성을 건설하면서 이 모두를 얻고자 했다. 수원 화성 건설은 30세의 실학자 정약용에게 맡겨졌다. 정약용은 상업적 기능과 군사적 기능이 가능한 평산성 형태로 건설했다. 34개월 만에 방대한 공사를 끝냈다. 실학자 정약용의 재능이 발휘됐기 때문이다. 대표적인 것이 거중기다. 당시 사용된 거중기는 모두 11대였는데, 거중기 덕분에 작업 능률이 향상되어 적은 인력으로도 공사를 진행할 수 있었고, 사고율도 대폭 줄었다고 한다.

축성 후 정약용은 1801년에 『화성성역의궤』를 발간한다. 『화성성역의궤』에는 축성에 관한 모든 것이 담겨 있다. 심지어 예산 및 인부들의 임금 계산 등도 상세히 기록되어 있다. 축성 기록을 볼 수 있는 곳은 수원 화성의 중심에 위치한 수원 화성 박물관이다. 화성 축성에 대한 모형과 유물이 전시되어 있다. 정조의 8일간의 행차, 장용영의 모습, 화성 성역 총리대신이었던 채제공의 초상화를 비롯 정조의 비밀 어찰 등을 만날 수 있다.

수원 화성은 조선 후기의 대표적인 건축물이자 원형이 잘 보존되어 있는 성으로 1997년 12월 유네스코 세계문화유산으로 등록되었다. 보물로는 팔달문, 화서문, 장안문, 공심돈 등과 최근에 지정된 방화수류정과 서북공심돈이 있다. 그중 방화수류정은 수원 화성의 백미로 꼽힌다. '꽃을 찾아 버들을 따라 앞내를 건넜다'는 무척 낭만적인 뜻을 가진 방화수류정은 전시에는 망루 역할을 하고 평시에는 정자의 기능을 한 건물이다. 방화수류정이 돋보이는 부분은 독특한 구조에 있다. 전체적으로 'ㄱ'자형 평면의 구조인데 북측과 동측을 '凸'자 모양으로 해 사방을 주시하기에 좋도록 만들었다. 공식적인 견해는 아니지만 서쪽 벽면 검회색 전돌 사이에 하얀 전돌은 '十'자 형태다. 무려 86개가 패턴처럼 이어져 있다. 각루 천장의 동남 북쪽에도 나무로 다듬은 3개의 십자가가 만들어졌다. 당시 천주교 신자였던 정약용의 은밀한 홍보였다는 것. 천주교에 관대했던 정조의 묵인이라는 주장도 꽤 설득력이 있다. 그 밖에도 정자를 받치고 있는 목조기둥은 아래쪽은 둥글고, 위는 네모나게 만들었다. 튀어나오고 꺾이는 것을 반복하는 지붕 또한 볼거리다.

'화성의 무지개'란 뜻을 지닌 화홍문은 수원 시내를 남북으로 흐르는 수원천의 여름철 범람을 막기 위해 만들어졌다. 방화수류정과 화홍문은 수원 야경의 대표적인 명소로 손꼽힌다.

경기·인천

추천여행지

행궁과 아름다운 행궁길

화성행궁은 정조가 위민과 개혁을 실천하고자 한 정치적 역사적 공간이다. 혜경궁 홍씨의 회갑 진찬연을 베풀었던 효의 공간이고 화성의 중심이다. 행궁에서 팔달문까지 행궁길은 지역 예술가들의 공방, 먹을거리, 카페 등이 모여 있다. 팔달문은 보물 제402호로 화성의 웅장함을 잘 드러낸 건축물이고 팔달문에서 성곽을 따라 오르면 수원 화성으로 여행이 시작된다.

1박2일 추천코스

1일: 팔달문 → 수원화성박물관 → 화성행궁 → 화성성곽길 → 화홍문 → 창룡문

2일: 지동벽화마을 → 지동시장 → 못골시장 → 한국민속촌 → 조선의 전통 무예인 무예 24기 공연

★여행정보

화성행궁주차장 경기도 수원시 팔달구 행궁로 18(남창동 68-5)
수원문화재단 031-290-3600,
www.swcf.or.kr
화홍문매표소 031-251-4515

★친절한 여행 팁

❶ 매년 10월 열리는 수원 화성 문화재는 정조의 효심과 개혁 사상의 산물인 화성 축성의 의미를 기리고자 열리는 축제이다. 수원 화성 관광은 3시간 30분 정도 걸리는 수원시티투어를 이용하면 편리하다. 10:00, 14:00 하루 2회 운행한다. 수원역 5번 출구 모범택시 승강장 앞에서 출발한다. 월요일은 휴무이고, 요금은 11,000원이다.
(주)골드투어(수원시티투어)
031-256-8300

❷ 화성의 대표적인 뷰포인트는 팔달문 관광안내소에서 서남암문에 올라 성곽과 수원시를 바라보는 것이다. 행궁을 조망하는 곳은 서장대 앞이 괜찮다. 서북각루에서는 화서문의 웅장한 모습을 담기 좋으며, 북암문에서는 방화수류정과 화홍문을 바라보기 좋다.

★이것만은 꼭!

화성행궁 신풍루 앞에서 열리는 무예 24기 공연을 보도록 하자. 조선 전통 무예인 『무예도보통지』에 수록된 24가지 실전 무예가 전문 공연팀에 의해 화려하게 펼쳐진다. 매주 화~일요일 11:00, 15:00에 공연.
수원문화재단 관광공연팀
031-290-3633

★주변 맛집

매일김치담그는집 : 매일 담근 겉절이와 바로 지은 밥맛이 괜찮은 식당이다. 고기류와 가마솥 통닭 등과 돈가스, 묵채밥, 찌개 등의 식사류가 있으며 2001 아웃렛 주변 수원천변에 있다. 경기도 수원시 팔달구 수원천로 228(인계동 770-8), 031-232-5220

성곽식당 : 청국장, 경기도 수원시 팔달구 정조로905번길 27(장안동 28-2), 031-253-2774

가보정갈비 : 생갈비, 경기도 수원시 팔달구 장다리로 282(인계동 958-1), 031-238-3883

방화수류정의 십자무늬 벽

돈가스

094
경기도 가평군 북면
조무락골

조물조물 새소리 가득한 곳
여행의 즐거움을 오래 남기기 위해 사진을 찍는다.
사진은 시간이 흘러도 즐거웠던 추억을
불러오는 힘을 가지고 있기 때문이다.
숲과 계곡이 있는 조무락골은
트레킹의 즐거움과 추억을 남기기에 좋은 곳이다.

조무락골의 대표 풍경인 복호동 폭포

전체 면적 중 약 84%가 산으로 이루어진 가평군은 강과 산이 잘 어우러진 곳이다. 연인산과 명지산, 축령산, 운악산 같은 명산이 자리하고 있고 마음을 편안하게 해주는 북한강과 청평호반이 있다. 가평의 자연은 찬찬히 걸으며 풍경을 마음에 담고 카메라에도 담기에 적당하다.

그중에 숲과 계곡이 좋은 석룡산 조무락골이 있다. 조무락이라는 이름은 '산새들이 재잘거린다'고 해서 붙여졌다. 계곡 산책은 용수목 마을 38교 다리에서 출발한다. 계곡을 따라 오르는 길은 호젓하니 걷기에 편하다. 걷다가 시원한 계곡물에 발을 담그고 망중한을 즐기다 보면 신선도 부럽지 않다.

왕복 6km에 이르는 조무락골 계곡은 가볍게 트레킹을 즐기기에 좋다. 며칠 전 내린 비로 계곡은 물이 넘쳐난다. 계곡을 가로지르는 길은 물살에 막혀 있지만 트레커들에게는 중요하지 않다. 바지를 걷고 신발을 들고 건너거나 아예 물속에 풍덩 들어가 더위를 식힌다. 물에 빠지고 손을 잡아주는 숲에는 웃음소리가 가득하다. 새소리처럼 명랑한 소리가 울려 퍼진다.

눈과 마음이 시원해질 즈음 복호동 폭포가 등장한다. 높이 30m에 폭 5m의 복호동 폭포는 폭포 물줄기가 중간에 한 번 꺾이고 부챗살처럼 퍼지는 모습을 뽐내고 있다. 이끼 낀 바위, 울창한 나무와 그 나무 사이로 스며든 햇살과 폭포가 만들어내는 조화가 경이롭다. 햇살이 잘 들어오지 않는 곳이라 그런지 사방에 펼쳐진 바위 위에는 푸른 이끼들이 촘촘이 붙어 있다. 누군가 초록색 융단을 깔아놓은 듯하다. 계곡과 폭포 앞 바위, 산 구석구석에서 만나게 되는 푸른 이끼들, 이것이 조무락골 최고의 매력이다.

경기·인천

추천여행지

호명호수

국내 최초 청평양수발전소의 상부저수지다. 호명이라는 이름은 '옛날 호랑이의 울음소리가 들렸다'고 해서 붙여졌다. 호명호수는 약 1.6km로 둘레를 따라 산책할 수 있고 팔각정에서 내려다보는 청평호반의 풍경도 일품이다. 이를 카메라에 담기 위해서는 다목적광장 앞이 좋다. 호명호수 정상까지 가는 버스는 상천리 마을회관 앞에서 출발하며, 10분 정도 걸린다.

1박 2일 추천코스

1일 ○ 조무락골트레킹 ○ 남이섬 ○ 자라섬캠핑장

2일 ○ 쁘띠프랑스 ○ 축령산자연휴양림 ○ 아침고요수목원

조무락골의 울창한 숲과 조붓한 길

★ 여행정보
도로시펜션 경기도 가평군 북면 조무락골길 17(적목리 489-6)
가평군문화관광과 031-580-2066
가평군문화관광 www.gp.tour.go.kr

★ 친절한 여행 팁
① 2008 가평세계캠핑캐러바닝대회가 열렸던 자라섬은 캠핑장으로 인기가 높다. 아름다운 풍경과 최적의 시설을 갖추고 있다. 별이 총총 뜬 밤 이야기꽃을 피워도 좋겠다.
자라섬캠핑장 031-580-2700, www.jarasumworld.net

② 서울춘천고속도로를 타고 서종IC에서 나와 39번 지방도를 이용 신청평대교를 건너 우회전해 청평면을 통과한다. 가평군청 입구에서 연인산 명지산 방면으로 접어든 후 가평면을 지나 계곡을 따라서 직진하면 38교에 닿는다. 내비게이션은 도로시펜션으로 정하고 38교 언저리에 주차를 해야 한다. 용수동 버스 종점인 38교에서 계곡을 끼고 45분쯤 걸으면 오른쪽으로 조무락골 계류가 흐른다. 이 길로 5분 남짓 오르면 복호동 폭포가 반긴다.

★ 이것만은 꼭!
① 트레킹을 더 하고 싶다면 석룡산 정상까지 가보자. 복호동 폭포에서 정상으로 향한 다음 전망대로 하산하는 것을 추천한다. 석룡산 정상은 나무에 가려 전망은 좋지 않지만 전망대는 화악산과 조무락골의 풍경이 펼쳐진다.

② 조무락골은 5월~10월까지 트레킹하며 촬영하기 좋다. 여름 숲은 습도가 높고 덥다. 비가 온 뒤 하루나 이틀 후에 찾아가면 수량이 풍부한 계곡을 만날 수 있다. 시간은 오후 4시경이 괜찮다.

★ 주변 맛집
송원막국수 : 송원막국수는 고춧가루, 참기름을 넣은 간장 양념에 비벼먹는 국수다. 기호에 따라 차가운 육수를 양껏 넣어 먹어도 맛나다. 경기도 가평군 가평읍 가화로 76-1(읍내리 363-1), 031-582-1408

행자골촌두부 : 황금토종닭볶음탕, 경기도 가평군 청평면 수리재길 291(상천리 671-4), 031-584-3648

명지쉼터가든 : 잣국수, 경기도 가평군 북면 가화로 777(이곡리 207-2), 031-582-9462

비빔막국수

095
경기도 양평군 양서면
두물머리와 세미원

여름, 느긋한 연꽃 산책
여름, 저녁노을이 두물머리를 채우고
잔잔한 수면은 그리움으로 적신다.
진흙 연못 위에 부슬부슬 빗방울이 연잎을
툭툭 건드리면 사람들은 떠나고
희고 붉은 연꽃들이 밤을 밝힌다.

'십 년이면 강산도 변한다'는 말이 있다. 그러나 주변을 살펴보면 '일 년이면 강산은 변한다'라고 바꿔야 할 것 같다. 2년 만에 찾은 두물머리로 가는 길은 새롭게 단장되어 있었다. 두물머리 옆에 있던 세미원은 두물머리와 연결되었고, 곳곳에 강변을 따라 자전거길도 마련되어 있었다. 세미원 앞에서 입장료를 내야 하는 것에 당황하기까지 했다.

세미원의 여름은 연꽃과 연꽃의 향기로 넘쳐난다. 세미원은 물과 꽃을 주제로 한 정원이다. 입구를 지나 산책로를 따라가다 보면 정원을 가득 메운 백련과 홍련이 나타난다. 연꽃 이외에도 수생식물과 다양한 꽃들이 만발하고 그 사이로 사람들이 짝을 이뤄 감상하고 있다. 연꽃의 향기가 강바람에 실려 사람들의 눈을 사로잡고 마음을 동하게 만든다. 연꽃은 흙탕물을 헤치고 꽃을 피운다. 중국 송나라의 주돈이(周敦頤)는 수필 「애련설」에서 연꽃을 이렇게 예찬했.

'진흙에서 나왔지만 더러움에 물들지 않고, 맑고 잔잔한 물에 씻으나 요염하지 않으며 (중략) 향기는 멀리 갈수록 더욱 맑아지며 꼿꼿이 깨끗하게 서 있어 멀리서 바라볼 수는 있어도 가까이서 만만하게 다룰 수 없음을 사랑하노라' 그래서 중국에서는 연꽃을 군자의 꽃이라고 했다.

다산 유적지 주변에 있는 능내리 연꽃마을에서도 연꽃을 만날 수 있다. 연꽃마을을 중심으로 수변생태공원이 조성되어 있다. 공원 앞은 은은한 풍경의 팔당호다. 세미원 옆에 있는 두물머리는 북한강의 하중도에 있다. 두물머리의 상징인 느티나무 아래에 서면 잔잔한 수면 위로 농담을 달리하는 풍경이 평화롭게 펼쳐진다. 사람들은 400살 먹은 느티나무 아래에 앉아 유유히 흐르는 남한강을 바라본다. 두물머리의 느티나무는 옛날 나룻배를 타고 한양을 오가던 길손들이 잠시 국밥을 먹으며 쉬던 곳이다. 한양의 마포나루를 이어주던 나루터였지만, 지금은 흔적이 남아 있지 않다. 강물 위에는 황포돛단배가 떠 있고 잔잔한 수면의 일렁이는 모습이 한 폭의 수묵화 같다.

사진 촬영하기 좋은 두물머리의 일몰, 세미원은 꽃향기 맡으며 산책하기 좋다
세미원의 백련, 마포나루까지 이어졌던 두물머리나루

경기·인천

추천여행지

수종사

수종사는 차와 관련이 깊다. 예로부터 좋은 물이 솟는 곳으로 알려졌는데 다산 정약용 선생과 추사 김정희 선생이 약사전 앞 석간수로 차를 끓여 마셨다고 전해진다. 수종사 삼정헌 옆은 수종사 앞마당으로 여기서 북한강과 남한강이 만나는 두물머리 일대의 풍경을 만날 수 있다. 두물머리를 적시는 아침의 운해와 빛은 가슴을 뜨겁게 한다.

1박2일 추천코스

1일 잔아문학박물관 — 황순원소나기마을 — 국수역 — 수종사

2일 두물머리 — 세미원 — 다산유적지

다산유적지의 다산기념관에 있는 거중기

★ **여행정보**
세미원 경기도 양평군 양서면 용담리 428-8(양수로 93), 031-775-1834, www.semiwon.or.kr

★ **친절한 여행 팁**
❶ 조안면 삼봉리에는 남양주 종합촬영소가 있다. 이곳에서 〈쉬리〉, 〈공동경비구역 JSA〉 등 여러 영화들이 촬영되었다. 수종사의 다원인 삼정헌에서는 무료로 차를 마실 수 있다. 석간수로 우려낸 차의 깊고 그윽한 향을 맛보도록 하자.
❷ 두물머리는 강물 위로 솟아오르는 해돋이와 해넘이 때가 사진을 담기 가장 좋다. 특히 이른 아침 물안개가 피어오르는 장면은 요정이라도 툭 나타날 것만 같은 풍경을 보여준다.
❸ 조안교차로에서 마현마을로 향하면 조선의 대표 실학자인 다산 정약용의 유적지가 있다.
❹ 6번 국도를 타고 양평 방향으로 가다가 신양수대교를 건너자마자 우측으로 진입한다. 양수리 방향으로 500m 전방에 양서문화체육공원에 주차 후 도보로 이동하면 세미원이다.

★ **이것만은 꼭!**
두물머리 일대는 자전거길이 잘 놓여 있다. 팔당역 시작 지점에 유료 자전거 대여소(011-9706-8570)가 있다. 1시간에 1인용이 3,000원이고 2인용은 6,000원이다. 유료 자전거는 원점 회귀해 반납해야 한다. 양수역으로 가면 무료 대여소가 있다. 신분증을 지참해야 하며 09:00~17:00까지 운영한다. 자신의 자전거를 이용할 경우 중앙선 전철은 일주일 내내 맨 앞칸과 맨 뒤칸에 자전거 탑승이 가능하다. 자전거 진입이 가능한 역은 덕소역, 팔당역, 운길산역, 양수역 등이다.

★ **주변 맛집**
기와집순두부 : 1990년 문을 연 기와집순두부는 직접 끓여낸 순두부를 전문으로 하는 식당이다. 경기도 남양주시 조안면 북한강로 133(조안리 169-3), 031-576-9009
미사리말빛초계국수 : 초계국수, 경기도 남양주시 와부읍 다산로 43(팔당리 80-11), 031-576-0330
고당 : 커피. 경기도 남양주시 조안면 북한강로 121(조안리 192-10), 031-576-8090, www.godangcoffee.com

능내역 앞 자전거길

순두부

096
경기도 안산시 단원구
풍도

영원한 행복을 기다립니다
겨울이 지나면 땅속에서 말랑말랑한 생명이 움튼다.
불어오는 따뜻한 바람에 사람들의 마음도 녹는다.
봄이다. 이맘때면 피는 꽃들이다.
소박한 모습으로 조용히 바람결에 흔들린다.
봄이 왔음을 알려주는 아름다운 배달부다.

줄기에 잔털이 있는 노루귀, 영원한 행복이란 꽃말을 가진 복수초, 오직 풍도에서만 볼 수 있는 풍도바람꽃

뱃길로 2시간 30분, 풍도선착장에서 내려 풍도분교를 지나 후망산으로 향하면 야생화가 지천이다. 마치 하늘의 별을 다따 흩뿌려 놓은 것 같다. 노랗고 하얀, 연분홍 별들이 땅 위에 납작 엎드려 있다. 눈으로 확인할 수 있는 봄꽃은 복수초, 노루귀, 풍도바람꽃, 풍도대극 등이다. 모두 양지바른 언덕에 기대어 자란다.

풍도에 자생하는 야생화는 10여 종, 그중에서 풍도에서만 볼 수 있는 것들이 있다. 풍도대극과 풍도바람꽃이다. 풍도대극은 붉은대극과 유사하지만 오직 풍도에서만 자생하는 것으로 알려졌다. 풍도바람꽃 역시 변산바람꽃과 전체적인 형태가 유사하지만 꽃잎의 크기가 크고 넓은 형태적 차이를 지니고 있다. 풍도바람꽃보다 개화 시기가 늦은 꿩의바람꽃도 군데군데 펴 있다.

이 밖에도 영원한 행복이란 꽃말을 가진 노란 가지복수초가 자란다. 학명은 아도니스(Adonis)다. 그리스 미의 여신 아프로디테의 연인이었던 미소년 아도니스다. 아프로디테는 전쟁의 신 아레스의 질투로 죽은 아도니스를 불쌍히 여겨 노란 꽃으로 피어나게 했다. 털이 돋은 잎 나오는 모습이 노루귀를 닮았다 해서 이름 붙여진 노루귀도 있다. 짙은 자주색, 분홍색, 흰색의 3종류가 자란다.

야생화와 달리 사람들은 풍도에서 살기 쉽지 않았다. 갯벌이 없는 풍도에서 사람들은 100년 전부터 일 년에 두 번 굴과 바지락 등을 채취하는 시기에는 도리도로 이주해 살았다. 가족은 물론 기르던 가축과 교회까지도 옮겨갈 정도였다. 그러다 봄이면 다시 풍도에 들어와 살았다. 풍도의 후망산에는 나물과 산초약재가 넘쳐났다. 무엇보다 마시는 물의 부족함을 모르던 곳이었다. 이렇듯 풍도사람들은 철새처럼 살아간 것이다.

세월이 지나 도리도는 화성시로, 풍도는 안산시로 행정구역이 갈렸다. 풍도사람들은 더 이상 도리도에서 생활을 못하게 되었다. 그래서 그대로 풍도에 주저앉았다. 설상가상으로 선착장의 반대편으로 가면 돌산의 채석 현장이 흉물스럽게 방치되어 있다. 20년 동안 지속된 채석으로 섬의 한 쪽이 떨어져 나갔다. 채석 덕분에 섬의 식수도 부족해졌다. 풍요의 섬이었던 풍도는 빈곤의 섬이 되었다.

하지만 봄이면 사람들이 몰려온다. 야생화들 때문이다. 한쪽은 쓰러지고 한쪽은 생명이 솟는 이면이 풍도에 있다.

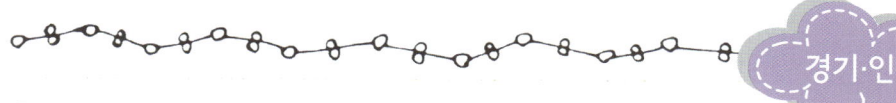

경기·인천

추천여행지

북배

풍도의 서쪽 후망산에서 바다를 향해 뻗어 내린 바위다. 북배는 붉은 바위를 뜻하는 '붉바위'에서 유래되었다. 북배 옆에는 만조 때는 섬이 되고 간조 때는 육지가 되는 돌섬 북배딴목이 있다. 푸른 바다와 색의 대비를 이루는 선홍빛 바위가 인상적인 곳이다.

1박2일 추천코스

1일 ○ 대부도방아머리선착장 ○ 풍도

2일 ○ 풍도 ○ 대부도방아머리선착장 ○ 대부도누에섬전망대 ○ 탄도항

벽화가 그려진 풍도선착장

★여행정보
인천항연안여객터미널 인천시 중구 연안부두로 70(항동 7가 88), 032-885-0180
대부해운 032-887-0602
안산시 www.iansan.net

★친절한 여행 팁
❶ 야생화는 작고 낙엽에 가려 있다. 주변을 찬찬히 살피며 관찰해야 한다. 전문가나 경험 많은 이들과 동행하는 것도 괜찮겠다. 야생화 도감을 가지고 가자. 식물을 이해하는 순간 더 많은 것을 보기 때문이다.

❷ 야생화를 촬영하는 방법은 외형이 괜찮은 야생화를 고르고 배경이 단순한 것이 좋다. 노루귀의 잎 솜털을 담을 때는 역광이 좋고, 복수초는 노출을 -1이나 -2스톱으로 촬영한다. 풍도바람꽃은 꽃잎에 노출을 맞추고 촬영하자.

❸ 풍도행은 1박이 필수다. 인천항 연안여객터미널에서 매일 09:20에 서해누리호(하루 1회)가 출항한다. 서해누리호는 대부도 방아머리항과 육도를 경유하며 하루 1회 운항하고 소요 시간은 2시간 30분이다.

★이것만은 꼭!
야생화 주변의 나뭇잎 등을 걷어낸 모습을 볼 수 있다. 사진 촬영에는 좋을지 모르나 꽃에게는 매우 좋지 않다. 추운 날 이불을 걷어낸 것과 같으니 촬영 후 다시 원상복구 해줘야 한다. 자신의 이기심에 야생화를 훼손하는 사람들이 있다. 다른 이들이 촬영을 못하게 일부러 그러는 사람들도 있다. 못된 사람들이다. 야생화는 소유할 수 있는 것이 아니기 때문이다.

★주변 맛집
풍도랜드 : 풍도에는 풍도랜드가 유일한 식당이다. 주 메뉴는 제철 회와 꽃게탕이다. 산에서 직접 캔 달래와 산나물 반찬도 싱그럽다. 경기도 안산시 풍도동 171, 032-831-0596

26호까치할머니 : 바지락칼국수, 경기도 안산시 단원구 대부황금로 1294(대부북동 1161-15), 032-884-0770

조개짱 : 조개구이, 경기도 시흥시 오이도로 123(정왕동 1972-8), 031-433-1138

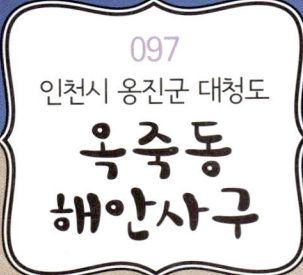

097
인천시 옹진군 대청도
옥죽동 해안사구

푸른 바다 위의 하얀 사막
대청도 여행에 동행한 선배와 나는
모래언덕과 농여해변의 눈부신 풍경에 매료되었다.
계획했던 일정을 뒤로하고 그대로
모래언덕과 농여해변에서 시간을 보냈다.
때로는 그렇게 마음을 툭 던져버리는 시간도 필요하다.

대청도 선진포선착장에 내렸다. 인천 여객터미널에서 싣고 온 자전거는 가볍고 배낭은 묵직하다. 대청도를 돌아보려면 숨 가쁜 고개를 4개는 넘어야 한다. 자전거로 뜨거운 태양이 달군 도로 위를 내달렸다. 목적지는 옥죽동 해안사구, 모래언덕이다.

모래언덕은 생각보다 크지 않다. 걷기도 힘든 모래언덕을 향해 성큼성큼 오른다. 눈에 보이지도 않는 모래 알갱이들을 한 움큼 쥐어본다. 부드럽다. 모래는 손가락 사이로 미끄러지며 서서히 빠져나간다. 그리고 바람이 부는 대로 알알이 흩어진다. 여행자가 지나간 자리에 발자국이 선명하다. 오늘만 기억되는 발자국이다. 발자국 옆에는 생명체가 자란다. 서해의 고독한 바람이 만들어 놓은 모래 물결 위에 기대어 사는 것들이다. 참으로 끈질긴 삶의 애착이다.

옥죽동 해안의 모래가 바람에 물결처럼 이동하여 모래언덕이 형성됐다. 국립환경과학원이 2008년 조사한 바에 따르면 전체 면적이 길이 1.6km, 폭이 약 600m이고, 해발 40m, 축구장의 70배 정도에 달하는 엄청난 크기다. 이 모래언덕은 계절에 따라 움직이며 다른 모습을 보이는 활동성 사구이기도 하다.

파란 하늘 아래 모래언덕은 아늑하다. 한참을 서 있는 동안에도 뜨거운 줄 몰랐다. 발을 디디고 있는 느낌도 각별하다. 마치 조금씩 움직이는 생명체 위에 서 있는 것만 같았다. 주어진 시간이 많다면 모래언덕 위에서 일몰과 밤하늘을 가득 채운 별도 보고 싶었다.

옥죽동 모래언덕을 뒤로하고 찾아간 곳은 농여해변이다. 여기에 고목처럼 생긴 바위가 있다. 사람들은 바위를 두고 고목바위, 또는 용이 오르는 모습 같다 해서 용바위라고도 부른다. 농여해변을 지나 조금 더 들어가면 미아동해변이다. 일몰이 포인트인 공간답게 빼어난 모습으로 태양을 맞이한다.

농여해변에서 그윽한 해넘이를 넘기면 서둘러 빠져나가야 한다. 해가 지고 나면 군인들의 임무가 묵묵히 행해지기 때문이다. 성스러운 보랏빛 노을이 어둠 속으로 사라진다. 백령도와 북한 땅이 손에 잡힐 듯 가깝다. 분단의 그림자가 짙게 드리워진 곳이지만 그 아픔마저 아름다운 곳이다.

∧ 모래에 뿌리내리고 사는 통보리사초
< 농여해변의 고목바위

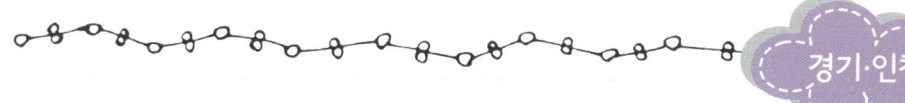

추천여행지

사탄동해변

'모래가 많은 곳'이라는 뜻을 가진 사탄동해변은 고운 모래가 해변에 펼쳐져 있다. 수심이 완만한 해변과 적송숲은 쉬어가기 좋다. 특히 동백나무 자생 북한지를 지나 사탄동으로 향하는 길에 사탄동해변과 새머리 모양 같은 서풍받이 풍경이 이채롭다. 마치 펠리컨이 먹이를 먹으려 물가에 머리를 내민 것처럼 보인다.

1박2일 추천코스

1일 인천항여객선터미널 → 청도선착장 → 옥죽동해안사구 → 농여해변

2일 지두리해변 → 동백나무자생북한지 → 사탄동해변 → 대청도선착장 → 인천항여객선터미널

★여행정보

인천항연안여객터미널 인천시 중구 연안부두로 70(항동 7가 88), 032-885-0180
대청면사무소 032-836-2004
대청도 www.daecheongdo.com

★친절한 여행 팁

❶ 옥죽동 모래언덕은 일몰 2시간 전에서 1시간 전, 농여해변은 일몰 1시간 전에 찾는 것이 좋겠다. 이때가 가장 빛이 좋을 때이기 때문이다.

❷ 인천항 연안여객터미널에서 소청도, 대청도를 경유해 백령도까지 운항하는 쾌속선이 하루 3회(08:00, 08:50, 13:00)씩 출항한다. 약 3시간 50분 소요된다. 성수기에는 표가 생각보다 일찍 매진될 수 있고 배가 예고 없이 증편될 수 있으니 미리 확인하는 것이 좋다.
연안여객선승선 02-6096-2266, island.haewoon.co.kr

❸ 대청도에는 공용버스가 하루 7회 운행하며 7개 마을을 경유한다. 개인택시(032-836-1359, 0064)도 2대가 영업 중이다.

★이것만은 꼭!

❶ 대청도의 볼거리로 해수욕장 좋은 지두리해변, 옥죽동만큼은 아니지만 모래사구가 있는 사탄동해변과 주변의 우리나라 최북단의 동백나무 자생지(천연기념물 제66호)가 있다.

❷ 삼각산 중턱에 위치한 전망대는 대청도 옥죽동과 주변 풍경을 조망할 수 있다. 사탄동해변에서 선진항으로 향하는 언덕 위에 있는 강난도전망대에서는 서풍받이와 갑죽도, 사탄동해변의 해식동굴 등을 조망할 수 있다.

★주변 맛집

바다식당 : 저렴한 가격에 자연산 회를 맛볼 수 있는 곳으로 식사는 성게향이 가득한 성게비빔밥과 칼국수 그리고 각종 찌개와 매운탕 등이 있다. 인천시 옹진군 대청면 대청로 13(대청리 403), 032-836-2476

소나무가든 : 백반·치킨, 인천시 옹진군 대청면 대청북로 12(대청리 454-1), 032-565-9999

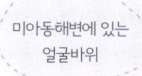

미아동해변에 있는 얼굴바위

성게비빔밥

먹고 마시고 쉬어라

무더운 어느 여름날, 동막해변의 갯벌 속에 꿈틀거리는 작은 생명들이 있다. 갯벌 밖으로는 바람과 구름, 갈매기와 사람들의 소소한 꼼지락거림이 있다. 동막해변의 모든 이야기들 속에는 아름다운 조화가 있다.

일 년에 한 번 마음껏 먹고 마시는 날을 만들었다. 일 년에 단 하루 동안의 휴식이다. 동행은 친구들과 주변의 친한 사람들이었다. 먼저 김포에 있는 대명항 인근에서 해산물을 샀다. 회와 조개, 꽃게가 주된 식재료였다. 식재료를 싸들고 예약한 강화도 동막해변 인근의 펜션으로 향했다. 서울에서 비싸서 못 먹는 꽃게에 굶주린 4명은 게걸스럽게 먹어 치웠다. 특히 꽃게를 무척 좋아하는 후배는 자잘해서 먹지도 않았던 뜯겨나간 다리까지 알뜰하게 발라먹었다.

굳이 이런 날 동막해변에 가는 이유는 수도권에서 가까운 것도 한몫하지만 볼거리와 먹을거리가 다양하다는 점 때문이다. 강화도는 지붕 없는 박물관이라 불릴 만큼 지천이 문화 유적지다. 동막해변의 해안 방어시설인 분오리 돈대를 비롯해 광성보, 초지진, 덕진진, 고인돌유적지, 성공회 강화성당, 강화산성 등 상당히 많다.

먹고 마시는 날은 영화로도 만들어진 엘리자베스 길버트의 소설 『먹고 기도하고 사랑하라』가 아닌 '먹고 마시고 자라'에 가까웠다. 맛난 음식을 푸짐하게 차려 먹고 편하게 늦잠 자며 느긋하게 해변을 산책했다. 햇살로 가득한 해변은 드넓은 갯벌이 펼쳐져 있었다. 동막해변은 세계 4대 갯벌 중 한 곳이다. 도로변 아래로 길이 200m의 백사장을 노송이 둘러싸고 그 너머로 갯벌이 이어진다. 물이 빠지면 멀리 4km까지 갯벌의 속살이 드러난다. 물이 빠지는 때 갯벌을 거닐면 발가락 사이를 간질이는 펄의 촉감을 느낄 수 있다.

하루가 끝나는 일몰 시간이 되면 사람들은 일몰의 아름다움에 푹 빠질 준비를 한다. 은은한 붉은빛이 감도는 해변과 마주할 수 있다.

동막해변 야영장에서 본 풍경. 동막해변의 전망대인 분오리 돈대
서해 3대 갯벌 중의 하나인 동막해변. 동막해변의 솔숲 캠핑장

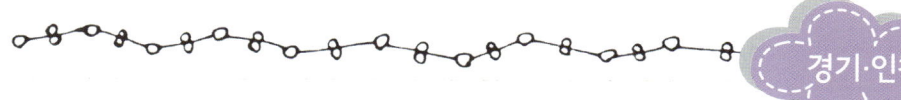

경기·인천

추천여행지

김포 대명항
강화해협을 사이에 두고 강화도와 마주한 김포 유일의 항구다. 대명항 직판장에는 인근 연안에서 잡은 신선한 해산물을 판매한다. 봄에는 삼식이와 주꾸미, 밴댕이가, 여름엔 자연산 회가 인기다. 가을엔 꽃게가 수조를 꽉 채운다. 4월에는 풍어제가 열리고 주꾸미 철에 열리는 축제도 볼만하다.

1박2일 추천코스

1일 초지대교 — 덕포진 — 전등사 — 동막해변

2일 마니산 — 강화고인돌군락지 — 강화5일장

신미양요로 함락되었던 초지진

★ **여행정보**
동막해변관리사무소 인천시 강화군 화도면 해안남로 1481(동막리 7), 032-937-4445
초지진관광안내소 032-937-9365
강화군문화관광
tour.ganghwa.incheon.kr

★ **이것만은 꼭!**
동막해변의 갯벌을 조망할 수 있는 분오리돈대는 일몰 조망대다. 동검도와 신도, 시도 등의 섬들과 멀리 인천국제공항도 보인다. 동막해변은 은은하게 스미는 노을이 멋있는 곳이다.

★ **친절한 여행 팁**
❶ 갯벌의 생태계는 매우 중요하다. 생태계 보존을 위해 보고 느끼기만 하자. 생물들의 무분별한 포획은 갯벌을 아무것도 살지 않는 곳으로 만들기 때문이다.
❷ 동막해변은 강화나들길 7-1코스가 지나는 곳이다. 화도공영버스터미널에서 출발해 강화도의 대표적인 일몰 촬영지 장화리를 지나 북일곶 돈대, 동막해변, 분오리 돈대까지 총 길이 23.5km의 코스로 약 8시간 정도 소요된다.
❸ 서울외곽순환고속도로를 타고 김포IC로 나와 48번 국도를 타고 가다 누산3교에서 양촌리 방향 좌회전 후 양촌리와 대곶면을 지나 초지대교를 건넌다. 장흥교차로에서 동막해변, 가천의과대학 방면으로 좌회전, 길화교에서 동막해변 방향 우회전해 계속 직진하면 동막해변이다.

★ **주변 맛집**
왕자정묵밥집 : 채를 썬 묵에 야채와 잘게 부순 김 고명, 양념을 얹은 묵밥 전문식당이다. 묵에 밥을 넣고 육수를 부어서 비벼 먹는다. 묵을 직접 만드는 식당으로 고려궁지 주변에 있다. 인천시 강화군 강화읍 북문길 55(관청리 750-7), 032-933-7807
일미산장숯불장어 : 장어구이, 인천시 강화군 선원면 더리미길 2(신정리 316), 032-933-8585
편가네된장 : 강된장비빔밥, 인천시 강화군 화도면 가능포로89번길 11(상방리 599-4), 032-937-6479

갯벌이 아름다운 동검도

묵밥

099
인천시 강화군 교동면
교동도

어릴 적 상쾌한 줄달음의 추억
어릴 적 골목은 보도블록으로 덮여 있었고 보도블록
틈 사이로 잡초들이 자랐다. 시간이 흐르면서
어떤 것은 깨지고 어떤 것은 침하된 굴곡 모양대로
땅에 붙어 있다. 아이들은 그 보도블록 위에서
소꿉장난을 하며 인생놀이를 시작했다.

교동도로 함께 여행한 지인은 박카스 마니아다. 같이 여행을 하는 중에는 꼭 박카스를 찾았다. 시원하기로는 청량음료고 갈증에는 물이고 맛과 향으로는 커피가 제격인데 박카스를 즐기는 이유가 궁금했다.
"박카스를 마시면 기분이 좋아져."
70년대 드라마 세트장 같은 대룡시장을 어슬렁거리며 사진을 찍는데 그가 말했다. "약국이다!" 그렇게 동산약방의 문을 열었다. 약방 안에는 말끔하게 정리 정돈된 약장과 시장 상인들의 영원한 피로회복제인 박카스 박스들이 소담스럽게 쌓여 있었다.
오래된 손때가 가득한 실내 분위기에 감탄사를 연발했다. 그렇게 박카스 하나로 약방 주인장과 이야기가 시작됐다.
대룡시장에는 지금의 아스팔트나 콘크리트로 길을 채우는 것보다 훨씬 공을 들일 수밖에 없던 골목길이 있다. 그 골목을 두고 여러 상점들이 빼곡하게 채워져 있다. 동산약방도 그중 하나다. 동산약방의 주인장 나의환 옹이 교동도 대룡시장에 둥지를 튼 지 50여 년이 훌쩍 넘었다. 세월의 흔적을 느낄 수 있는 약방의 모든 것에 나의환 옹 내외의 삶의 애환과 여정이 고스란히 담겨져 있다.
고향은 이북이었지만 전쟁 통에 교동도로 왔으니 이제 죽으나 사나 고향은 교동도가 됐다. 약업사 자격증을 따고 약방을 운영한 지 50년이 흐르는 동안 자식들을 다 키워냈다. 지금은 노부부가 약방을 지키며 가끔씩 찾아오는 손님들과 이야기꽃을 피우며 소일한다. 오랫동안 한곳에 머무르며 한결같이 살아간다는 것에 머리를 숙이지 않을 수 없었다. 건강

대룡시장에 있는 다방
우두커니 창에 걸린 옷걸이

하시라는 인사말을 뒤로하고 약방을 나섰다. 무심히 골목을 바라본다. 가끔씩 아이들의 상쾌한 줄달음을 빼고는 너무나 조용한 대룡시장의 골목이다. 대룡시장이 있는 교동도는 전쟁을 피해 잠시 이주한 사람들이 터를 잡은 곳이다. 한때 교동도에 3만 명까지도 살았다. 땅이 좋아서 다들 부자 소리를 들었다. 전쟁이 끝난 뒤에 북에 있는 집으로 돌아가려고 휴전선이 열리기만을 기다렸다. 고향으로 돌아가기 위해 꾸미거나 단장하는 일은 하지 않았다. 그래서 대룡시장은 옛날 모습을 하고 있다.

대룡시장에는 동산약방만큼이나 나이 먹은 가게가 많다. 언제 생산된 지 모를 신발들이 수북이 쌓인 신발가게, 잠시 인기를 끌었던 캐릭터가 그려진 가방이 문방구를 장식하고 있다. 오랫동안 잊고 있던 함석으로 만든 문도 눈에 띈다. 지금은 가게 문을 닫을 때 셔터를 내리지만, 옛날에는 직사각형의 각목 골조에 함석판을 덧댄 함석문으로 닫았다. 먼지 쌓인 구석에는 샤프란 이름의 연필깎이가 다른 물건들에 눌려 있다.

어릴 적 기억이 떠오른다. 옆집 여자아이 옆에 앉아 부끄러워하던 기억, 친구 집에서 키우던 사나운 개에 물려 울던 기억, 귀했던 바나나를 들고 친구들 앞에서 자랑하던 기억이 난다. 친구의 박카스처럼 되새김한 기억에 기분이 좋아진다.

머리 기름인 포마드 냄새가 나는 이발소, 추억을 떠올리게 하는 교동목욕탕, 없는 것 없는 대룡시장 잡화상
동산약방이 있는 대룡시장 골목

경기·인천

추천여행지

교동읍성

조선 인조 7년에 축조된 읍성이다. 처음에 동·남·북 3곳에 성문이 있었지만 현재 동문과 북문은 남아 있지 않으며, 남문은 1921년 폭풍우로 무너져 내리고 홍예문만 남았다. 마을을 외부로부터 지키기 위해 조성했으며 성의 둘레는 약 640m로 그리 큰 편은 아니다. 교동읍성은 거의 폐허와 같은 모습으로 남아 있으며 주변에 고택들과 고택을 두른 돌담길이 있다.

1박2일 추천코스

1일: 갑곶돈대 → 강화풍물시장 → 고인돌군락지 → 교동도

2일: 대룡시장 → 교동읍성 → 교동향교 → 연산군거적지 → 화개사

한데 모아놓은 읍내리 비석군

★ **여행정보**
창후리선착장 인천시 강화군 화점면 창후로 320(창후리 796-6)
화개해운 032-933-4268,
www.hgma.co.kr

★ **친절한 여행 팁**
① 대룡시장은 골목과 골목에 바싹 달라붙은 크고 작은 상점들이 특별하다. 타임머신을 타고 과거로 여행하는 기분이 들 것이다.
② 강화도 창후리선착장에서 교동도행 화개해운을 타고 교동도 월선포선착장에서 하선한다. 3월부터 10월까지는 07:30~19:00까지 운항하고 11월부터 2월 중순은 07:30~17:00까지 운항한다. 시기에 따라 운항의 변동이 있으므로 해당 선사에 문의해야 한다. 차량을 이용한다면 교동도 농협 앞에 주차하고 둘러볼 수 있다.
③ 강화군 양사면 인화리와 교동면 봉소리를 연결하는 교동대교가 2014년 6월 개통예정이다. 앞으로는 섬 아닌 섬으로 교동도에 쉽게 다가갈 수 있게 되었다.

★ **이것만은 꼭!**
① 강화나들길 9코스는 교동도 대룡시장을 비롯해 주변 명소들을 아우르는 코스다. 명칭은 교동도 다을새길이며, 16km 거리에 6시간 소요된다.
② 읍내리 곳곳에 산재해 있던 비석들이 향교입구에 한데 옮겨져 있다. 39기의 비석 대부분은 선정비다. 교동도의 역사를 살펴볼 수 있는 흔적이다.

★ **주변 맛집**
대풍식당 : 교동도에서 가장 오래된 식당이다. 쫄깃한 면발과 돼지 살코기수육, 오이와 양념무절임, 김가루 고명에 야채만 사용한 국물을 부어 내온다. 내장국밥도 있다. 인천시 강화군 교동면 대룡안길54번길 28(대룡리 456-1), 032-932-4040
서해회집 : 복어요리·회, 인천시 강화군 하점면 창후로 314-18(창후리 796-18), 032-933-7514
케익나라 : 소보루빵, 인천시 강화군 교동면 대룡안길 35(대룡리 525-4)

100
인천시 중구 송학동
홍예문

무지개꿈이 스며 있는 문
인천항 개항 후 한 세기가 훌쩍 넘는 세월이
흐르는 동안 홍예문은 말없이 서 있었다.
처음 일본인들이 수탈하기 위해 만든 것이지만
지금은 인천사람들의 애환과
역사를 지켜보며 덤덤히 자리를 지키고 있다.

1883년은 우리나라 최초의 근대 신문인 《한성순보》가 발행된 해이다. 3월 6일에는 고종이 태극기를 정식 국기로 선포했고, 그해 7월 8일 조선 최초로 서방에 외교사절단인 보빙사를 파견했다. 인천항은 1883년 1월 1일에 개항했다. 우리나라의 파란만장한 근대사의 한 축을 담당했던 인천항은 조계지를 중심으로 열강들이 유입되고 번창했다. 조계지란 개항장에 외국인이 자유로이 거주하며 통상과 치외법권을 누릴 수 있도록 설정한 구역이다. 열강들에 의해 불평등조약이 체결된 결과다. 중국과 한국에서는 조계, 일본에서는 거류지라는 이름으로 불렸다.

인천항에는 최초의 기록들이 남아 있다. 최초의 성공회 성당인 내동성당이 남아 있고, 교회 자리에 최초의 서양식 병원인 성 누가 병원이 개설되었다. 또 최초의 개신교 교회인 내리교회가 있다. 인천 앞바다에는 1903년 우리나라 최초로 점등된 팔미도 등대가 서 있다. 그 밖에도 최초의 근대 주화를 발행했고 최초의 근대 공원인 자유공원이 들어섰다. 수원과 인천을 연결한 수인선과 최초의 기관차가 있었고, 우체국 역시 인천우체국이 최초. 자장면도 1905년 인천 공화춘에서 처음 만들어졌다.

개항과 함께 인천은 많은 변화를 겪게 된다. 조계지로 몰려들기 시작한 청나라 및 일본인들은 상권을 형성했다. 지금 남아 있는 청국영사관, 회의청, 청·일 조계지 경계 계단, 조선식산은행터 등이 과거의 역사를 말해주는 증거다. 인천시 중구청은 개항기에는 일본영사관으로 일제강점기에는 인천부청으로 쓰였고, 1995년까지 시청으로 사용됐다.

인천시는 '개항누리길'이란 이름의 코스를 만들어 운영하고 있다. 인천의 역사탐방 도보 여행길이다. 그 길에 홍예문이 있다. 홍예문은 일본인들이 인천항에서 동인천역 방향으로 신속하게 이동하기 위해 축조한 것으로 일제 침략의 슬픔을 간직한 문이다. 1908년 응봉산 산허리를 9m가량 깎은 뒤 세웠다. 양쪽에 석축을 쌓고, 가운데가 아치형의 화강암 돌문이다.

홍예문은 인기 드라마 <그 겨울, 바람이 분다>에서 조인성이 송혜교의 솜사탕 추억을 발견하는 장면이 촬영되었다. 홍예문은 무지개문이다. 인천사람들은 홍예문을 따라 이동하며 데이트를 하고 학생들은 통학을 한다. 나고 자라면서 무지개꿈을 꾸었던 추억과 기억들이 홍예문에 스며 있다.

∧ 청·일 조계지에 세워진 공자상
< 벚꽃이 만발한 자유공원

경기·인천

추천여행지

인천아트플랫폼

중구 해안동 1가에 위치한 인천아트플랫폼은 복합 문화예술 공간이다. 예술인들의 작업장과 전시 공간 등이 들어서 있다. 1883년 세워진 일본 우선 주식회사(등록문화재 제248호)를 비롯해 근대 개항기 건축물과 창고 등을 개조해 만들었다. 과거와 현대 문화가 공존하는 곳으로 두루 살펴보기 좋은 곳이다. inartplatform.kr

1박2일 추천코스

1일: 인천차이나타운 → 개항누리길 → 자유공원 → 홍예문 → 월미도

2일: 신포시장 → 배다리헌책방거리 → 수도국산달동네박물관

1897년에 건립된 인천 답동 성바오로성당

★ 여행정보
북성동차이나타운공영주차장 인천시 중구 차이나타운로 44번길 28-12(북성동 2가)
인천종합관광안내소 032-1330
인천문화관광해설사회 cafe.daum.net/inmunkwan

★ 친절한 여행 팁

❶ 청·일 조계지 경계 계단 위에 세워진 공자 석상 앞은 인천항과 항구를 물들이는 일몰을 감상하는 곳이다. 자유공원 석정루는 월미도, 영정도, 연안부두 일대를 조망하기 좋다.

❷ 우리나라 최초의 서양식 공원인 인천 자유공원 주변은 봄이면 벚꽃이 만발하며 가을엔 단풍 여행지로도 괜찮다.

❸ 경인고속도로를 타고 오다 인하대병원사거리에서 월미도 방향 우회전, 능안삼거리에서 월미도, 중구청 방향 좌회전, 신광사거리에서 좌회전한 후 계속 직진한다. 우회고가사거리에서 인천역 방향으로 우회전 후 영인약국 옆길로 들어서면 차이나타운이다. 인천역 1번 출구로 나오면 차이나타운으로 연결되며 동인천역 2번 출구로 나오면 삼치거리를 지나 홍예문 자유공원으로 향한다.

★ 이것만은 꼭!

❶ 근대역사지구에는 근대건축물이 박물관과 기념관으로 사용되고 있다. 인천의 역사를 살펴보기 좋다. 인천개항박물관은 일본 제1은행이었고, 구)인천18은행은 근대건축전시관으로 공화춘 건물은 자장면박물관으로 운영되고 있다.

❷ 인천역과 가까운 월미도에는 월미공원, 바다, 월미산 정상 전망대, 놀이공원이 있어 가족이나 친구들끼리 즐기기 좋다. 푸짐한 회와 꽃게탕 등 맛있는 음식들도 맛볼 수 있다.

★ 주변 맛집

공화춘: 1905년 개업하여 최초의 자장면을 만들던 곳이다. 한때 폐업을 했으나 함께 일하던 주방장이 합류하면서 다시 문을 열었다. 인천시 중구 차이나타운로 43(북성동 3가 5-6), 032-765-0571
신승반점: 중국요리, 인천시 중구 북성동 2가 11-32, 032-762-9467
삼미소문난냉면: 세숫대야냉면, 인천시 동구 차이나타운로44번길 31-3(화평동 490-3), 032-763-4861
인천집: 삼치구이, 인천시 중구 우현로67번길 53(전동 19-24), 032-764-6401

자장면

Index
-가나다순

영어
N서울타워	352

ㄱ
가거도	126
가거도 등대	129
가파도	314
간월암	249
간절곶	215
감천동 문화마을	283
강골마을	113
갯깍 주상절리	329
거문오름	322
거연정	223
경복궁	371
경주 남산	180
고도리석불입상	101
고래조지	245
고창읍성	109
곡성 기차마을	74
공현진해변 옵바위	40
관매도	142
관호마을 벽화	145
광양 매화마을	203
광치기해변	294
괘릉	183
교동고분군	159
교동도	418
교동읍성	421
교동 자만마을	81
구룡령 옛길	12
국립중앙박물관	347
국제시장	287
군산오름	318
궁남지	262
근대문화유산 골목	168
금능으뜸원해변	298
금산 보리암	207
금성산성	86
길상사	379
김포 대명항	417
꽃지해변	246

ㄴ
낙산마을	376
남산골 한옥마을	355
남애항	19
남한산성	386
내소사 전나무 숲길	117
내장사	105

ㄷ
다대포	280
다랑쉬오름	313
달빛무지개분수	344
달아공원	191
대평포구 박수기정	321
대한다원	110

덕유산	94
도담삼봉	233
도초도	133
동막해변	414
두물머리와 세미원	402
두타산 무릉계곡	51
따라비오름	338

ㅁ

마량포구	253
마애삼존불	238
메타세쿼이아 가로수길	89
명옥헌 원림	82
무주 구천동계곡	97
문경새재	187
문래동 예술촌	351
문무대왕 수중릉	179
문텐로드	291
물건 방조어부림	204
미륵사지	98

ㅂ

방선문계곡	333
방주교회	326
방천시장	171
방태산자연휴양림	27
백사동천	380
법주사	237
병산서원	219
보수동 책방골목	284
부소산성	265
부암동 카페거리	383
불영사	160

불회사 석장승	149
북배	409
북촌한옥마을	368
비금도	130
비양도	337

ㅅ

사도	66
사북석탄유물보존관	31
사직단	367
사탄동해변	413
산막이 옛길	229
산천리 소나무길	23
산천어축제	44
산포수목원	146
삼년산성	234
삼다수목장	325
상고대	20
상동·하동 할망당	317
서대문 형무소 역사관	375
서삼릉	393
서촌	364
석송령	175
선림원지	15
선운사 꽃무릇	106
선유도공원	348
선자령 풍차길	59
설악산 흘림골	16
섭지코지	297
세량지	70
소광리 금강송 군락지	163
소나기재 선돌	39
소등섬 일출	150

송광사	125
수원 화성	394
수종사	405
순천만	122
숲체원	55
슬도 등대	212
신두리 해안사구	258

ㅇ

악양 평사리	200
안산	372
양떼목장	56
영경묘	35
영남루	195
영선동	272
영실 코스	305
예당지	254
오랑대	276
온달산성	230
옥정호	102
옥죽동 해안사구	410
올림픽공원	389
완도타워	121
왕곡마을	43
외돌개	306
외연도	242
용눈이오름	310

우도	334
운조루	93
운주사	73
운탄고도	28
원당 종마목장	390
위도 띠뱃놀이	114
위양지	192
이기대와 오륙도	268
이호테우해변	330
인천아트플랫폼	425

ㅈ

자작나무 숲	24
전주 한옥마을	78
정도리 구계등	118
정방폭포	309
제주돌문화공원	341
조도군도	138
조도 등대	141
조무락골	398
종묘	359
주남돌다리	199
주남저수지	196
주산지	164
주상절리	176
주왕산	167
준경묘	32

지품면 복사꽃	208
진남교반	184

ㅊ

창녕 우포늪지	156
창덕궁 후원	356
창평 삼지내마을	85
천관산	153
천리포수목원	261
철원 노동당사	63
청령포	36
추도	69
추사고택	257
추암해변	48

ㅌ

태안사	77
태종대	275
통영 미륵산	188

ㅍ

풍도	406
풍력발전단지	211
풍수원 성당	52

ㅎ

하가리 돌담마을	301
하늘공원	360
하회별신굿탈놀이	216
한라산 백록담	302
한산 모시	250
한탄강 얼음트레킹	60
함양 상림	220
해동 용궁사	279
해미읍성	241
해운대	288
행궁과 아름다운 행궁길	397
호명호수	401
홍대거리	363
홍도	134
홍도 1구	137
홍예문	422
화양구곡	226
화엄사 흑매	90
화천 산소길	47
황령산 야경	271
회룡포	172

여기!
내가 찾던 여행지 100

초판 1쇄 | 2014년 3월 24일
초판 5쇄 | 2018년 4월 20일

지은이 | 유정열

발행인 | 유철상
편집   이유나, 황유라, 이정은, 김유진
디자인 이혜수, 주인지, 조정은, 조연경
마케팅 | 조종삼, 최민아

펴낸 곳 | 상상출판
주소   서울시 동대문구 정릉천동로 58, 103동 206호(용두동, 롯데캐슬피렌체)
문의   **전화** 02-963-9891 팩스 02-963-9892 **이메일** cs@esangsang.co.kr
등록   2009년 9월 22일(제305-2010-02호)
찍은 곳 | 다라니

※ 가격은 뒤표지에 있습니다.

ISEN 978-89-94799-71-1(13980)

© 2014 유정열

※ 이 책은 상상출판이 저작권자와 계약에 따라 발행한 것이므로
   본사의 서면 허락 없이는 어떠한 형태나 수단으로도 이용하지 못합니다.
※ 잘못된 책은 구입하신 곳에서 바꿔 드립니다.

www.esangsang.co.kr